GAOHAIBA DIQU
NAIJIUXING LIQINGLUMIAN
LILUN YU SHIJIAN

高海拔地区
耐久性沥青路面
理论与实践

徐安花　何　锐　房建宏　陈华鑫 ◎ 著

人民交通出版社
北京

内 容 提 要

本书系统论述了青藏高原高寒高海拔等复杂气候环境条件下沥青路面耐久性的理论研究与工程实践，在分析国内外复杂气候环境地区耐久性沥青路面设计、施工与养护现状的基础上，总结了高海拔地区耐久性沥青路面结构与材料设计、检测评价、施工与养护等方面所面临的关键技术问题，通过理论分析、数值模拟、室内试验、材料研发、结构设计与工程应用等系统性研究，最终形成了涵盖高海拔地区耐久性沥青路面的工程理论、设计方法、材料研发和工程验证等理论研究与实践体系。主要包括高海拔地区环境特征与沥青路面服役状况、高海拔地区沥青路面服役场监测与气候分区、高海拔地区沥青结合料改性技术、高海拔地区沥青混合料低温性能、高海拔地区沥青路面基层性能优化、高海拔地区沥青路面结构温度应力分析与结构优化设计、高海拔地区耐久性沥青路面工程应用等内容。

本书可供从事高寒高海拔地区道路工程及与之相关的铁路、土建等领域的科研、设计、建设与管养的技术人员阅读，也可供高等院校相关专业的教师和研究生学习参考。

图书在版编目(CIP)数据

高海拔地区耐久性沥青路面理论与实践／徐安花等
著. — 北京：人民交通出版社股份有限公司，2025.7.
ISBN 978-7-114-20027-4

Ⅰ. U416.217

中国国家版本馆 CIP 数据核字第 2025A9Y846 号

Gao Haiba Diqu Naijiuxing Liqing Lumian Lilun yu Shijian

书　　名：高海拔地区耐久性沥青路面理论与实践
著 作 者：徐安花　何　锐　房建宏　陈华鑫
责任编辑：师静圆　刘　彤
责任校对：赵媛媛
责任印制：张　凯
出版发行：人民交通出版社
地　　址：(100011)北京市朝阳区安定门外外馆斜街 3 号
网　　址：http://www.ccpcl.com.cn
销售电话：(010)85285857
总 经 销：人民交通出版社发行部
经　　销：各地新华书店
印　　刷：北京科印技术咨询服务有限公司数码印刷分部
开　　本：787×1092　1/16
印　　张：14
字　　数：332 千
版　　次：2025 年 7 月　第 1 版
印　　次：2025 年 7 月　第 1 次印刷
书　　号：ISBN 978-7-114-20027-4
定　　价：90.00 元
(有印刷、装订质量问题的图书，由本社负责调换)

前　言

随着"一带一路"倡议的提出和新时代西部大开发战略的持续推进,我国青藏高原地区已成为交通基础设施建设的新兴"主战场"。该区域典型的环境特点为高寒、大温差、高湿差、辐射强、风速快,严酷的自然气候条件给道路建养工程带来了巨大挑战。在高寒、低温、大温差、冷热频繁交替与强紫外线辐射的共同作用下,高海拔地区公路沥青路面半刚性基层收缩开裂严重、强度难以形成,沥青面层材料加速老化且易产生低温开裂与冻融、冻胀破坏。车辆荷载与环境因素的综合作用导致路面结构和材料疲劳损伤与性能退化加剧,加之年养护维修工期大幅缩短,道路畅通和行车安全均受到严重影响。随着我国西部地区产业结构转型与经济社会发展的持续提速,日益增长的交通量对路面的稳定性和耐久性提出了更为严峻的考验。

虽然高海拔大温差地区公路基础设施经过了数十年的建设与科研探索,但早期成果因其局限性而"难服水土"。长期制约高海拔大温差地区道路工程品质提升的耐久性路面材料开发、路面结构设计与施工工艺、绿色铺装与建造技术等尚无规范可供参考,仍借鉴其他地区传统的路面设计与施工体系,难以满足其特殊的环境条件和功能要求。在新的历史时期,高海拔大温差地区道路建设已由粗放型发展模式逐步走上集约型、节能型、生态型、效益型及多元化循环经济型的发展道路。

本研究团队自2000年以来,长期从事复杂气候环境下路面结构行为理论与耐久性路面结构设计等方面的研究工作,积累了大量丰富的研究成果和实践经验。在承担青海省重大科技专项"高寒地区耐久性路面关键技术应用示范"(2014-GX-A2A)的过程中,基于高寒地区恶劣气候与生态环境对公路建设的特殊要求,研究并攻克了严寒、干燥、大温差、高辐射等严酷环境下,改性沥青、路面基层高性能化和路面使用性能长期监测等路面耐久性关键技术,解决了高寒地区路面耐久性差和公路建设中资源消耗量大、循环利用率低等难题,从而提出了高寒地区耐久性路面关键技术。以上研究和成果积累,为本书的撰写提供了重要的基础数据和工程经验。本书主要内容包括高海拔地区环境特征与沥青路面服役状况、高海拔地区沥青路面服役场监测与气候分区、高海拔地区沥青结合料改性技术、高海拔地区沥青混合料低温性能、高海拔地区沥青路面基层性能优化、高海拔地区沥青路面结构温度应力分析与结构优化设计、高海拔地区耐久性沥青路面工程应用。

本书系统总结了本研究团队近20年的研究成果,坚持理论联系实际,在内容上尝试将理论研究与工程示范相结合,突出实用性和可操作性;在体系上坚持结构设计与材料开发并重,突出结构与材料协同发展的趋势;在逻辑结构和写法行文方面,将环境特征与服役性能相结合,突出多场耦合作用、服役场景特殊的特点;同时力求创新,分析了当前在耐久性沥青路面理论研究和工程实践诸多方面的新进展,包括在青藏高原道路建设中存在的一系列问题以及理论研究的前沿动态。

　　全书所述成果的研究周期长、时间跨度大、参与人员多,特别是在成果的应用与实践过程中得到了相关单位的大力支持和行业内专家学者的无私帮助。已故王秉纲教授更是在作者从事相关研究的过程中给予了许多帮助和指导,对于成果的提炼起到了重要作用,在此一并表示感谢。

　　鉴于全球气候变暖,暖湿化效应加剧,以及青藏高原气候环境特征的多样性和复杂性,目前在高寒高海拔地区沥青路面耐久性领域仍有诸多问题需要进一步探讨,加之作者水平有限,书中内容若有不足之处,敬请批评指正。

作　者

2024 年 10 月

目　录

第 1 章　绪论 ……………………………………………………………………………… 1

第 2 章　高海拔地区环境特征与沥青路面服役状况 …………………………………… 3

2.1　高海拔地区环境特征分析 ……………………………………………………… 3

2.2　高海拔地区道路交通现状 ……………………………………………………… 5

2.3　高海拔地区沥青路面病害类型 ………………………………………………… 10

2.4　高海拔地区沥青路面病害形成机理 …………………………………………… 11

2.5　高海拔地区耐久性沥青路面设计理念 ………………………………………… 17

本章参考文献 ……………………………………………………………………… 22

第 3 章　高海拔地区沥青路面服役场监测与气候分区 ………………………………… 24

3.1　严酷环境下沥青路面智能监测系统组装与可靠性研究 ……………………… 24

3.2　严酷环境下沥青路面服役场实时监测技术 …………………………………… 47

3.3　高海拔地区气候特征调研及分析 ……………………………………………… 54

3.4　高海拔地区沥青路面气候要素插值模型及方法 ……………………………… 63

3.5　高海拔地区典型气候要素插值分析 …………………………………………… 64

3.6　高海拔地区沥青路面气候分区与沥青 PG 分级 ……………………………… 65

本章参考文献 ……………………………………………………………………… 69

第 4 章　高海拔地区沥青结合料改性技术 ……………………………………………… 70

4.1　高海拔地区高性能改性沥青制备 ……………………………………………… 71

4.2　高海拔地区高性能改性沥青性能评价 ………………………………………… 86

4.3　高海拔地区气候分区与改性沥青适应性分析 ………………………………… 95

本章参考文献 ……………………………………………………………………… 100

第5章　高海拔地区沥青混合料低温性能 ⋯⋯⋯⋯⋯⋯⋯ 103

　　5.1　低温半圆弯曲断裂性能 ⋯⋯⋯⋯⋯⋯⋯⋯⋯⋯ 104

　　5.2　沥青混合料收缩系数 ⋯⋯⋯⋯⋯⋯⋯⋯⋯⋯⋯ 121

　　5.3　沥青混合料约束试件温度应力试验 ⋯⋯⋯⋯⋯⋯ 123

　　5.4　沥青混合料低温松弛特性研究 ⋯⋯⋯⋯⋯⋯⋯⋯ 127

　　本章参考文献 ⋯⋯⋯⋯⋯⋯⋯⋯⋯⋯⋯⋯⋯⋯⋯⋯ 141

第6章　高海拔地区沥青路面基层性能优化 ⋯⋯⋯⋯⋯⋯⋯ 142

　　6.1　水泥稳定碎石基层早强低收缩外加剂 ⋯⋯⋯⋯⋯ 143

　　6.2　高海拔地区开级配大粒径沥青碎石缓裂层 ⋯⋯⋯ 153

　　6.3　高海拔地区沥青路面层间处治技术 ⋯⋯⋯⋯⋯⋯ 162

　　本章参考文献 ⋯⋯⋯⋯⋯⋯⋯⋯⋯⋯⋯⋯⋯⋯⋯⋯ 168

第7章　高海拔地区沥青路面结构温度应力分析与结构优化设计 ⋯⋯ 170

　　7.1　计算参数与模型的确定 ⋯⋯⋯⋯⋯⋯⋯⋯⋯⋯⋯ 171

　　7.2　周期性温度下沥青路面温度场与温度应力 ⋯⋯⋯ 175

　　7.3　大幅降温下沥青路面结构温度应力 ⋯⋯⋯⋯⋯⋯ 180

　　7.4　多周期循环作用下沥青路面结构温度应力 ⋯⋯⋯ 182

　　7.5　高海拔地区沥青路面结构优化设计 ⋯⋯⋯⋯⋯⋯ 183

　　本章参考文献 ⋯⋯⋯⋯⋯⋯⋯⋯⋯⋯⋯⋯⋯⋯⋯⋯ 186

第8章　高海拔地区耐久性沥青路面工程应用 ⋯⋯⋯⋯⋯⋯ 187

　　8.1　高海拔地区高性能改性沥青混合料应用 ⋯⋯⋯⋯ 188

　　8.2　高海拔地区矿物纤维混合料应用 ⋯⋯⋯⋯⋯⋯⋯ 198

　　8.3　高海拔地区早强低收缩半刚性基层应用 ⋯⋯⋯⋯ 205

　　8.4　高海拔地区层间处治应用 ⋯⋯⋯⋯⋯⋯⋯⋯⋯⋯ 211

第1章
绪论

  我国海拔超过4000m的区域面积约为256万km²,约占全球高海拔地区总面积的60%。随着"一带一路"倡议的提出和"交通强国"战略的深度推进,我国高海拔地区已成为交通基础设施建设的重点区域。同时,高原地区是我国重要的矿产资源支撑平台和能源开发合作战略基地,也是建设"美丽中国"重要的生态安全屏障。青藏高原地区年辐射总量为670kJ/cm²以上。同时,海拔每上升100m,温度下降0.6℃。海拔高的地方,空气稀薄洁净,阳光穿过空气热能损失小,地面获得的热能比低地要多,所以日间温度高;但由于植被稀少,河湖水面少,储能机制差,所以白天获得的热能到夜间很快散发,故夜间寒冷,表现为昼夜温差大。海拔低的地区,昼夜温差相对较小。据记载,青藏高原地区曾创造了我国昼夜温差的最高纪录,最高气温为7.1℃,最低气温为-23.5℃,温差高达30.6℃。高海拔地区严酷的气候和稀薄的空气,使得沥青路面设计、施工和维护面临极大的挑战。

  公路交通作为高原地区最主要的交通运输方式,承担了约85%的客运量和75%的货运量。自西部大开发战略提出以来,我国西部地区公路交通建设迅猛发展,沥青路面因其具有行车平稳、舒适性高、噪声低、养护维修方便、可以再生利用等特点,在西部高寒高海拔地区得到了越来越广泛的应用。这些地区一般具有年平均气温低、日温差大、紫外线辐射严重等特点,此外还存在干湿循环、冻融循环频繁等现象。沥青是一种典型的有机复合材料,极端的温度波动、强烈的日照辐射以及寒冷的冬季,常常导致沥青路面出现裂缝、坑槽、沉陷等病害;在紫外线和低温严酷环境条件下,沥青极易发生老化、低温性能衰减,致使其与石料黏结效果降低,抵抗裂缝、坑槽、剥落的能力变差;在寒冷、温差变化大的条件下路面服役性能急剧恶化,以致不少路段在建成通车后的较短时间内便不得不进行大面积维修,不仅造成了巨大的经济和资源损失,还严重威胁着道路的安全畅通。此外,更严重的问题在于,高海拔地区缺乏优质筑路材料,且施工环境恶劣。为了防止沥青混凝土路面的早期破坏,必须提高路面的高低温性能和耐久性。

鉴于此,作者针对高海拔地区现有沥青路面的病害类型与机理、结构与材料设计、建设与养护关键技术进行了深入的研究和总结,以期提供一套适合高海拔地区的沥青路面设计与养护方法。本书首先深入分析了高海拔地区的环境特征和沥青路面的服役状况(第2章),进一步讨论了沥青路面的监测手段与气候分区(第3章),并对沥青结合料的改性技术(第4章)进行了详细研究,然后探讨了对高海拔地区沥青混合料的低温性能(第5章)和基层性能优化方法(第6章),对高海拔地区沥青路面结构进行了温度应力分析,并提出了相应的结构优化设计方法(第7章)。最后,对这些理论和技术在高海拔地区耐久性沥青路面工程中的应用(第8章)进行了实例展示。

本书提到的研究成果包含了作者和研究团队在共玉高速公路等项目中的设计与施工经验,并吸纳了交通运输部西部交通建设科技项目、青海省重大科技专项等重点项目的研究成果。通过对这些成果的总结和提炼,本书旨在为高海拔地区耐久性沥青路面的设计、施工和养护工作提供全面且深入的理论与技术支持。

第2章
高海拔地区环境特征
与沥青路面服役状况

受其独特地理位置的影响,高海拔地区的自然环境通常较为恶劣。由于海拔的升高,空气变得稀薄,太阳辐射强烈,紫外线照射充足,昼夜温差大。高海拔地区更易受气流影响,大气环境恶化,风力大,但降雨量少。长时间的低温导致当地广泛存在冰川和冻土,给高海拔地区的路面建设、管理和维护带来了巨大的挑战。因此,对高海拔地区环境特征与沥青路面服役状况的调查分析,将为复杂气候环境下耐久性沥青路面结构以及材料的优化设计提供理论基础。

2.1 高海拔地区环境特征分析

2.1.1 地形地貌

高海拔地区,如青藏高原,大多具有丰富的山脉。青藏高原四周被巨大的山体环绕,内部亦坐落着众多山脉。地理信息系统(GIS)观测结果表明其地形地貌特征为边缘起伏大而内部相对平缓,主要地貌为高海拔丘陵和高山,西部地区的高度明显高于东部。

青藏公路横穿了各式各样的地形,其沿线地质构造分布格局由纬向构造控制,呈现高平原和山地交替出现的地貌。公路沿线翻越昆仑山、可可西里山、风火山、开心岭、唐古拉山、头二九山及申格里贡山等中高山,穿越了西大滩、布曲河、等断陷谷地,途经河流主要有北麓河、沱沱河、通天河等。沿线大部分地区海拔高于4500m,其中唐古拉山垭口海拔高达5231m,是沿线翻越的最高点。

青康公路也穿过了高海拔地区,沿线翻越的山脉主要有姜路岭、鄂拉山、雁口山、巴颜喀拉山,途经河流主要包括黑河、黄河、星星河、杳曲河、通天河等,沿线大部分地区的海拔在4000～5000m。沿线地貌多种多样,有中高山河谷、高原中高山、黄河源平原谷地、山前冲积扇平原、低山丘陵谷地、山间岔地等。相比于青藏公路,青康公路具有海拔低、地形起伏大、地势开阔等特点。

2.1.2 温度

高海拔地区的气候条件极为恶劣。以青藏高原为例,其平均海拔超过4000m,地形复杂,是世界上海拔最高的地区之一,也是世界上著名的低气温、低大气压、低氧含量的恶劣气候地区,平均气温比同纬度的东部平原地区低20℃左右,大气压和氧含量也随着海拔升高而降低。

青藏高原稀薄的空气吸收地面反射的长波较少,使得气温随着海拔的增高而降低。据推算,海拔每增高1000m,气温约下降6℃。青藏高原地区年平均气温低于0℃,极端高温在25～26℃,极端低温达到－45～－36℃。高海拔高寒地区与平原地区温度差异显著,主要体现在气温分布和日温度变化。气温分布规律:常年低温,5—8月份有较短的正温环境,但最低温度仍低于0℃,即使达到最高气温,也难以满足现行规范规定的施工温度要求;由北向南,气温升高,相关资料表明,纬度每增加1°,气温约下降0.63℃。这主要是由高原季风环流加厚了高原南部的云层并且使空气湿度增大、大气逆辐射增强引起的。温度日变化的特点是升温、降温迅速,昼夜温差可达23～26℃。高原海拔高、空气稀薄、光照充足、太阳辐射强的特点,使得此地的逆辐射高于其他地区,青藏高原地区的昼夜温差为全国最大。资料显示,近三十年来青藏高原与青海的温度仍呈明显的上升趋势,随着气温不断地升高,冻土存在着更强烈的融化趋势,从而导致路面结构的耐久性和强度降低,引起一系列的危害。

2.1.3 风速

频繁的大风也是高海拔地区面临的重要问题之一,高海拔地区空气稀薄,直接导致了阻力低、风速大的现象。青藏公路年平均风速达4.2m/s,最大风速达33.6m/s。大风速导致该地区沥青混合料在实际施工过程中温度损失过快,难以辗压成型,影响路用性能。

2.1.4 降水

青藏高原地区冰川资源比较丰富,但降雨量小、蒸发率高,因此路面基层施工中水分损失比平原地区快,且损失量大,这对无机结合料稳定基层的强度形成有显著的不利影响。水泥稳定类材料保温保湿养护难度很大,水分蒸发极易造成材料表面形成干缩裂缝,且频繁的冻融循环作用将造成材料出现早期损伤现象。此外,多年冻土地区的雷阵雨及固态降水为高原降水的主要特征,冰雹、霰、雪等固态降水在任何季节都可能出现,严重影响路面施工的连续性。

2.1.5　辐射

高海拔地区稀薄的空气浓度与云量少、海拔高的特点使得太阳辐射光程更短,辐射强度数值提高明显。由于用黑色沥青修筑的路面会吸收更多的太阳辐射,且沥青路面会阻碍路基表面的正常散热,导致热量积存而使冻土层的融化加快,冻结产生滞后。

2.1.6　水文

在高海拔的寒冷地区,多年冻土的温度和厚度受海拔和纬度的影响,呈现出明显的垂直分带性。随着海拔的升高,冻土的温度随之降低,厚度增大,而冻土的上限(埋藏深度)则变浅。同时,多年冻土的分布也与所处的纬度、地表水系、构造运动等因素紧密相关。多年冻土相比于其他的岩土,因为低温和冰层的存在,具有特殊的工程性质。这些特性主要表现在:在冻结过程中,土中的水分会发生重分布,这个过程会改变土体的结构和密度,产生冻胀现象和冻胀力;在融化阶段,土体在自重和外部荷载的作用下排水固结,产生不均匀压缩变形,融沉现象不断发生。因此,随着气温的周期性变化,冻土路基和地基土会不断发生冻结和融化,其独特的变化特性会对工程产生较大的影响。

2.2　高海拔地区道路交通现状

尽管西部高海拔地区在经济发展和交通设施方面相对较落后,但丰富的生物种群、分布广泛的多年冻土、严酷寒冷的自然气候以及对生态环境较小的人为影响,赋予其独特的自然科学研究价值。该地区少数民族聚居、多民族杂居的社会现象,也为人类学研究提供了宝贵的样本。

对于高海拔地区,公路技术的发展尤为重要。一方面,公路技术的发展是推动公路建设的有效途径,有助于解决交通设施不足的问题,促进地区经济发展;另一方面,公路技术的发展也是推进高原公路标准体系建设、维护高原生态、促进民族融合的内在要求,有利于实现可持续发展和社会稳定。高原地区公路技术的发展,对于推动该地区的经济、社会、生态发展具有重要的现实意义和长远价值,值得进行细致研究和深入探讨。

2.2.1　沥青路面现状

沥青路面由于其表面平整、行车振动小、噪声低、施工养护工期短等诸多优点而被广泛应用在我国的公路建设之中。对高海拔地区而言,由于当地特殊的自然环境气候条件,沥青路面得到广泛应用。同时,沥青材料本身温度稳定性差,在夏季高温时容易软化,在冬季低温的时候又容易发生脆裂。在高海拔地区,典型的气候条件是气温低、太阳辐射强、昼夜温差大。常年的低温条件和较大的昼夜温差使得高海拔地区的沥青路面持续受到较大的温度应力,产生大量的温缩裂缝。雨水通过裂缝进入路面结构中后,不仅本身会对路面材料造成冲刷,还会因为冻融循环而破坏路面结构,引起一系列其他类型的病害。此外,相对于平原地区,高海拔地区往往人烟稀少、交通网络不够发达,有限的公路还需要担负运输物资的使命。以青藏公路为例,它被喻为西藏的"生命线",大量过载的车辆进一步加剧了沥青的开裂,使得路面过早发生严重的损伤和破坏,严重影响沥青路面的通行功能和使用寿命。

青藏高原现存多年冻土面积约为 111.3 万 km²,约占高原总面积的 43%。而沥青路面属于黑色路面,很容易吸收太阳辐射的热量,因此,在强烈的太阳辐射下,黑色沥青路面的温度极易升高,特别在夏季尤其严重,路表温度比空气温度高出 15~25℃。所以,不仅易造成沥青路面老化,同时会使沥青路面的抗变形能力下降,从而出现车辙、开裂、拥包等高温病害。

沥青路面温度的升高会破坏高寒高海拔地区的冻土区所处的热平衡状态,冻土温度升高,会导致路面活动层的厚度增加,最终产生冻融问题。此外,在高寒高海拔地区的路基深度需要加深,由于受工程扰动的作用,冻土温度会提高,因此将无法保证冻土地区的路基稳定性。此外,在冻土内部水平和垂直方向上的含冰量不均匀,造成融沉系数值也有所不同,多种因素共同作用下更容易出现路表裂缝、坑槽、路基沉降以及沉陷等病害,使得沥青路面病害进一步恶化。

2.2.2 路面研究发展

由于我国基础建设底子薄,条件有限,因此针对特殊地区,如多年冻土地区的道路工程建设技术研究开始较晚。20 世纪 50 年代,对于多年冻土地区道路修筑技术的研究才随着大、小兴安岭的林区公路工程修筑而开始。对高寒高海拔地区道路修筑技术的研究则是开始于青康公路和青藏公路的修建。而真正关于青藏高原高寒高海拔地区沥青路面合理结构的研究,则是在 20 世纪 80 年代青藏公路进行沥青路面铺筑研究及实践后才开始快速发展。

1)路面结构研究

我国路面结构的研究和设计往往是在理论分析的基础上,经过力学计算,并通过对几个指标的控制来进行的,对于路面结构的合理性研究并不十分重视。伴随着计算机技术的应用以及相关学科的发展进步,有关多因素下路面结构合理性的研究才陆续被提出,并在实践中受到重视,相关技术才得到快速发展。随后,随着相关研究的展开和深入,人们先后提出了高等级公路合理结构、路面结构合理设计原则及结构合理厚度等概念。这些理论及方法为青藏高原高寒高海拔地区路面合理结构研究奠定了理论基础,具有深远的意义。

进入 21 世纪,我国公路研究开始向特殊地区道路倾斜,先后开展了一系列针对青藏高原多年冻土地区的科学项目,重点对于青藏高原多年冻土地区沥青路面的结构设计与施工展开了研究,提出了适用于青藏高原多年冻土地区的沥青路面结构设计方法,推动了青藏高原多年冻土地区典型路面结构研究。2010 年,我国首次针对青藏高原高寒高海拔地区高等级公路建设技术展开研究,项目的立项研究加速推进了我国关于高原多年冻土地区路面合理结构的研究进程。

王小岗等通过对青藏高原地区 G318(川藏公路)和 G214(青康公路)进行调研分析,发现多年冻土冻融退化、低温以及大温差等原因,使得沥青路面产生了严重的网裂、沉降变形和横向裂缝等病害。侯曙光通过使用 ABAQUS 有限元分析软件,探索了在冻土路基发生融沉时路面结构响应的问题,并在此基础上研究了路基融沉问题以及路面合理结构的选择问题,提出了一种采用 ATB(密级配沥青稳定碎石混合料)基层的复合式基层路面结构。马骉针对多年冻土地区沥青路面设计技术进行了系统研究,主要分为两个方面:在材料方面,研究提出了适用于多年冻土地区的水稳砂砾、级配碎石、ATB 及沥青混合料配合比设计方法;在路面结构研究方面,以结构适应性为目的对多年冻土地区典型路面结构进行了推荐。胡浩通过对多年冻土地区沥青路面温度场的研究,分析了路面温度场在深度方向的不均匀分布及相应的温度变化对沥青混凝土材料力学参数的影响。在此基础上,计算分析了青藏高原多年冻土区沥青路面结构温度的应力情况,为评估路面温度裂缝提供了计算依据,同时对高原冻土区沥青路面结构的温度疲劳寿命进行了分析预测。

2)路面长期衰变规律研究

要进行青藏高原多年冻土地区路面合理结构的研究,就必须对路面结构的长期使用性能进行研究,在综合考虑路面长期衰变的基础上合理设计路面结构。Mccarthy 等以 NCHRP 9-22B 项目为依托,选择相同的路面重建工程,通过使用三种柔性路面结构长期性能预测工具对该重建项目进行了性能预测,并由此对比分析了几种预测工具及预测结果。张起森等在疲劳损伤力学理论与方法的研究基础上,建立了适用于半刚性基层沥青路面结构的疲劳损伤力学模型,并使用损伤力学有限元方法模拟计算了沥青路面在偏载效应下的材料疲劳损伤开裂过程。同时开展了对于沥青混合料的疲劳损伤特性、沥青路面疲劳破坏预测和加铺沥青混凝土层路面使用性能的疲劳寿命预测等一系列研究。戴经梁在分析高等级沥青路面使用性能检测数据及相关研究成果资料的基础上,结合我国半刚性基层沥青路面设计方法以及沥青路面养护检测指标,提出了用以研究半刚性基层沥青路面使用性能长期衰变规律的指标。然而,上述研究中对高海拔地区的研究较少或不涉及该特殊气候地质环境,需要进一步验证上述衰变规律的适用性。

3)路面结构分析模型研究

当前,对高海拔地区路面结构模型的研究已经取得了一些进展,人们分析了多种环境和气候因素对路面结构的影响,包括气温、辐射、风速、风向和蒸发等对温度场的影响,以及冻融循环对沥青混合料力学性能参数的影响等。此外,许多研究也考虑到了冻土路基的融沉变形对沥青路面结构层产生的附加应力,以及交通荷载应力的综合作用。这些研究推动了黏弹性理论在路面设计中的应用,并提供了对于高海拔地区路面结构进行科学设计和改进的依据。

在路面结构数值模拟研究方面,赵延庆等提出了两种针对沥青混合料的材料黏弹性参数的研究模型,使用 ABAQUS 有限元软件对车辆荷载下路面的力学响应进行了模拟,随后将研究结果与现有的弹性理论计算所得的响应进行了对比分析,研究推动了黏弹性理论在路面设计中的应用。汪海年在对基础资料进行收集整理后,综合分析了气温、辐射、风速风向、蒸发等气候因素对温度场的影响,通过使用焓模型建立了含有相变的冻土路基温度场,并由此对不同气温地区的道路的路基路面温度场进行了有限元计算。张中琼等通过传感器埋设、气象资料收集等方式,对青藏高原北麓河地区的大气降水以及路面下部浅层土体的水热变化进行了连续监测,分析了青藏高原地区降水、地温以及路面结构水分变化之间的关系。马骉等通过分析研究,认为在多年冻土地区,由于冻土路基的融沉变形,沥青路面结构层产生了附加应力,并与面层上的交通荷载应力产生综合作用,最终导致了路面结构的破坏;在大量试验及观测结果的支持下,将路基融沉变形简化为二次曲线,通过使用有限元计算方法,建立了沥青路面结构的横向计算模型。对路面面层结构与基层底面附加应力进行了计算,得到了两者之间的关系。汪双杰等在考虑冰水相变以及水分迁移的条件下,建立了热流传导等效参数模型。对不同设计参数下的路基尺度效应以及采用不同路面材料时的路面结构效应进行了计算模拟。张久鹏等首先运用数值模拟的方法对多年冻土地区路基温度场的变化特性进行了模拟计算研究,得到了冻土路基的融沉曲线,并以此作为位移边界,计算了在路基融沉变形下路面结构附加应力,并与普通路基条件下路面结构的力学响应进行了比较。

4)现状分析

关于冻土地区路面结构的研究成果大多针对二级公路等低等级道路,对多年冻土区高等级公路路面结构相关修筑技术的研究较少。高等级公路在空间尺度、路基路面合理结构及使用性能方面相对于一般公路与低等级公路都有着更高的要求。因此,相关的技术经验在指导青藏高速公路的建设上具有较大的局限性。同时,在路基和路面合理结构研究方面,研究者往往将路基和路面分离,分别研究,很少从路基路面整体结构的角度对路面结构的性能开展研究,具有一定局限性。

2.2.3　路况现状

路基病害的高发区是含冰量高的冻土地段,由于全球温度的升高,地表温度也逐年升高,使冰层融化。高原纬度低、海拔高、大气稀薄、日照时间长,太阳辐射特别强烈,因而一天中路面被辐射的能量也较多。特别是青藏公路五道梁至那曲段年辐射量为 $668 \sim 710 kJ/cm^2$,比同纬度其他地区高出 50% 。年蒸发量远大于年降雨量,一般为 $3 \sim 6$ 倍。在高原环境下,沥青面层容易产生老化,沥青胶结料变硬变脆,与集料的黏附性变差,使道路产生松散等病害。面层的开裂也会向下延伸,加速基层的破坏。

由于高原多年冻土常年存在,且随着全球气候的变暖,多年冻土将进一步退化,路基病害也将进一步恶化。因此,对多年冻土路基病害防治迫在眉睫,现在每年西藏自治区也对路基病害严重路段进行重新修补。高原公路的路基横向倾斜变形使得路面形成一定的横向坡度,车辆在这种路面行驶时,由于汽车轮轴两侧所承受的力不同,稍有不慎易导致侧翻事故;路基的纵向凹陷与波浪沉陷使得路面形成一定的纵向坡度,车辆在这种路面行驶时,离心力作用较为强烈,使车辆承受荷载增加,容易导致车辆发生故障,引发事故。特别是局部点状的凹陷使得道路凹凸不平,车辆在平整度良好的直线路段快速行驶时,突然发现前方存在局部凹陷,通常会突然做出转向借道等操作,增加了事故发生概率。

2.2.4　交通量分布现状

青藏公路交通量变化特征具有明显的季节性,且每天各个时间段的交通量也在不停地变化,具有明显的早晚高峰期。在相同的外部交通设施条件下,交通量不同,车辆运行和驾驶人的行为特性就不同,从而决定了交通安全特性的差异。因此,作者调查搜集了西藏交警总队格尔木交警支队管辖的国道 109 线唐北区间 K2749 + 300 至 K3342 + 500 区间五道梁监测站的数据。青藏公路五道梁监测站的月平均日交通量如图 2.2-1 所示。

从图 2.2-1 可知,8 月份青藏公路的交通量达到了峰值,为 3927 辆/d。一年中 7—10 月份青藏公路的流量最大,占全年流量的 60% ,2 月份交通量最小,每天 2642 辆。这与青藏公路的道路功能有一定关系,青藏公路承载着进藏物资 85% 货物的运输,且是进藏旅游的重要通道。在一年中,7—10 月份是青藏高原气候最为宜人的时段,也是进藏的最佳时期,在此期间进藏游客较多,因此这四个月份交通量较大。而在第一、第四季度,气候条件较差,除了一些必要的出行和货物运输,很少有旅客交通量,因此这两个季度交通量较小。

图 2.2-2 为各个季节的时变图,可以看出,一天中的早高峰时间是上午 9:00—11:00;晚高峰时间是 19:00—20:00,这与西藏地区的出行特性是息息相关的。西藏地区地处东六时区,

其天亮与天黑时间要晚于北京时间 2h。在晚上 21：00—23：00 时间段的交通量会略有增加，在这个时间段出行的主要是货车，一些长途货运车辆常夜间出行。

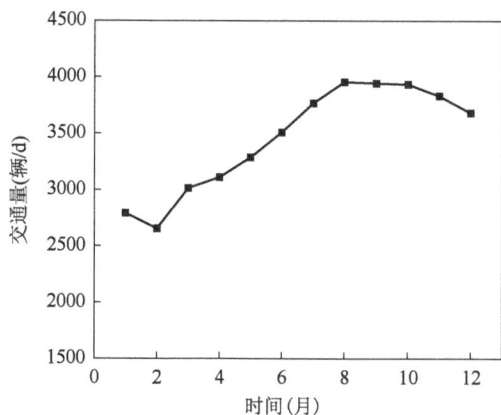

图 2.2-1 五道梁监测站月平均日变化图

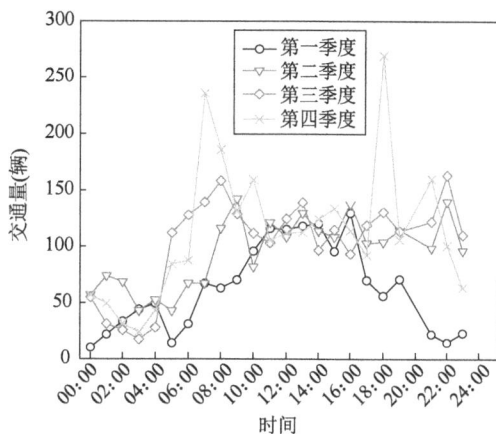

图 2.2-2 五道梁监测站各季度时变图

2.2.5 车辆与车型现状

高海拔地区的低气压和低氧含量会对车辆的综合性能造成明显影响。特别是发动机的进气量减少，导致整体运行效率降低，能耗增大，动力性能下降。此外，高海拔环境中冷却液的低沸点可能导致发动机温度过高，影响车辆正常行驶。不同类型的车辆受到的影响也不同，大型载重车受到的影响一般大于小客车，主要表现为动力性能和爬坡性能的降低、运行速度减缓。而小客车的性能受影响较小，当两者在同一路段行驶时，可能因速度差异大而容易发生交通事故。这些因素都增加了高海拔地区的交通安全风险。表 2.2-1 为五道梁监测站各季度车型构成情况。

五道梁监测站各季度车型构成比例（％） 表 2.2-1

类型	第一季度	第二季度	第三季度	第四季度
小型货车	16	14	8	11
中型货车	8	10	7	8
大型货车	11	11	8	13
特大货车	18	25	25	18
集装箱车	2	2	1	4
中小客车	42	35	49	44
其他车型	3	3	2	2

从车型的整体分布来看，货车出行比例高于中小客车，货车比例占 50% 以上，中小客车出行比例占 45% 左右。在货车运输中，特大货车的比例约占货车总类型的 35%，远高于小型货车、中型货车和大型货车等其他货车类型的比例。可以看出，车型比例呈现出很明显的季节性变化：中小客车在第三季度的出行比例最大，第二季度的出行比例最小；只在第三季度有大客车，它们是服务于进藏游客的，在其他季节几乎没有。第三季度是西藏旅游的黄金季节，青藏公路上的自驾游客增多，导致中小客车出行在第三季度出行最大。对于货车类型，其出行比例

在各个季节较为均衡,每个季节变化不大,因为拉萨的大部分物资需要通过青藏公路运入,在各个季节都有需求。

2.3 高海拔地区沥青路面病害类型

2.3.1 裂缝

在西部高海拔地区,极端低温、较大的昼夜温差以及强紫外线辐射等环境因素使得沥青路面更容易出现开裂病害。青海省高速公路沥青路面损坏病害占比如图 2.3-1 所示,其主要原因包括:①高海拔地区的极端温度和大温差导致沥青路面容易产生温缩裂缝;②大温差带来的干湿循环和冻融循环引发冻土路基不均匀沉降;③该地区道路纵坡路段占比高,超载车辆行驶缓慢,使沥青路面更易产生疲劳裂缝;④强烈紫外线辐射导致表层沥青老化脆化,更易产生裂缝。虽然裂缝在早期对路面性能影响可能不大,但随着时间和车辆荷载作用的加强,裂缝会逐渐影响道路的行车安全性和舒适性,降低路面使用寿命以及路基的强度和稳定性。

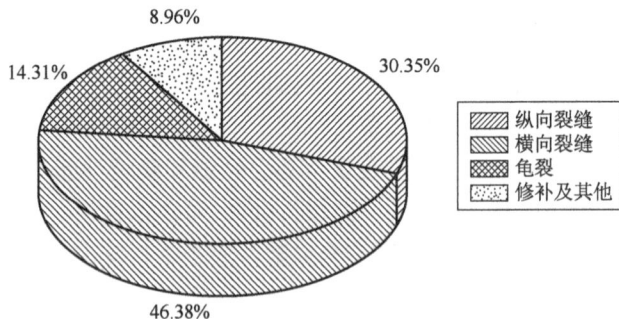

图 2.3-1 青海省高速公路沥青路面损坏各类病害占比图

裂缝是沥青路面存在的各类路面病害形式中最常见的破损形式,可将裂缝分为以下四类:横向裂缝、纵向裂缝、网状裂缝与块状裂缝。

横向裂缝占青海省路面病害的比例最大,其次为纵向裂缝。沥青面层低温缩裂和半刚性基层反射裂缝引起的横向裂缝在青海地区较为常见。由于青海省温差较大,在快速降温中,沥青面层产生温缩应力,当温缩应力超过沥青混合料的极限抗拉强度时,就会造成沥青面层温缩开裂;半刚性基层反射裂缝是基层先开裂,在温缩应力和荷载应力的综合作用下逐渐向上扩展,造成面层底部开裂,进而贯穿面层全厚度。强烈的太阳辐射和紫外线作用会导致沥青路面老化,使混合料的低温抗裂性降低,这也是造成沥青路面温缩裂缝的原因之一。青海地区沥青路面纵向裂缝间隙一般较大,且多发生在轮迹带范围内。路基压实度不均匀或路基边缘浸水产生的不均匀变形,以及摊铺过程中左右路幅混合料接茬部位没有处理好等因素,都会在车辆荷载作用下引起路面纵向开裂。若横向裂缝和纵向裂缝得不到及时有效的处治,在车辆反复碾压作用下,裂缝间隙周围将逐渐出现众多支裂缝,支裂缝进一步发展、贯通形成龟网裂。若大气降水渗入裂缝,反复冲刷会导致底面层性能不断衰减,裂缝面积逐渐扩大,引起松散、坑槽等,进一步恶化路面病害。

2.3.2 车辙

车辙一般是指在温度较高的季节,由于车辆反复碾压而导致沥青层产生塑性流动,在轮迹处明显出现下陷、沥青层向两边隆起、横断面呈凹字形的现象。其中,还有部分车辙是由于基层、底基层强度不足,水稳性能不良,导致基层或底基层局部下沉、脱空而造成。其产生的外因是渠化交通和荷载作用次数的增加,内因是沥青混合料高温稳定性和抗塑性变形的能力不足。在夏季持续高温作用下,由于太阳辐射导致路表热量不能快速释放出去,路面结构内部温度持续提升,沥青结合料的黏聚力降低,流动性增大,混合料的稳定性大幅衰减。在车辆荷载的反复作用下,外部荷载应力超过沥青混合料的承载和稳定极限,使其发生流动和永久变形并不断积累,从而形成车辙。特别是随着交通流密度的逐步提升,大量重型和超载车辆的重复作用,加剧了车辙的产生。

2.3.3 坑槽

高海拔地区气候环境恶劣,导致路面材料损伤劣化加剧,材料的服役寿命大幅衰减。加之施工过程中环境温度较低,沥青混合料之间的黏聚力降低,并且路面各结构层之间的黏结受到影响,结构均匀性变差。所以,在车辆荷载作用下,路面产生初始微裂纹和缺陷,并迅速扩展,沥青材料与集料分离,逐步形成剥落,并进一步演化成坑槽。

2.3.4 沉降

沉降是指在车辆荷载作用下,由于路面结构内部或路基松散地层固结压缩,导致路面表面高程降低的一种局部下降的现象。该现象不仅影响路面的稳定性,还会对行车舒适性与行车安全构成威胁。相比较而言,高海拔地区路面沉陷的速度更快,深度和范围都更大,并加剧其他类型病害(如波浪、推移等)的发生。不同类型沉降的特点如下:

(1)不均匀沉降,通常发生在含冰量较多、地表平均温度在$-1.5℃$以上的冻土地区。在高寒高海拔的冻土地区,基础发生部分沉降,造成沥青路面的外凸与下凹现象,每个相近凹凸点之间的距离相差$0.3 \sim 0.5m$,严重情况下甚至会大于$0.5m$。

(2)路基整体沉降,通常发生在冻土较多、地表平均温度值相对稳定且低于$-1.5℃$的冻土地区。病害的直观表现是,路基发生整体沉降,道路表面几乎不发生变形。

(3)路表沉陷,通常发生在冻土含冰量较多且相对不稳定的地区;某些地区的道路表面沉陷可能会达到$0.5m$以上。

2.4 高海拔地区沥青路面病害形成机理

高海拔地区的路面破坏主要分为结构性破坏和功能性破坏。破坏并不是几类同时发生的,而是需要一段过程,在过程当中不断积累起来的。冻土地区公路的主要病害有裂缝、松散、泛油、网裂及推移等。

2.4.1 路面病害的形成原因

(1)裂缝:裂缝类破坏主要包括横向裂缝、纵向裂缝、网状裂缝、块状裂缝等。

横向裂缝按照形成机理可以划分为以下两类:荷载型裂缝与非荷载型裂缝。西部高海拔地区因交通运输发展,车辆超载现象较严重,沥青路面荷载型裂缝的出现主要是由超载车辆的长期作用引起的。在车辆荷载的长期作用下,当基层底部所受弯拉应力超过基层材料的抗弯拉强度时,基层底部将出现裂缝,且随着道路运营时间的增长,裂缝将逐渐向上延伸,最终致使沥青面层出现开裂破坏,产生典型的横向荷载型裂缝。非荷载型裂缝主要分为温缩裂缝及基层反射裂缝两种。高海拔地区沥青路面极易出现温缩裂缝,当冬季气温下降速度过快时,沥青路面路表温度下降速度大于路面内部温度下降速度,沥青面层沿道路深度方向产生温度梯度,进而产生低温收缩裂缝;此外,高海拔地区昼夜温差大,白天到夜晚温度急剧降低,夜晚到白天温度急剧上升,在大温差循环作用下,沥青面层产生较大温度应力,在长期作用下致使面层产生温度疲劳裂缝。

纵向裂缝是指基本平行于道路中线的长直裂缝,常出现在车道分割线与新旧沥青交界处,长宽不定。在路面施工过程中,易因面层分幅摊铺接缝相接处黏结不紧密,在外界作用下两幅不均匀位移致使面层产生纵向裂缝。高海拔地区沥青路面纵向裂缝一般出现在冻土地区的高填方路段,昼夜温差大与紫外线辐射强的特性使路基两侧边坡对太阳辐射的吸收不均匀,两侧边坡沉降高度不一,从而产生纵向裂缝。

网状裂缝是指形似网状或龟纹状的多边形小块,是由纵横交错的裂缝将路面分割而成的,且小块短边长度不大于40cm。网状裂缝的出现一般是因车辆荷载重复作用使下面层先产生疲劳裂缝,随着荷载重复作用次数的不断增加,下面层裂缝逐渐向道路表面发展,最终形成网状且错综复杂的裂缝形式。高海拔地区网状裂缝易出现在长大纵坡路段,重载车辆较多且车辆行驶较慢,延长了荷载与路面的作用时间,轮迹边缘区域长期承受高剪切力,使得沥青路面产生网状裂缝。

块状裂缝的出现是由沥青老化造成的,沥青在施工拌和及长期运营中不断老化,致使沥青混合料弹性恢复性能降低而产生裂缝,在车辆荷载长期作用下不断扩张。在高海拔地区路段,沥青路面在低温环境下产生收缩断裂,细微裂缝逐步扩展形成块状裂缝。

(2)车辙:高海拔地区空气干燥、紫外线辐射强烈,加之沥青路面的热岛效应,导致路表温度远高于大气温度。因此,在夏季持续高温天气,积聚在路表的热量无法向外部环境传递扩散,导致沥青与沥青混合料的黏聚力大幅降低,流动性大幅提升。此时,在车辆荷载的重复作用下极易产生累积变形并产生车辙。

(3)波浪沉陷:沥青路面沉陷与波浪的病害随着多年冻土区含冰量的增加而增加,与地温关系也很密切,地温高的路段沉陷和波浪病害明显较多。黑色沥青路面的吸热效应明显,导致冻土融化,产生不均匀沉降,在车辆荷载的反复作用下,沥青各结构层的应力变大,路面沉陷的速度、深度和范围都逐渐加大,最终导致沥青路面出现较多的波浪沉陷病害。

(4)松散:松散主要是由于集料颗粒的脱落引发的,其脱落是从上到下、由表及里的,如果集料颗粒与沥青之间没有黏附力,那么便会出现松散现象。导致松散的原因主要有以下几种:

①常温或者低温条件对混合料黏附力的影响十分大,所以在冻土地区修建公路,最容易出现松散问题;

②在低温条件下,路面修好以后,其基层强度发展的周期较长,如果没有经过充分养护便开始通车,便会造成掉渣或者松散脱落;

③沥青混凝土路面层如果压实度不够,也不能保证混合料的黏附力,会导致松散;

④沥青路面离析(指路面某一区域内沥青混合料主要性质的不均匀),如果离析面上的集料较粗,缺少细集料,伴随着时间的推移,空隙中冻水便会破坏黏结,那么黏结性就差,从而出现松散;

⑤如果集料的含泥量超标,就会使集料颗粒被大量的粉尘包裹,这样沥青便不会黏附于集料颗粒上,使集料颗粒脱落,导致松散的发生;

⑥高海拔地区沥青路面接受太阳辐射的概率要远远高于低海拔地区,在紫外线辐射条件下,沥青老化,黑色路面变白,路表的沥青与集料的黏附性变差,经过车辆荷载的作用和雨水的冲刷,沥青路面出现松散。

(5)泛油:泛油是指沥青从混凝土层由下而上、由里向外移动,致使路面产生许多沥青油膜的现象。泛油严重会导致路表覆盖沥青油膜,降低路面摩擦系数和抗滑性,从而易导致交通事故。产生泛油的主要原因有以下几种:

①沥青用量过多是泛油的主要原因,由于设计不严谨,致使集料密度达不到要求,包裹集料的沥青膜越薄,混合料的黏附力越小,便越容易在施工中产生沥青油膜;

②低温地区,由于集料过多损失,待温度稍微有些回升,便会使集料下窜,沥青上泛,路面就会形成油层;

③如果施工单位控制不严格,管理不完善,在生产中私下改变配比,致使混合料搅拌不均匀,从而造成沥青混凝土路面沥青用量较大,使路面产生泛油。

(6)坑槽:冻土地区路面出现坑槽的原因主要包括两方面。一方面是由于材料设计时,使用的级配不当、空隙率较大,雨水渗入路面结构中,在车辆荷载的重复作用下,空隙中的水由静水状态变成动水状态,其冲击和剥离作用大幅加强,所以沥青混合料更容易破坏;另一方面是施工原因导致的,高海拔地区的平均气温较低,日温差大,沥青混合料在摊铺碾压过程中温度下降较快,相较于平原地区压实更为困难,材料之间的黏聚力变差,因此该部分路段的路面容易出现坑槽。

(7)推移:如果沥青混凝土设计不合理,便会造成其强度低、抵抗外力差,进而导致路面推移。另外,混凝土与基层之间的黏结不好或者混凝土面层较薄,便会在水平推力的作用下致使路面沿基层滑动。

2.4.2 路面病害的影响因素

1)温度

高海拔冻土地区的沥青路面长期处在低温状态中,全年的温度只有在5—8月份是比较适合施工的,其他季节进行路面施工难度较大,且容易对工程质量产生影响。尤其在昼夜温差较大、降温速度很快的情况下,冻土融化速度加快,会影响路面的强度发展和结构的稳定性。一般半刚性的基层具有板体性强和承载能力较高的特点,但材料本身的温缩、干缩性质会在低温和温差较大的情况下,导致沥青混凝土材料强度产生极大的变化。半刚性基层在温度、湿度等环境因素变化较大时会出现温缩和干缩开裂,导致路面出现较大裂缝。所以外部的环境因素是导致沥青路面产生裂缝的最主要原因。

2)紫外线

高海拔地区日照强烈、云量稀少,太阳总辐射量居全国之首,且紫外线辐射比较强。沥青路面在强紫外线的辐射下会迅速老化,出现松散、开裂等病害,使沥青路面过早破坏,从而无法满足行车要求。青藏公路沿线冻融循环频繁,再加上高原天气多变,雨雪无常,水从松散、开裂的路面渗入路面基层,在汽车动荷载的循环作用下,路基将发生不均匀变形,反过来加速了路面结构的破坏。

3) 冻土

由于高海拔地区特有的自然环境条件,冻土是影响该地区公路工程的重要因素之一,也是国内外学者研究的重点问题。目前,国外学者对于高海拔地区公路设计方面的研究主要集中在对冻土路基路面的设计和养护方面的研究;出于在多年冻土地区建设公路与铁路的需要,苏联和美国成为最早一批研究冻土路基问题的国家,在冻土路基的病害处理和养护方面开展了多方面研究。在高海拔地区,由于受冻胀融沉问题的困扰,研究者在工程方面着重进行了冻土公路病害机理与防治措施的研究。多年的研究和实践经验表明,高海拔地区冻土路基的稳定性与地下冰紧密相关,而地下冰会造成路基的冻融破坏,严重影响冻土路基的稳定性。在桥梁、路堑、高边坡等工程建设中,路基中高含冰量冻土的影响作用尤为重要。多年冻土与普通土壤相比具有明显的差异性,其结构和密度随温度的周期性变化而发生变化。

高海拔冻土地区的冻土类型以多冰冻土和饱冰冻土为主,冻土是对温度极敏感的地质体,其对气候、生态环境的变化都非常敏感。冻土类型在一定程度上影响公路病害率,公路裂缝病害与冻土类型有着密切联系,冻土越趋于稳定,裂缝病害率越低。而如今,在气候作用下,青藏高原逐渐转暖,青藏高原多年冻土的退化显著、快速、广泛,冻土退化趋势仍在持续,主要表现为地温升高、活动层变厚、冻结期缩短、融区扩大等,冻土区面积逐渐缩减。区域性气候影响着冻土分布和地温状态,随着气候的热影响与季节性更替,冻土退化程度逐渐加重,冻土的退化会影响多年冻土区地下冰,地下冰融化导致地表沉降,从而使地基土产生变形,进而产生横纵裂缝病害。在复杂气候、环境作用下,高海拔公路多年冻土区路基沉降变形逐年加剧,自铺筑沥青路面后,路基下多年冻土层持续升温,冻土上限不断下降,冻土热敏感性增强,路基呈整体下沉趋势。多年冻土的融化是冻土路基发生不均匀下沉的主要原因,冻土退化是公路病害发生的重要原因。

4) 路基高度

路基高度会影响路基内部的热稳定性,若路基高度大,对于热交换有阻碍作用,随路基高度的增加,热阻也不断增大,缓解沥青路面吸热作用对路基的下伏土体的影响,有利于路基的热稳定。高海拔冻土地区公路常通过提高路基高度的手段来保护下伏冻土,但路基过高不利于行车安全,同时造价高昂。随着路基高度的减小,由路面向下面土体传递的热量加剧,导致路面结构整体稳定性下降,不均匀沉降等病害出现。

5) 地下水

丰富的地下水,加上多年冻土冻融的因素,在季节交替中,也会产生路肩与路面连接处沉陷,路基填土高度小于临界值时,会产生翻浆沉陷。特别在夏季,地下水位上升后,路基含水较多,在低路基上,可形成软基层,由于沥青混凝土路面属于半刚性,在夏季软路基经过路面施工后,当时未有病害,到了第二年,路面就会出现网状龟裂,这些裂缝在雨雪侵蚀、车辆荷载的双重作用下,则会引起路面翻浆、破碎松散,进而形成坑槽。

6) 车辆荷载

沥青路面在气温较低时强度发展时间较长,稳定时间更长,如果在没有稳定时就开始通车,交通量较大时就会因上部荷载作用太大而使半刚性基层遭到破坏,随着交通量的不断增大,荷载深度的加大,路面整体结构会遭到损坏。20世纪90年代青藏公路重型车辆比例约为30%,90年代后增加到70%,近几年比例更高。超载和重载交通使路面出现过早的破坏。20世纪90年代后期实施了超限检查,限制了超载车辆,但重载车辆明显增多,货车车型由单后轴快速发展为多后轴,载重更大。

7)设计方案

路基下多年冻土的变化及路基季节性冻融是形成路面沉陷、波浪变形和纵向裂缝等病害的主要原因。目前,冻土路基设计中采取了通风管路基、碎石护坡、块石路基、热棒等冻土路基稳定性技术措施,在一定程度上缓解了多年冻土上限的下降,但在全球气候变暖、重载交通等条件下,冻土路基沉陷变形仍对沥青路面有显著影响。

8)沥青路面结构与材料

青藏公路沥青路面结构以半刚性基层沥青路面为主,沥青面层厚度早期较薄,只有4cm,面层破损比较严重。在随后的整治改建中,中面层厚度增加到9cm,在一定程度上减轻了面层破损。就基层而言,"八五"改建工程中采用干压碎石或砂砾石柔性基层,后期整治改建中均采用水泥稳定砂砾石半刚性基层。柔性基层抗变形能力强,但强度较低,导致沥青路面沉陷波浪严重,但面层整体性较好,无明显横向裂缝,而龟裂、网裂较严重。半刚性基层虽室内试验强度较高,但收缩严重,且在低温和强烈冻融下强度形成困难,难以形成板体,大多处于松散状态,导致沥青路面整体结构承载能力不足,出现各种结构性破损。

在沥青混合料方面,高标号沥青在青藏公路施工中得到普遍应用。在混合料设计中,重点考虑其低温特性,增大沥青用量,采用连续密实级配。混合料的高温稳定性与低温特性是一对矛盾,改善其低温特性往往会导致其抗高温变形能力降低。随着全球气候变暖和重载交通的增加,混合料抗变形能力的不足而导致青藏公路出现车辙的问题更为显著。为满足低温条件下沥青路面性能要求,青藏公路在多年的工程实践中,采用了低标号沥青,其低温抗裂性强,但黏性差,加之青藏高原所能提供的集料多为酸性,物理风化严重,这也是青藏公路沥青路面产生松散病害的原因。

9)施工控制及条件

青藏公路的施工条件比较差,主要表现在施工环境和工期两方面。施工温度低,造成混合料出现严重的温度离析,路面的压实温度也达不到设计要求,无法满足压实度的要求,从而助长了早期病害的发生。在沥青公路施工时,如果采用的施工工艺不符合高海拔冻土地区的特征和工程具体要求,就可能会出现各种质量问题,比如路基沉陷、路面结构变形、路基边缘压实不足而使路基和路面出现裂缝等。此外,沥青混合料的配制、搅拌、浇筑摊铺以及压实等都会影响工程整体的质量。加上高海拔冻土地区的气温较低,在沥青混合料制作、运输以及摊铺时降温速度极快,使沥青路面压实温度较低而增大路面的空隙率,导致路面出现裂缝、松散和冻胀等问题。

2.4.3　路面病害预防控制措施

公路病害间存在相互关联及相互伴生关系,例如:波浪与沉陷相互伴生,重度沉陷大多发生在高温高含冰量地区;路面病害主要分布在低温区域,路面纵裂主要由路基变形引起,边坡积水、损毁等均会加重纵裂病害程度;此外,其他路基病害,如变形、波浪等,均会使面层产生极大的附加应力,进而造成路面结构层病害。预防控制措施包括以下几点。

1)加强路面结构与材料设计

设计质量是工程质量的基础和前提。青藏公路多年冻土地区沥青路面结构与材料设计,应充分考虑其使用条件与要求的特殊性,提高路面设计的科学性和合理性。重点应加强以下方面:

(1)路面结构组合与结构层厚度应考虑行车荷载、温度、冻土路基变形等因素的综合影响,保证路面结构具有足够承载能力与良好耐久性。目前采用的半刚性基层受低温、冻融等影响较大,收缩裂缝、冻融损坏、水损坏等病害严重,可以考虑采用混合式基层或柔性基层。

(2)低温与冻融条件下路面材料的实际使用性能与室内标准条件下的试验结果存在差异,路面结构设计中材料参数取值应予以考虑。尤其是在剧烈的冻融循环作用下,路面材料性能劣化明显。

(3)应加强路面结构内部防水、排水设计,在路面结构内部合理设置排水层与封水层,使进入路面结构内部的水分能及时排出,而不会渗入路基。滞留在路面结构内部的水分除了会使路面材料发生水损害外,还会通过裂缝等渗入路基,降低路基承载能力,并将热量带入路基,降低冻土路基稳定性技术措施的降温效果。

2)重视路面施工质量控制

(1)施工质量直接决定着工程质量。青藏公路多年冻土地区沥青路面施工条件具有明显的特殊性,施工质量控制难度随之增大,现行施工技术规范在该地区应用的可行性与有效性值得探讨。

(2)即使最佳施工季节,气温也较低,路面施工中沥青混合料温度损失控制是保证路面铺筑质量的关键。

(3)半刚性材料在低温和干燥条件下的强度形成缓慢,同时夜间负温下的冻融作用还会造成强度损失或松散,导致半刚性材料难以形成板体,无法达到设计状态。因此,在施工中应采取有效技术措施,保证半刚性材料的强度形成与成型。

(4)在混合料施工配合比设计中,应考虑室内试验条件与现场条件的差异,尽量模拟现场条件进行室内试验,优化确定最佳配合比。

(5)应不断总结施工经验,提出适宜于特殊条件的施工工艺与质量控制措施。

3)提高路面养护管理能力

有效的养护管理是保证路面使用性能与使用寿命的关键。高原地区公路路面养护维修难度明显大于通常地区,应根据具体条件,选择适宜的养护维修方法、材料与设备,不断提高特殊条件下的养护管理能力。水损坏是沥青路面产生破坏最重要、最直接的原因。在养护维修中应高度重视路基路面的防排水,及时维修并不断完善防排水设施,对可能影响路基路面的路表水"早接远送",对地下水拦截疏导,对进入路面结构内部的水分及时排除,避免水分长时间滞留或继续下渗。对已出现的各种破损,应及时维修处理,避免扩大或诱发新破损。尤其对于裂缝、坑槽等破损,应采用良好材料及时进行封闭或处治。对于不同原因导致的裂缝,应对症下药,选择适宜的处治对策,达到根治的目的。应重视预防性养护,在萌芽状态消除各种破损,从而显著提高路面使用性能,延长其使用寿命。

2.5　高海拔地区耐久性沥青路面设计理念

沥青路面结构设计的目的主要是在使用年限内确保路面不发生结构破坏,对路面面层只需要进行周期性养护。路面结构承受着全部车辆荷载,并将车辆荷载和路面自重传递给土基,因此,路面结构必须具备一定的强度和抗变形能力。同时,路面长期经受气温和湿度的周期性作用,这种高温与低温、冰冻与融化、干燥与湿润的反复交替作用及车辆的反复碾压,使得路面结构的各项特性与功能发生衰变。此外,在高寒高海拔地区复杂的地质条件和气候环境决定了该地区沥青路面特殊的使用要求。鉴于路面设计是基于路面材料优化后的结构组合性设计,因此,本节在第2.1～2.4节的研究基础上,提出高寒高海拔地区耐久性路面结构设计理念及改进建议,以满足其低温抗裂性、抗冻水稳性、抗老化性能和疲劳耐久性要求。

2.5.1　设计要点

高寒高海拔地区路面典型结构的设计首先要求路面具有一定的承受荷载能力和抗疲劳能力,使其整体刚度满足设计年限内的预测交通量要求。尽管高寒高海拔地区交通量不算太大,但其自然环境比起其他地区要恶劣得多,包括强紫外线的照射、较大的温差、冻融循环、强烈的高原大风等,并且公路修筑在日益退化、上限逐渐下移的多年冻土路基上。因此,在进行高寒高海拔地区路面结构设计时,在考虑交通荷载的同时,要特别重视恶劣的自然环境对道路造成的巨大危害,要尽量增强路面的耐久性,同时兼顾路面结构的冻融性能,即减少路基的不均匀融沉引起的路面病害。

1)设计原则

长期以来,我国的路面结构组合设计都是根据以往使用经验进行的。由于我国以前交通量较小,沥青价格相对昂贵,加之沥青中含蜡量高,高温稳定性能差,出于节省投资和避免车辙的考虑,一直采用"强基薄面"的路面结构组合设计思想。然而,随着道路等级不断提高和道路里程的增长,交通量迅速增长,交通轮载也在不断增加,超载现象也较为普遍,路面损坏现象不论是在时间上还是在类型或原因上都与以往有所不同,半刚性基层沥青路面的耐久性差、使用寿命短等深层次问题日益凸显。我国现行沥青路面设计规范以路表弯沉作为主要设计指标,以沥青面层底面和半刚性基层底面的弯拉应力作为设计的验算指标,并制定了相应的设计标准。这一设计指标体系是在新中国成立以来历版设计规范以路表弯沉为控制指标的指导思想和传统习惯的指引下扩充后提出的,并使现有沥青路面结构设计实际上均由路表弯沉指标所控制。而国外长寿命沥青路面设计方法主要针对永久变形和开裂两种主要损坏类型,大都选用沥青层底拉应变、路基顶面竖向压应变、沥青面层永久变形等作为设计指标,很少有设计方法采用路表弯沉作为主要设计指标。沥青层的层底拉应变、层内剪应变和路基顶面竖向压应变等是影响沥青路面结构损伤的关键因素。

沥青路面结构设计应合理设置路面各结构层的位置和层厚,使其满足耐久、平整、抗滑、经济的要求,充分发挥各层材料的特性,保证沥青路面结构设计在全寿命周期内是经济的。为了达到上述目的,本节针对我国沥青路面结构设计所存在的问题,提出了结构寿命匹配的理念,借助该理念对沥青路面结构进行分析研究,并通过结构组合分析,提出适合高海拔地区的耐久性沥青路面结构。

（1）满足设计年限内交通荷载作用要求的沥青混凝土面层最小设计厚度。从路面结构层的厚度设计上看，最小设计厚度除了满足交通荷载作用的要求外，更要满足沥青路面的功能要求，且应具备防反射裂缝能力。沥青混凝土路面面层最小设计厚度见表2.5-1。只有足够的面层厚度才可以提供良好的行车舒适性、耐磨性、防水性、耐疲劳性，但过大的厚度反而容易产生较深的车辙并增加工程的造价，所以设计的厚度应该技术可行、经济合理。

沥青混凝土路面面层最小设计厚度 表 2.5-1

道路冻深（cm）	土基干湿类型	粉性土（mm）	黏性、细砂土（mm）
50～100	中湿	30～50	30～45
	潮湿	40～60	35～55
100～150	中湿	40～60	35～50
	潮湿	50～70	45～60
150～200	中湿	45～70	40～60
	潮湿	60～80	50～70
>200	中湿	50～75	50～70
	潮湿	65～100	55～80

（2）各结构层的材料回弹模量应自上而下递减，以符合轮载作用下应力和应变随深度增加逐渐减小的规律。

（3）要注意各结构层本身的结构特性，在高寒高海拔地区沥青路面结构中合理设置隔热层，以减小路面结构因路基不均匀融沉变形产生的附加应力，提高路面结构抗融沉变形能力；同时，减少沥青面层吸收的热辐射向下传递到路基，有利于保护冻土。选择适当的层数和层厚，以形成稳定的结构层次，满足使用性能的要求。结合国道109与国道318的路面厚度与路面病害及其成因分析可知，由于现有结构层厚度整体偏薄，且未设置隔热层，不均匀融沉导致的路面损害比比皆是。同时，由于国道109的重载交通量远大于国道318，且存在更为严重的车辙及路基沉降病害，因此可以适度增加路面结构的厚度和强度。

（4）要考虑水温状况的不利影响。在季节性冰冻地区有冻胀可能的中湿、潮湿路段，要考虑冻胀和翻浆的危害。路面结构除了要满足力学强度的要求，还要起到排水的作用。

（5）满足最小防冻厚度要求，以避免路基产生过大的不均匀冻胀，导致路面开裂。对于冻土地区的中湿、潮湿路段，路面的总厚度需要满足《公路沥青路面设计规范》（JTG D50—2017）中表B.6.1-2的规定。如果依照强度计算的路面结构层厚度值小于表中的厚度值低限，则必须调整结构层厚度或增加保温垫层厚度。

（6）考虑到抗反射裂缝能力、材料应力扩散和压实的需要，各结构层要满足最小施工厚度的要求，见表2.5-2。

路面结构层最小施工厚度与适宜厚度（cm） 表 2.5-2

结构层类型		施工最小厚度	适宜厚度
沥青混凝土面层或沥青碎石（LSM25）	细粒式	2.5	2.5～4
	中粒式	4	4～6
	粗粒式	5	5～8
稳定类基层		15	16～20
级配碎石、级配砾石		8	10～15

2)设计流程

高寒高海拔地区新建路面结构及结构层厚度的确定,可按照图 2.5-1 所示流程进行,路面结构组合可根据经验选取,结构层厚度符合现行规范规定。

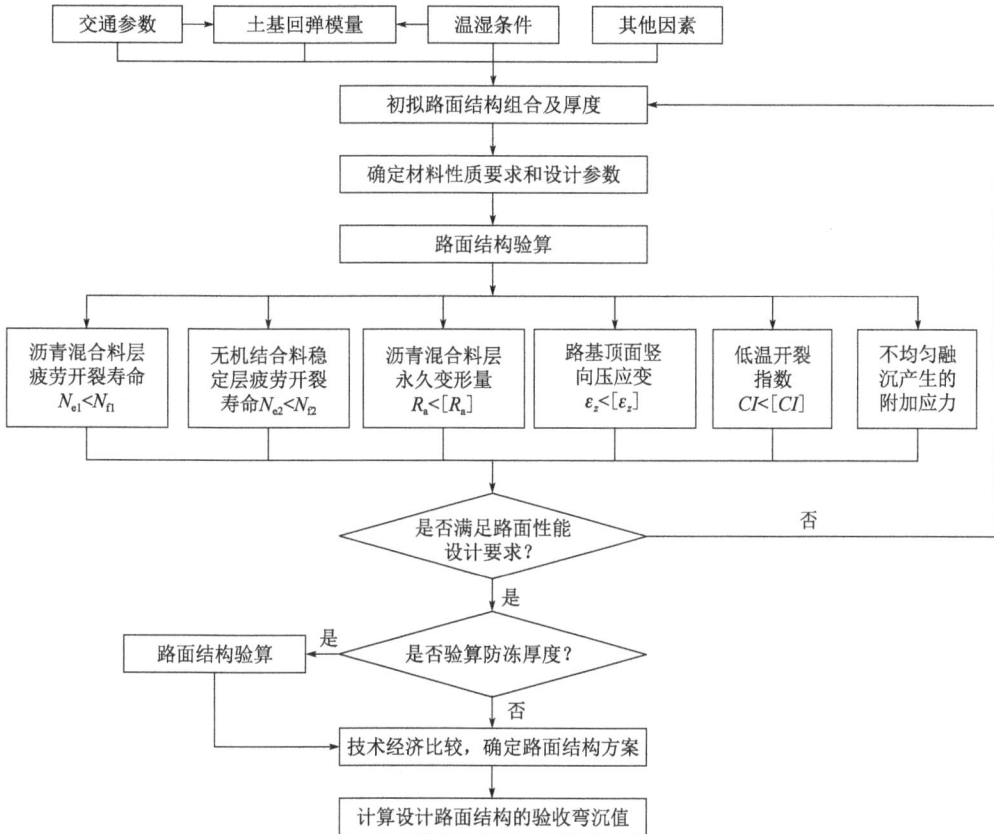

图 2.5-1 高寒高海拔地区沥青路面结构设计流程

(1)路面结构组合设计。

根据经验和修筑的试验路提出多种典型的路面结构组合。

(2)路面结构计算中参数确定和选取。

计算参数的选取是否准确将直接影响路面结构厚度的设计结果,因此,选取计算参数时,首先要选取有代表性的参数值,主要依据规范的推荐值、工程设计常用值、最新的权威科研成果等。

(3)变化土基设计参数,确定不同厚度的同一组合结构。

在具体地段必须首先了解该段地质特点和冻土条件,确定路基填筑材料,然后计算不同模量下的结构层组合厚度。路基顶面的模量参数建议通过具体项目路段勘察,经过具体的土工试验确定适合项目的模量参数。

(4)推荐合理的路面结构组合。

结合高寒高海拔地区气候环境特点,根据多年冻土路基研究成果,分析不同参数的路面结构层厚度计算结果,最终确定适合于高寒高海拔地区的合理路面结构组合。

3）设计指标

结合现场病害调研,充分考虑高寒高海拔地区场地特点,高寒高海拔地区沥青路面结构的主要病害包括裂缝、坑槽、松散、剥落、不均匀沉降、车辙、推挤波浪等。根据现场病害调研结果分析可知,车辆荷载的水平剪力作用所造成的路面剪裂、推挤波浪变形现象远比非高寒地区严重。为减少车辙病害,可以通过标准车辙试验,计算混合料层的永久变形量。因此,在进行高寒高海拔地区沥青路面设计时,应首先考虑低温抗裂性、抗冻水稳性、抗老化性能和疲劳耐久性,最后才是高温稳定性。

高寒地区沥青路面结构组合设计应考虑的关键控制指标如下:①根据沥青混合料层的层底拉应变,计算沥青混合料层的疲劳开裂寿命;②根据无机结合料稳定层的层底拉应力,计算无机结合料稳定层的疲劳开裂寿命;③根据标准车辙试验,计算沥青混合料层的永久变形量;④根据弹性层状体系理论,计算路基顶面竖向压应变,使容许压应变值满足要求;⑤沥青面层低温开裂指数验算,保证沥青面层的低温抗裂性;⑥设计路面结构的验收弯沉值;⑦计算不均匀融沉产生的附加应力。

2.5.2　耐久性沥青路面设计理念

高寒高海拔地区路面病害除路基稳定性问题外,路面本身也是重要的一方面,包括路面材料选择、结构组合设计及施工工艺等。由于半刚性基层结构存在无法避免的反射裂缝和水损害,这种路面结构形式病害非常严重,同时由于气候温差大,半刚性基层温缩裂缝发育较深。在超载日益严重的形势下,重载敏感性分析表明,半刚性基层结构对重载的变化很敏感,将面临严峻的挑战。受控于造价因素,这种结构未得到大范围使用。

为了克服半刚性基层沥青路面的反射裂缝和水损害问题,减少路面车辙和减轻稳定基层的疲劳破坏,建议采用柔性基层结构形式。从半刚性基层、沥青稳定层、级配碎石层的特点来看,半刚性基层材料易导致大量反射裂缝和水损害;级配碎石有吸收应力、适应不均匀融沉变形的能力,但用在多年冻土地区,在反复冻融作用下,其透水的特性使路面结构容易发生破坏;尽管沥青稳定碎石对路基变形的适应性没有级配碎石强,但其抗水损和高强度的特点更适合在高寒高海拔地区的路面结构中应用,可以与现有的半刚性基层结合使用。

对半刚性基层结构而言,此推荐结构相当于加厚沥青面层,增加沥青厚度有利于减轻半刚性基层上的反射裂缝问题,大幅提高原有路面结构的使用年限。对于沥青稳定基层结构而言,此推荐结构相当于在沥青稳定基层下设置了一定厚度的半刚性层,主要基于以下考虑:①减小沥青稳定基层的层底拉应力或拉应变,减轻该层的疲劳破坏,延长原有路面的使用寿命;②改善薄层沥青稳定基层结构对土基条件的适应性,减薄级配碎石底基层的厚度;③充分利用我国半刚性材料研究的成果,在一定程度上节省沥青路面结构的初期投资。

2.5.3　沥青路面结构层寿命的合理匹配

1）路面结构层匹配

为了使路面结构达到长寿命要求,应合理搭配路面结构层的寿命,避免路面结构重建,使道路使用末期的大修费用降至最低。图2.5-2为一个三层沥青路面结构可能出现的结构层寿命匹配情况。

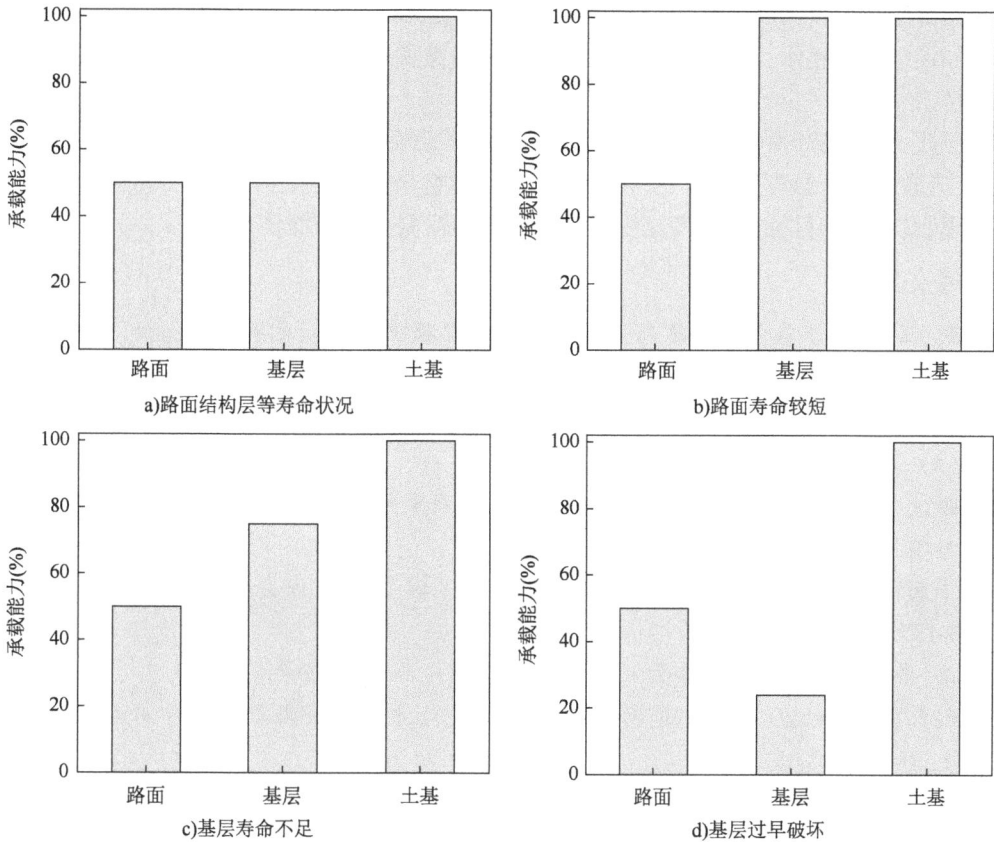

图2.5-2 三层沥青路面结构各层寿命匹配状况

图2.5-2a)为路面结构各层等寿命匹配状况,如果高速公路的设计年限为50年(相当于承载能力为100%),路基和路面在25年时(相当于承载能力为50%)全部破坏,路面结构需要重建;图2.5-2b)中只需要对面层进行维修或加铺就可以达到设计年限要求;图2.5-2c)中对面层加铺维修后,由于基层寿命不足,导致路面结构无法实现设计年限,视基层强度衰减的情况,适当增加面层加铺的厚度,弥补基层强度衰减所造成的结构强度不足,路面结构也可以达到道路设计使用年限,但此时抬高路面高程可能会出现一系列问题;图2.5-2d)中基层过早破坏,导致路面结构寿命缩短。

从经济的角度考虑可以看出,图2.5-2b)是最理想的状况,其与长寿命路面理念一致。从图中还可以看到,基层实际上是影响路面使用寿命和维修模式的"临界层"。因此,确定沥青路面结构的临界层,并合理设置其在结构中的位置是很重要的,应做到结构层寿命的合理匹配,从而实现路面的耐久性。

2)半刚性基层沥青路面结构寿命匹配分析

由于沥青路面的损坏存在多样性和原因的复杂性,不同损坏形式会出现不同路面结构临界状态,从而就有不同的设计标准。沥青路面设计不可能只采用一种损坏模型,也不能采用单一指标作为设计标准,因此必须采用多种临界状态。因此,采用"临界层"分析方法来进行路面结构分析是进行路面结构层寿命匹配的关键。所谓临界层方法,就是以各结构层承载能力作为评价指标,寻找和确定承载能力最弱,并直接影响路面结构的使用寿命和养护维修方式及成本的路面结构层作为路面结构"临界层",通过更换材料、改变厚度、变化层位等方法使路面结构达到设计使用年限,满足长寿命路面要求,并使路面结构建设、养护维修、重建方式合理,费用经济。

基于此,为了使高海拔地区沥青路面结构达到长寿命耐久性路面要求,按照结构寿命匹配的理念,应通过改变沥青层厚度、变化层位及更换材料来调整各结构层间的寿命匹配,使之达到最合理、最经济的目标,从而使这种结构满足长寿命耐久性路面要求。

本章参考文献

[1] 何锐,王铜,陈华鑫,等.青藏高原气候环境对混凝土强度和抗渗性的影响[J].中国公路学报,2020,33(7):29-41.

[2] 武书华,何锐,陈华鑫.青海地区沥青路面使用性能气候分区及 PG 分级[J].公路,2021,66(4):27-34.

[3] 侯曙光,桑辰,黄晓明.多年冻土地区沥青路面结构响应分析[J].南京工业大学学报(自然科学版),2006(6):47-51.

[4] 王小岗.青藏高原部分沥青混凝土路面病害调查及原因分析[J].公路,2007(2):153-157.

[5] 胡浩.多年冻土地区沥青路面温度应力研究[D].西安:长安大学,2010.

[6] 张起森,李雪连.70 年来中国沥青路面结构设计方法发展沿革[J].中外公路,2019,39(6):30-38.

[7] 马矗.多年冻土地区沥青路面材料组成与结构设计研究[D].西安:长安大学,2006.

[8] 苏凯,武建民,宋田兴,等.半刚性路面基面层间剪应力的计算与分析[J].石家庄铁道学院学报,2006(1):58-61.

[9] 赵延庆,黄大喜,潘有强.利用虚应变分析沥青混合料的粘弹性质[J].重庆交通大学学报(自然科学版),2008(2):236-239.

[10] 汪海年.青藏高原多年冻土地区路基温度场研究[D].西安:长安大学,2004.

[11] 汪双杰.高原多年冻土区公路路基稳定及预测技术研究[D].南京:东南大学,2005.

[12] 张久鹏,袁卓亚,汪双杰,等.冻土融沉对路面结构力学响应的影响[J].西安:长安大学学报(自然科学版),2014,34(4):7-12.

[13] 张中琼,吴青柏,刘永智,等.青藏高原公路路面结构水热差异变化分析[J].南京:东南大学学报(自然科学版),2015,45(5):975-979.

[14] 白利茹.高海拔地区公路病害与沿线地质现象的识别及分析[D].银川:宁夏大学,2022.

[15] 王莉云.高海拔高寒冻土地区合理路面结构经济性评价[D].西安:长安大学,2017.

[16] 刘祥.崔儿山高海拔特长公路隧道施工通风关键技术研究[D].成都:西南交通大学,2016.

[17] 韩伟学.高寒高海拔地区温拌沥青绿色公路研究[D].西安:长安大学,2022.

[18] 孙建邦.适用于高海拔地区改性沥青的制备及机理研究[D].重庆:重庆交通大学,2019.

[19] 张琛.基于区域特征的高海拔高寒地区沥青路面横向裂缝的预测及演化规律[D].西安:长安大学,2017.

[20] 魏新晨.高海拔地区温度-动载作用下沥青路面开裂及防治研究[D].拉萨:西藏大

学,2021.

[21] 钟连通.高海拔地区高速公路路面养护决策及效果评估技术研究[D].北京:北京工业大学,2018.

[22] 朱自成.高寒高海拔地区沥青路面病害机理与防治技术研究[D].西安:长安大学,2018.

[23] 何杰.高寒高海拔地区沥青路面遮热铺装材料的性能与施工工艺研究[D].西安:长安大学,2018.

[24] 黄喆.青藏高寒高海拔地区合理路面结构研究[D].西安:长安大学,2017.

[25] 吴昊.高寒高海拔地区公路交通事故分析与预防对策研究[D].西安:长安大学,2017.

第3章
高海拔地区沥青路面
服役场监测与气候分区

　　沥青材料作为一种典型的黏弹性材料,其物理力学性质严重依赖于温度和荷载作用模式。因此,沥青及其混合料类型的选择与路面结构组合都需要不同程度地考虑当地的气候条件。高海拔地区地处我国西部,地域辽阔,不同区域气候差异大,监测沥青路面实际服役气候环境特征及其服役行为,建立高海拔地区沥青路面气候分区,对于优化路面结构设计、针对性地选用沥青路面结构材料尤为重要。因此,本章首先通过监测高海拔地区沥青路面服役场,对高海拔地区气象资料进行分析,基于 ArcGIS 地理信息系统的插值模型方法,建立高海拔地区沥青路面气候分区。然后,在美国公路战略研究计划(SHRP)所提出的沥青性能分级(PG)体系基础上,建立沥青 PG 分级体系。最后对 ArcGIS 和 PG 分级的分区结果进行对比分析,为高海拔地区不同区域路面结构设计及原材料的选择提供参考。

3.1　严酷环境下沥青路面智能监测系统组装与可靠性研究

3.1.1　传感器测试原理

　　无论是温度还是应变传感器,在实际中都运用比较广泛。传感器类型繁多,优缺点各有不同。最常用的有以下几种：电阻式传感器、压电片式传感器、电容式传感器、振弦式传感器和光纤光栅传感器等。通过对比分析各种传感器在道路测试中的可行性和性价比，选择电阻式传感器和光纤光栅传感器作为测试元件。

1）电阻式温度、应变传感器和电容式湿度传感器

（1）电阻式温度传感器。

电阻式传感器的测试原理是将待测状态量转化成电阻值的变化，再经过转换电路变成电学参量输出。根据传感器组成材料和结构，电阻式传感器又分为压敏传感器、热敏传感器、光敏传感器和湿敏传感器。

温度传感器是通过物体随温度变化而改变材料的某种特性来间接测量的。不少材料、元件的特性都随温度的变化而变化，如膨胀、电阻、电容、电动势、磁性能、频率、光学特性及热噪声等，而电阻式温度传感器就是利用了材料的电阻随温度变化的特性。正温度系数热敏材料的电阻值随温度的上升而增加，负温度系数热敏材料则正好相反，如果电阻与温度的关系呈现规律性，即可通过关系式算出温度值。通常，电阻式温度传感器的测量范围在 $-250\sim1000\,^{\circ}\mathrm{C}$ 之间，如由铂（Pt100，在 $0\,^{\circ}\mathrm{C}$ 下电阻为 $100\,\Omega$）制成的传感器，可应用于高达 $850\,^{\circ}\mathrm{C}$ 测试环境中，并且精度非常高。

（2）电容式湿度传感器。

湿度包括绝对湿度、相对湿度、饱和水蒸气压和露点。绝对湿度是指每立方米的湿空气中含有的水蒸气重量，单位为 $\mathrm{g/m^3}$。绝对湿度受气压和温度的影响较大，即使相同重量的水蒸气在不同的温度和大气压条件下的湿度也是不一样的。因此，通常所说的湿度一般是指相对湿度。相对湿度是指湿空气中所含水蒸气的重量与相同温度下饱和空气中所含水蒸气的重量比，饱和空气中所含水蒸气重量即为饱和水蒸气压。

电容式湿度传感器一般由玻璃底衬、下电极、湿敏材料和上电极组成。其中上、下电极与湿敏材料构成两个串联的电容器。湿敏材料是一种高分子聚合物，它的介电常数随着环境的相对湿度变化而变化。当环境湿度发生变化时，湿敏元件的电容量随之发生改变，湿敏电容量随湿度的增大而增大，反之减小。传感器的转换电路把湿敏电容量转换成电压量变化，最后利用标定好的湿度和电压的线性关系即可通过电压值读出湿度值。

（3）电阻式应变片。

电阻式应变传感器原理与温度传感器一样。传感器随路面结构在温度或荷载作用下产生收缩或拉伸变形，导致传感器内特制金属电阻丝的电阻值发生变化。特制电阻丝变形前电阻值 R 为：

$$R = \rho\frac{L}{S} \tag{3.1-1}$$

式中：ρ——电阻率（$\Omega\cdot\mathrm{m}$）；

$\quad L$——长度（m）；

$\quad S$——电阻丝横截面积（$\mathrm{m^2}$）。

任意一个参数的变化都会引起电阻值变化。对等式两边求导得：

$$\mathrm{d}R = \frac{L}{S}\mathrm{d}\rho + \rho\frac{\mathrm{d}L}{S} - \frac{\rho L}{S^2}\mathrm{d}S \tag{3.1-2}$$

将式(3.1-1)代入式(3.1-2)得：

$$\frac{dR}{R} = \frac{dL}{L} - \frac{dS}{S} + \frac{d\rho}{\rho} \qquad (3.1\text{-}3a)$$

$$\frac{dS}{S} = 2\frac{dr}{r} \qquad (3.1\text{-}3b)$$

式中：r——金属电阻丝半径；

$\dfrac{dL}{L}$——金属电阻丝轴向应变，令 $\varepsilon_x = \dfrac{dL}{L}$；

$\dfrac{dr}{r}$——金属电阻丝横线应变，令 $\varepsilon_y = \dfrac{dr}{r}$，其中轴向应变和横线应变的转化关系式为

$\varepsilon_y = -\mu\varepsilon_x$；

μ——电阻式金属材料的泊松比。

于是，式(3.1-3a)就变为：

$$\frac{dR}{R} = (1 + 2\mu)\varepsilon_x + \frac{d\rho}{\rho} \qquad (3.1\text{-}4)$$

传感器电阻的变化由两部分组成：第一部分是 $(1 + 2\mu)\varepsilon_x$，由传感器电阻丝的几何尺寸变化引起；第二部分是 $d\rho/\rho$，由电阻率的变化引起，对于金属材料电阻率几乎不发生变化，于是近似认为 $d\rho/\rho = 0$。令 $K = \dfrac{dR}{R\varepsilon_x} = (1 + 2\mu)$，称 K 为应变灵敏度系数，对于金属应变片，在其弹性范围内有 $\dfrac{dR}{R}K\varepsilon_x$。$K$ 一般由传感器生产方直接给出，因此只要能读出传感器电阻变化值就可以测试应变。

2）光纤光栅温度、应变传感器

光纤光栅对温度进行测试是利用外界温度的变化，按照一定的映射关系，调制 Bragg 中心波长 λ_B，通过对中心波长变化量的监测，实现对待测参数的测量。当宽带光在光纤 Bragg 光栅中传输时，产生模式耦合，满足 Bragg 条件的波长被反射，Bragg 条件为：

$$\lambda_B = 2n_{\text{eff}}\Lambda \qquad (3.1\text{-}5)$$

式中：Λ——光纤栅格周期；

n_{eff}——导模的有效折射率。

将式(3.1-5)对温度 T 求导得：

$$\frac{d\lambda_B}{dT} = 2\left(n_{\text{eff}}\frac{d\Lambda}{dT} + \Lambda\frac{dn_{\text{eff}}}{dT}\right) \qquad (3.1\text{-}6)$$

用式(3.1-5)与式(3.1-6)相比得：

$$\frac{d\lambda_B}{\lambda_B} = \left(\frac{1}{n_{\text{eff}}}\frac{dn_{\text{eff}}}{dT} + \frac{1}{\Lambda}\frac{d\Lambda}{dT}\right)dT \qquad (3.1\text{-}7)$$

式中：$\dfrac{dn_{\text{eff}}}{dT}$——热光常数；

$\dfrac{1}{\Lambda}\dfrac{d\Lambda}{dT}$——热膨胀系数。

令 $\alpha_T = \lambda_B \left(\dfrac{1}{n_{eff}} \dfrac{dn_{eff}}{dT} + \dfrac{1}{\Lambda} \dfrac{d\Lambda}{dT} \right)$，$\alpha_T$ 即为光纤温度传感器的灵敏度系数，则式（3.1-7）可简化为：

$$\Delta\lambda_B = \alpha_T \Delta T \tag{3.1-8}$$

对于普通光纤材料，热光常数为 $6.8 \times 10^{-6}/℃$，热膨胀系数为 $0.55 \times 10^{-6}/℃$，折射率为 1.456，选定一定的中心波长就可推算出传感器的灵敏度系数。将裸光栅通过一定的方式进行封装，通常采用热膨胀系数较大的材料进行封装，这样可以提高传感器的温度灵敏度。

光纤光栅应变传感器原理与温度传感器一致，将中心波长的变化量标定为应变量就得到应变传感器。在不考虑光纤轴向变形对折射率影响的情况下，光在光纤中传播时受单轴弹性变形的影响折射率变化如下：

$$\dfrac{dn_{eff}}{n_{eff}} = -\dfrac{n^2}{2}\left[p_{12} - \mu(p_{11} + p_{12}) \right]\varepsilon \tag{3.1-9}$$

式中：p_{12}、p_{11}——光弹常数；

μ——泊松比；

ε——应变。

由于线弹性条件下有 $d\Lambda/\Lambda = \varepsilon$，将式（3.1-9）代入式（3.1-7）得：

$$\dfrac{d\lambda_B}{\lambda_B} = \left\{ 1 - \dfrac{n^2}{2}\left[p_{12} - \mu(p_{11} + p_{12}) \right] \right\}\varepsilon \tag{3.1-10}$$

令 $\alpha_\varepsilon = \left\{ 1 - \dfrac{n^2}{2}\left[p_{12} - \mu(p_{11} + p_{12}) \right] \right\}\lambda_B$，$\alpha_\varepsilon$ 为应变与波长的转换系数，得到在温度不变条件下单因素应变与中心波长的转换关系式如下：

$$\Delta\lambda_B = \alpha_\varepsilon \varepsilon \tag{3.1-11}$$

转换系数 α_ε 直接影响传感器应变测试的准确性，而由 α_ε 的表达式可以看出，不同的光纤材料及生产工艺都能对其产生影响，因此封装好后的应变传感器同样需要标定。

3.1.2 温度传感器标定

由上述传感器测试原理可以看出，无论是电阻式温度传感器还是光纤光栅温度传感器都涉及灵敏度问题，而灵敏度受所需要测试介质的影响。此外，应变传感器在测试过程中也不能完全排除温度的影响，因此对传感器的标定是实现沥青路面温度和应变测试的前提条件。传感器标定的方式很多，包括恒温水浴法、电炉控制温度或者采用温控箱控制温度等方法。由于所有传感器对待测量的测试都会有一定的滞后性，因此，在标定过程中冷却速度要慢，对于数据采集点的温度，读取数据前需要恒温一定时间，确保数据采集的准确性。

1）AOSON-AM2302 温湿度传感器

温湿度测试采用 AOSON-AM2302 数字温度湿度传感器。AM2302 湿敏电容数字温湿度模块含有已校准数字信号输出的温湿度复合传感器。传感器采用专用的数字模块采集技术和温湿度传感技术，具有较高的可靠性和测试稳定性。传感器包括一个电容式感湿元件和一个高精度感温元件，同时与一个高性能 8 位单片机相连接，如图 3.1-1 所示。所选传感器具有低能耗、自动化校准、测试稳定性好和数据采集精度高等优点，其主要测试技术参数见表 3.1-1。

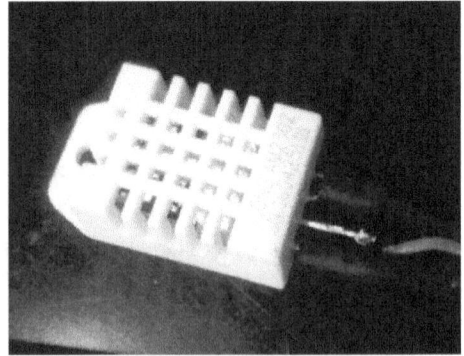

图 3.1-1　温湿度一体传感器

温湿度传感器测试技术参数　　　　　　　　　　　　　　表 3.1-1

技术参数	传感器类型	
	电阻式温度传感器	电容式湿度传感器
测量范围	−40 ~ +80℃	0RH ~ 99.9% RH
测试精度(25℃环境)	±0.5℃	±2% RH
分辨率	0.1℃	0.1RH
衰减值	<1℃/年	<1% RH/年
响应时间	5s	5s
工作温度范围	−40 ~ +80℃	
电源/包装材料	DC:3.3 ~ 3.5V/PC 塑料	

　　利用 WSY-025E 数显沥青软化点试验仪进行温湿度传感器的温度标定,其升温速率为 5℃/min ±0.5℃/min。将传感器利用防水薄膜袋封装,放入准备好的 5℃水浴的烧杯中,连接好传感器和数据采集器,将数据采集器和软化点仪器同时启动,调节磁力搅拌速度使其稳定,如图 3.1-2 所示,记录启动时软化点仪显示的温度为 5.1℃。每隔 30s 记录数显软化点仪显示的温度值,至水浴温度升高到 50℃。数据采集器的采集频率为 1 次/s,并且为十六进制格式,每隔 30 组提取对应的数值,然后将其转化为十进制温度值,结果如图 3.1-3 所示。

图 3.1-2　AOSON-AM230 传感器水浴温度标定

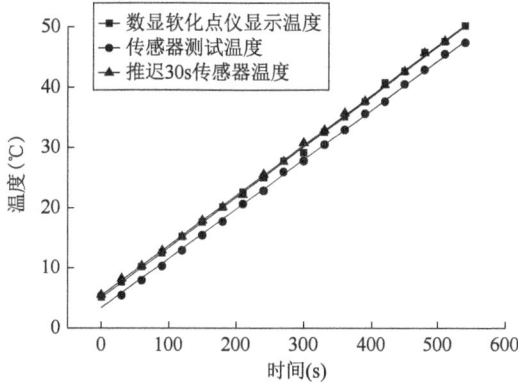

图 3.1-3　AOSON-AM230 传感器水浴温度标定拟合曲线

AOSON-AM2302 传感器对温度的测试与水浴温度保持相同的上升速率,各时刻的温度呈良好的线性相关性,同一时刻传感测试温度比水浴温度低 2℃ 左右。当所选取的测试数据往后推迟 30s 后,其温度拟合直线与数显软化点仪显示温度拟合直线基本重合,各对应点温度相差在 ±0.5℃ 以内。因此,AOSON-AM2302 传感器的温度测试结果与实际相比具有一定滞后性,在后期数据处理时需要做相应的修正。

2)光纤光栅温度传感器

为测试光纤光栅温度传感器温度传感特性及应变传感器的温度修正,分别设计水浴环境和沥青混凝土环境下传感器的感温特性试验。光纤光栅温度、应变传感器由某公司生产,如图 3.1-4 和图 3.1-5 所示。传感器的各项技术参数见表 3.1-2。

图 3.1-4　光纤光栅湿度传感器(W-1)

a)埋入式竖向光纤光栅应变传感器(S-1)

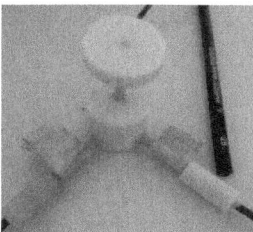

b)光纤光栅三向应变传感器
(SS-1、SH-1和SZ-1)

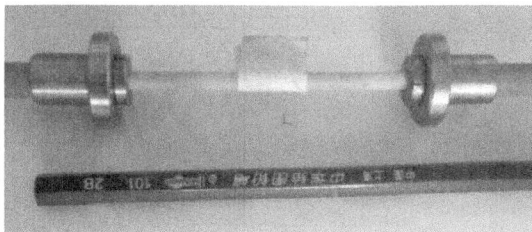

c)埋入式光纤光栅横向应变传感器(H-1)

图　3.1-5

29

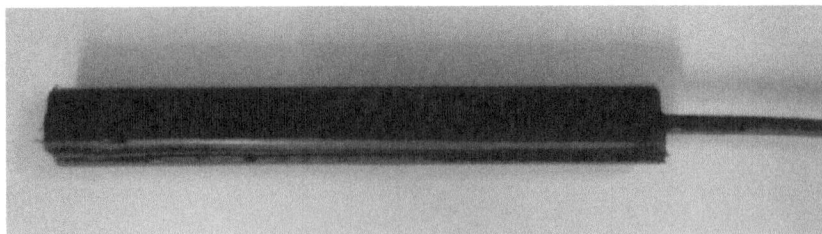

d)PP材料封装光纤光栅应变传感器(PH-1)

图3.1-5　光纤光栅应变传感器

光纤光栅传感器技术参数　　　　　　　　　　表 3.1-2

传感器	技术参数					
	编号	量程	精度	分辨率	初始波长 （nm）	切趾光栅波长范围 （nm）
温度传感器	W-1	−100 ~ 120℃	0.2 ~ 0.3℃	0.1℃	1544.331	
横向应变传感器	H-1	—	±2 ~ 3με	±1με	1555.005	
	H-2				1554.925	
竖向应变传感器	S-1	—	±2 ~ 3με	±1με	1530.28	
三向应变传感器	SS-1（竖向）	—	<0.1% （2 ~ 3με） 1με	±1με	1525.924	1510 ~ 1590
	SH-1（横向）	—		±1με	1548.371	
	SZ-1（纵向）	—		±1με	1533.949	
PP 封装横向 应变传感器	PH-1	−3000 ~ 6000με		±1με	1525.062	

（1）水浴环境下光纤光栅传感器感温性。

水浴温度由恒温水浴箱人工设定自动控制,恒温水浴箱具有升温和恒温功能。将水浴温度设定为5.5℃,实测温度达到5.5℃后恒定10min,这时显示温度不发生变化。将光纤光栅传感器按编号依次连接光纤解调仪,并按顺序将传感器放入恒温水浴箱内,注意传感器放置时需要保证水浴完全浸没传感器,传感器不得发生堆叠、挤压现象,如图3.1-6所示。传感器按要求放入水浴箱后,水浴温度上升0.1 ~ 0.2℃,将水浴箱盖住,待温度降至5.5℃后恒定5min,水浴温度不发生变化,开始采集数据。由于水浴箱内水受热的不均匀性,到较高温度测试点时水浴箱测试读数往往比设计读数高,此时以测试读数为准。

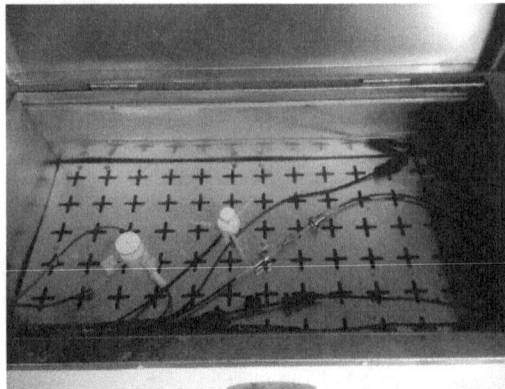

a)恒温水浴箱　　　　　　　　　　　　　　b)传感器在水浴箱内放置

图3.1-6　水浴法标定光纤光栅传感器

　　解调仪的最高测试频率为5Hz,将测试频率调至1Hz,即每秒测试一个数组。剔除1min测试的60组数据内反常值,求取剩余数据的平均值和标准差,该平均值即确定为这个温度下传感器的波长值。测试结果显示,所有数组的标准差值都小于0.0025。在5.5～55℃之间共选取15个测试点,以同样的方式确定测试点的波长,结果见表3.1-3。将温度和测试波长线性拟合(图3.1-7),计算拟合直线方程和相关性系数 R^2,见表3.1-4。

不同水浴温度下光纤光栅传感器测试波长　　　　表3.1-3

水浴温度(℃)	传感器测试波长(nm)							
	W-1	H-1	PH-1	S-1	H-2	SS-1(竖向)	SH-1(横向)	SZ-1(纵向)
5.5	1544.210	1554.812	1524.515	1529.852	1554.668	1525.657	1547.971	1533.638
10	1544.276	1554.884	1524.641	1529.917	1554.734	1525.732	1548.043	1533.707
13	1544.322	1554.910	1524.731	1529.962	1554.788	1525.789	1548.104	1533.755
15.3	1544.361	1554.946	1524.803	1529.999	1554.827	1525.824	1548.139	1533.793
17.9	1544.390	1554.974	1524.870	1530.034	1554.862	1525.858	1548.172	1533.830
20	1544.428	1554.964	1524.953	1530.072	1554.902	1525.897	1548.212	1533.872
23	1544.470	1555.001	1525.035	1530.099	1554.942	1525.937	1548.253	1533.915
25	1544.501	1555.027	1525.098	1530.128	1554.973	1525.970	1548.285	1533.947
29.6	1544.579	1555.055	1525.267	1530.223	1555.054	1526.043	1548.358	1534.042
35.4	1544.671	1555.138	1525.443	1530.325	1555.156	1526.142	1548.458	1534.144
38.7	1544.720	1555.176	1525.539	1530.382	1555.214	1526.197	1548.515	1534.202
40.7	1544.751	1555.198	1525.595	1530.415	1555.248	1526.230	1548.548	1534.234
45.4	1544.820	1555.255	1525.719	1530.493	1555.33	1526.308	1548.626	1534.313
50.3	1544.897	1555.311	1525.656	1530.577	1555.415	1526.393	1548.709	1534.399
55.2	1544.972	1555.362	1525.607	1530.661	1555.492	1526.477	1548.788	1534.484

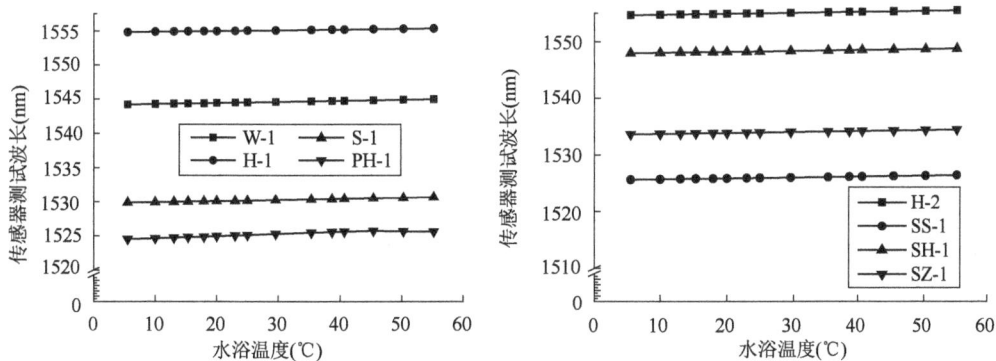

图3.1-7　传感器标定线性拟合

直线拟合方程 表 3.1-4

传感器	线性拟合方程	相关系数 R^2
W-1	$y = 1544.1206 + 0.01543x$	0.99989
H-1	$y = 1554.7643 + 0.01070x$	0.99390
PH-1	$y = 1524.3320 + 0.30960x$	0.99903
S-1	$y = 1529.7433 + 0.01645x$	0.99771
H-2	$y = 1554.5664 + 0.01673x$	0.99938
SS-1	$y = 1525.5674 + 0.01634x$	0.99942
SH-1	$y = 1547.8813 + 0.01638x$	0.99960
SZ-1	$y = 1533.5297 + 0.01725x$	0.99922

变形和温度能同时改变光纤光栅传感器的反射光波长,两种因素交互影响,使得传感器测试产生误差。温度传感器需要排除变形对测试结果的影响,一般采用高模量材料封装。应变传感器则通过温度标定后对其测试结果进行温度修正,来排除温度的影响。由表 3.1-3 和图 3.1-7可知,所有传感器测试波长随温度都具有较高的线性相关性,线性相关系数 R^2 都在 0.99以上。从图中可以看出,随着温度的升高,测试波长变大,这与 Bragg 条件一致,由于温度升高使光纤膨胀,光栅格周期 Λ 变大,反射光波长变大。通过表 3.1-4 中的传感器波长与温度的线性相关函数,可以计算任意温度条件下温度变化对测试波长的改变量,这样将传感器测试波长总变化量减去由于温度引起的波长变化量,最后除以传感器应变灵敏度系数,即可求得应变,如式(3.1-12)所示。

$$\varepsilon = \frac{\Delta\lambda_0 - \Delta\lambda_1}{\alpha_\varepsilon} \tag{3.1-12}$$

式中:$\Delta\lambda_0$——传感器光纤光栅中心波长总变化量;

$\quad\quad \alpha_\varepsilon$——传感器应变灵敏度系数;

$\quad\quad \Delta\lambda_1$——传感器光纤光栅中心波长随温度变化量。

(2)沥青混凝土环境下光纤光栅传感器感温性。

由水浴条件下的传感器标定结果可以看出,在水浴条件下,所有标定的传感器测试波长随温度线性改变。但是在道路测试中,由于特殊的沥青混凝土环境及粗放式的施工方式不可避免地会对传感器测试产生较大的影响,故有必要研究沥青混凝土环境下光纤光栅传感器的温度影响特性。

采用单层沥青混合料车辙试件,试件尺寸为 $100mm \times 300mm \times 300mm$。首先计算成型试件所需要的各档集料用量和沥青、矿粉用量,将一个试件所需材料均分成两部分称量和拌制,先拌制好的沥青混合料置于烘箱内保温,待后一部分拌制完成。然后将其中一半倒入车辙试模内,人工插捣、碾压并整平,将光纤光栅温度传感器和应变传感器依次平铺在沥青混合料表面,轻微下压传感器使其固定在沥青混合料表面,如图 3.1-8a)所示。最后将另一半沥青混合料倒入试模内,按《公路工程沥青及沥青混合料试验规程》(JTG E20—2011)采用自动碾压机使沥青混合料车辙试件成型。

将成型好的沥青混合料车辙试件置于 60℃烘箱内保温 4h,移出保温后的试件至室温中,连接传感器和解调仪,测试其在室温中的降温过程,如图 3.1-8b)所示。按光纤光栅温度传感器水浴标定的测试波长和温度的线性关系,反算出车辙试件内的温度。取 55℃、50℃、45℃、40℃、35℃、30℃、25℃ 和 20℃ 对应的测试波长,结果见表 3.1-5。反射波长和温度的拟合曲线如图 3.1-9 所示,拟合方程如表 3.1-6 所示。

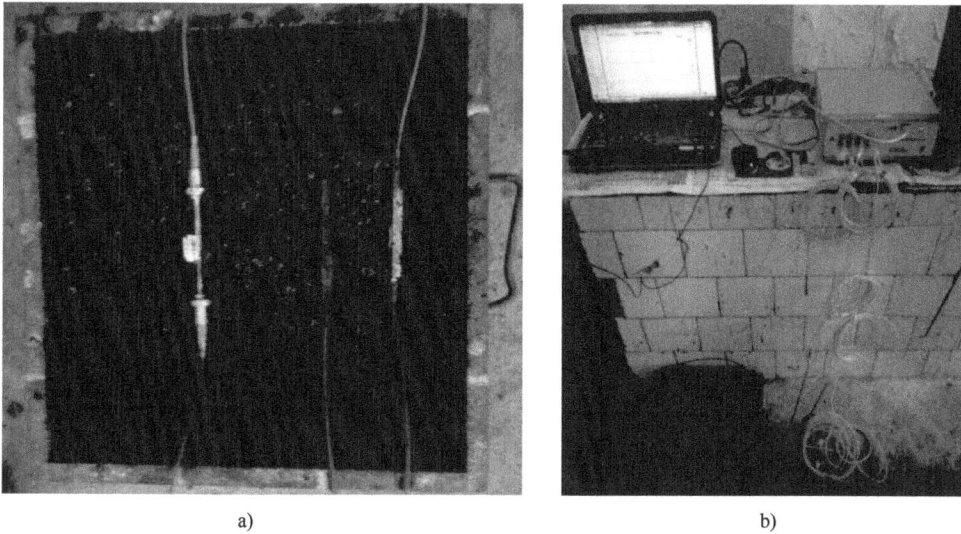

a)　　　　　　　　　　　　　b)

图 3.1-8　传感器在沥青混凝土车辙试件中的布设和温度测试

沥青混凝土环境下传感器波长随温度变化　　　　表 3.1-5

W-1 测试波长 （nm）	W-1 测试温度 （℃）	光纤光栅应变传感器反射波长（nm）						
		H-1	PH-1	S-1	H-2	SS-1 （竖向）	SH-1 （横向）	SZ-1 （纵向）
1544.429	20	1555.028	1530.957	1530.006	1554.950	1525.824	1548.259	1533.925
1544.506	25	1555.082	1532.492	1530.079	1555.035	1525.906	1548.341	1534.011
1544.584	30	1555.136	1534.060	1530.167	1555.117	1525.987	1548.423	1534.086
1544.661	35	1555.196	1535.598	1530.249	1555.202	1526.070	1548.504	1534.183
1544.738	40	1555.238	1537.146	1530.331	1555.276	1526.160	1548.587	1534.270
1544.815	45	1555.306	1538.674	1530.414	1555.370	1526.233	1548.660	1534.356
1544.892	50	1555.346	1540.262	1530.496	1555.453	1526.314	1548.749	1534.438
1544.969	55	1555.413	1541.781	1530.578	1555.536	1526.389	1548.832	1534.528

沥青混凝土环境下应变传感器的拟合方程　　　　表 3.1-6

传感器	线性拟合方程	相关系数 R^2
H-1	$y = 1554.8107 + 0.01086x$	0.99801
PH-1	$y = 1524.7633 + 0.30954x$	0.99901
S-1	$y = 1529.6736 + 0.01644x$	0.99982
H-2	$y = 1554.6149 + 0.01673x$	0.99966
SS-1	$y = 1525.5014 + 0.01624x$	0.99945
SH-1	$y = 1547.9931 + 0.01630x$	0.99970
SZ-1	$y = 1533.5767 + 0.01728x$	0.99954

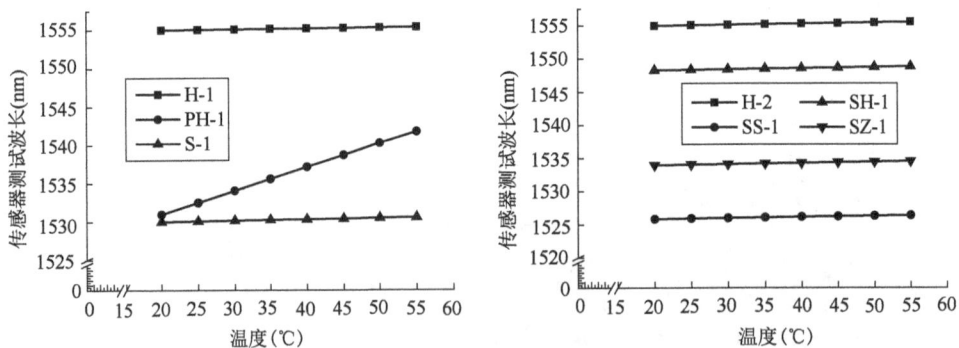

图 3.1-9　沥青混凝土环境下测试波长随温度变化拟合曲线

由表 3.1-6 分析可知,即使在沥青混凝土环境内,传感器的测试波长随温度依然呈高度的线性关系,相关系数 R^2 也在 0.99 以上。对比水浴条件下的线性拟合方程,同一传感器在两种不同环境下温度-波长拟合直线的斜率近似相等,两条直线在测试精度要求范围内平行。对于同一传感器取不同条件下的拟合直线方程系数的平均值,将该平均值看成两平行直线方程的系数,计算这两条平行直线的位移,结果见表 3.1-7。

两种环境下传感器拟合方程对比分析　　　　　　　　　　表 3.1-7

传感器	水浴条件下拟合方程系数 A_1、B_1	沥青混合料条件下拟合方程系数 A_2、B_2	平均值 $\overline{A}$、$\overline{B}$	直线位移 d
H-1	0.01070、1	0.01086、1	0.01078、1	0.04638
PH-1	0.30960、1	0.30954、1	0.30957、1	0.06990
S-1	0.01645、1	0.01644、1	0.016445、1	− 0.07036
H-2	0.01673、1	0.01673、1	0.01673、1	0.04851
SS-1	0.01634、1	0.01624、1	0.01629、1	− 0.07399
SH-1	0.01638、1	0.01630、1	0.01634、1	0.05178
SZ-1	0.01725、1	0.01728、1	0.017265、1	0.04697

横向和纵向应变传感器在沥青混凝土条件下的拟合直线相对于水浴条件下拟合直线向上平移一定距离,而竖向应变传感器则向下平移一定距离,平移量的大小与传感器的类型和封装材料有关。从表 3.1-7 中可以看出,H-1、SH-1、SZ-1 横纵向应变传感器变化量接近,小于 PH-1 横向应变传感器的变化量,而两个竖向的应变传感器变化量接近,其变化量大于横纵向应变传感器。产生此结果是由于传感器埋入车辙板内后,在车辙板碾压成型过程中,应变传感器随沥青混合料的压实发生一定的初始变形,使横纵向应变传感器发生初始弯拉变形,因此,相对于水浴条件来说拟合直线会产生不可逆的偏移。偏移量随传感器封装材料模量的提高而降低,故 PH-1 偏移量高于其他横纵向应变传感器。而对于竖向应变传感器来说,车辙板在成型过程中主要受向下的压力,并且沥青混合料的竖向变形也是最大的,使得竖向应变传感器测试波长偏移为负,而且偏移量最大。

综上所述,沥青混凝土条件下应变传感器的温度影响特性与水浴条件下规律一致,传感器并没有因为埋放方式的粗放和测试环境的恶劣而受过大影响。在道路测试过程中,记录好埋放好后的初始波长值和温度值,将应变测试波长值减去初始波长值,即可消除在埋放成型过程中产生的偏差。然后,根据标定的结果消除因温度变化而引起的应变测试偏差,可以准确测试沥青路面在服役过程中发生的长期累积应变和汽车在路面上行驶过程中产生的瞬时应变。

3.1.3　光纤光栅及应变片传感器变形协调性

沥青路面应力场、应变场和温度场的计算和测试一直是公路领域的一大难点和研究热点。准确获得沥青路面内部应变场、应力场和温度场的变化规律和数值,能为沥青路面的设计和养护决策提供科学依据。不仅能在设计过程中根据材料和道路交通量提出更合理的路面结构形式和厚度设计方法,而且可以有效预防和提前修复沥青路面开裂、车辙等病害。但是通过Penn State Test Track、Wes Track、Minnesota Road、Ohio Test Road 和 Virginia Smart Road 这些项目研究发现,现场测定的数据与理论计算结果存在较大差异。这些研究发现,目前用于沥青路面测试的光纤光栅传感器弹性模量为 50～70GPa,这与常温下沥青混合料的弹性模量存在较大差异。高模量的传感器埋入沥青路面后改变了传感器埋设点局部区域的应力场和应变场,使得测试结果与路面内部真实值存在较大的差异。因此,很有必要通过车辙试验和抗压试验研究传感器在沥青混合料内测试的可靠性。

1)原材料

待测试路面的沥青面层结构组成形式为:上面层 40mm 厚 AC-13 + 下面层 50mm 厚 AC-16。为模拟沥青路面结构形式,采用 300mm×300mm×100mm 车辙板试模,底面垫 10mm 厚钢板,成型 AC-13(40mm) + AC-16(50mm)车辙板。

(1)沥青。

待测试沥青路面位于青海高原地带,根据我国沥青路面温度分区属于夏凉冬寒(3-2)区,沥青路面采用克拉玛依 110 号沥青。按相关规范要求,车辙试验需要在 60℃ 条件下进行,选用 110 号沥青进行试验时,传感器模量和沥青混合料模量相差较大,使得测试误差变大。对比 SK90、中海和克拉玛依三种沥青,试验最终选择沥青为 SK90 号沥青。其沥青四组分见表 3.1-8,基本技术指标见表 3.1-9。

沥青四组分(%)　　　　　　　　　表 3.1-8

基质沥青	沥青质	胶质	芳香分	饱和分
SK90	10.01	5.65	56.11	26.71

沥青基本技术指标　　　　　　　　表 3.1-9

技术指标		测试结果	技术标准	试验方法
针入度(0.1mm)	15℃,100g,5s	31	80～100 (25℃,5s,100g/0.1mm)	T 0604
	25℃,100g,5s	85		
	30℃,100g,5s	141		
软化点($T_{R\&B}$)(℃)		46	≥45	T 0606
延度(15℃,5cm/min)(cm)		>150	≥100	T 0605
闪点(℃)		269	≥245	T 0611
溶解度(%)		99.6	≥99.5	T 0607
密度(15℃)(g/cm³)		1.023	—	T 0603
旋转薄膜烘箱试验 (RTFOT) (163℃,75min)	质量损失(%)	-0.05	±0.8	T 0610
	针入度比(25℃)(%)	84	≥57	T 0604
	延度(15℃)(cm)	34	≥20	T 0605

（2）矿质集料。

矿质集料是构成沥青混合料基本"骨架"的成分，也是沥青混凝土承重的主要部分，集料质量的好坏直接关系到沥青混合料的优劣。石料选择洁净、干燥、棱角性好、无风化、泥块等杂质含量少的石灰岩，其相关质量指标见表 3.1-10。两种沥青混合料 AC-13 和 AC-16 级配组成情况见表 3.1-11，其级配曲线如图 3.1-10 所示。矿粉采用石灰岩中的强基性和憎水性岩石经磨细得到的矿粉，相关质量指标测试结果见表 3.1-12。

集料的技术指标 表 3.1-10

指标	单位	试验结果				技术要求	试验方法
		10～15mm	5～10mm	3～5mm	0～3mm		
压碎值	%	15.6				≤26	T 0316
洛杉矶磨耗值	%	12.9				≤28	T 0317
表观相对密度	—	3.033	2.885	2.887	2.762	≥2.6	T 0304
吸水率	%	0.338	0.697	0.754	—	≤2.0	T 0304
对沥青的黏附性	—	5 级				≥4 级	T 0616

混合料的级配组成（%） 表 3.1-11

筛孔（mm）	AC-13	规范要求	筛孔（mm）	AC-16	规范要求
16.00	100.0	100	16.00	97	90～100
13.20	96.7	90～100	13.20	85.2	76～92
9.50	79.8	68～85	9.50	72.4	60～80
4.75	58.0	38～68	4.75	47.7	34～62
2.36	35.5	24～50	2.36	34.8	20～48
1.18	25.5	15～38	1.18	24.8	13～36
0.60	18.6	10～28	0.60	18.0	9～26
0.30	13.9	7～20	0.30	13.5	7～18
0.15	9.7	5～15	0.15	9.5	4～14
0.075	5.5	4～8	0.075	5.4	4～8

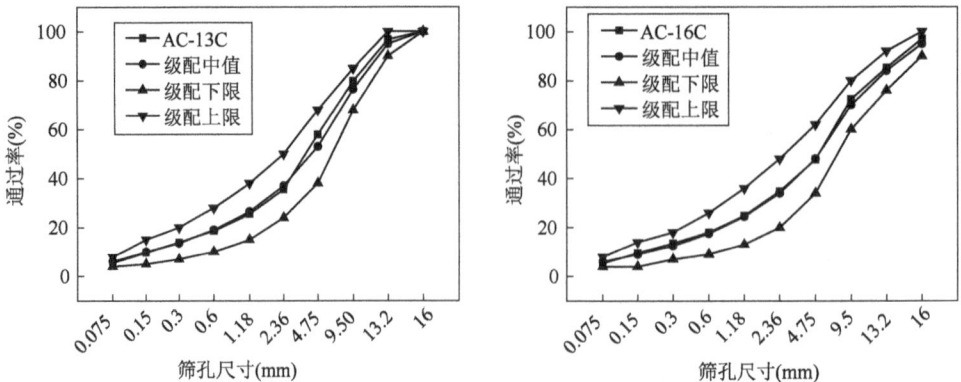

图 3.1-10 沥青混合料级配曲线

矿粉的基本技术指标 表3.1-12

试验项目	表观密度 (g/cm³)	粒度范围(%)			外观
		<0.6mm	<0.15mm	<0.075mm	
实测	2.711	100	94.70	80.70	合格
规范要求	≥2.5	100	90~100	75~100	无团粒结块

2)试验方法

为探究基于光纤光栅传感器在道路测试中的技术可行性和优选出合适的传感器,在进行实地安装测试前先进行相关室内研究。试验采用 300mm × 300mm × 100mm 车辙板和 φ100mm × 150mm 的圆柱形两种沥青混合料试件,分别在其内部埋放应变传感器进行车辙试验和单轴压缩试验。

(1)沥青混合料。

根据经验并结合青海地区沥青路面施工情况,AC-13 沥青混合料油石比取 4.8%,AC-16 沥青混合料取 4.5%。混合料密度、空隙率和吸水率等基本体积指标见表3.1-13。

沥青混合料基本体积指标 表3.1-13

技术指标	AC-13	AC-16	规范要求
毛体积相对密度	2.569	2.447	—
吸水率(%)	0.13	0.17	—
空隙率(%)	3.5	3.9	3-5

(2)试件成型。

为尽可能地模拟实测沥青路面结构形式,成型 AC-13(40mm)+ AC-16(50mm)车辙板。首先按《公路工程沥青及沥青混合料试验规程》(JTG E20—2011)中的轮碾法(T 0703—2011)成型 300mm × 300mm × 50mm 车辙板试件,试件材料采用 AC-16 沥青混合料,待成型好的车辙板试件冷却后从钢模内脱出。其次,在 300mm × 300mm × 100mm 车辙板试模内垫 10mm 钢板,将已成型好的车辙板试件重新安放至垫有钢板的车辙板试模内,人工压平,确保板底部无脱空现象,用锥子将车辙板表面凿毛,置于 100℃ 烘箱内保温 4h。再次,在车辙板表面轻微刻槽,将光纤光栅应变传感器置于槽内,填埋少量混合料使得传感器固定。最后,将拌好的热拌 AC-13 沥青混合料填埋至车辙板表面,人工碾压后置于车辙成型仪上,按 50mm 厚车辙板碾压要求碾压,成型的好的车辙板试件如图 3.1-11a)所示。

对于 φ100mm × 150mm 的圆柱形试件,按规范中的静压法(T 0704—2011)成型。试模采用自主设计加工,侧壁带有 15mm 宽 × 115mm 长的切缝,内埋放竖向应变传感器,如图 3.1-12 所示,采用 AC-13 沥青混合料。为了避免在静压过程中对传感器造成损坏,将计算好的沥青混合料总量的 95% 装模。装模前,先将柱形试模及上下压头置于 100℃ 烘箱中加热 1h,将拌好的热拌沥青混合料分 3 次装入试模内。首先将混合料倒入试模内约 70mm,人工用插刀沿钢筒周边插捣 15 次,中间 10 次,整平表面。然后将传感器放入试筒沥青混合料中心位置,沿钢筒周边均匀倒入沥青混合料,并沿周边捣实直至传感器完全没入沥青混合料内。最后将剩余混合料全部倒入试筒内,同样从周边开始向中间插捣密实,静压成型,如图 3.1-11b)所示。

a)车辙板试件   b)圆柱形试件

图 3.1-11 传感器埋设在两种沥青混合料试件中

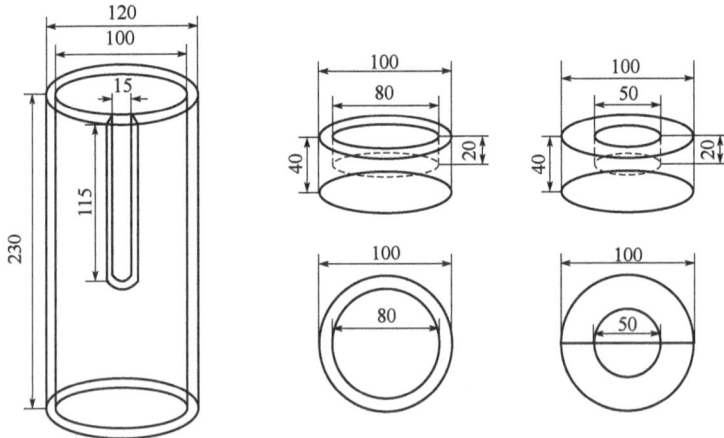

图 3.1-12 试筒设计图(尺寸单位:mm)

(3)车辙试验。

将埋有光纤光栅传感器的车辙板置于车辙仪内 60℃ ±1℃ 保温 5h,连接传感器和光纤光栅调制解调仪。车辙仪胶轮与试件接触压强为 0.7MPa,碾压速度为每分钟往复 21 次,共计 1h 碾压 1260 次,如图 3.1-13 所示。

(4)沥青混合料单轴压缩试验。

沥青混合料单轴压缩试验采用 SANS 万能试验机,如图 3.1-14 所示。首先分别将采用静压法成型好的两组圆柱形沥青混合料试件置于 20℃ 环境箱内保温 5h。其中一组内部埋有光纤光栅竖向应变传感器,另一组为用相同材料成型的无传感器的试件。然后将没有埋放传感器的柱形试件置于压头上进行抗压强度试验,以 2mm/min 的加载速率均匀加载至破坏,记录试件破坏时的荷载峰值 P。最后将埋放有传感器的试件置于压头,分别取 $0.1P$、$0.2P$、$0.3P$、$0.4P$、$0.5P$、$0.6P$ 和 $0.7P$ 七级作为试验荷载加载,加载过程中传感器与解调仪连接并记录加载过程中的波长数据,同时 SANS 万能试验机自动读取并记录位移和应力等数据。

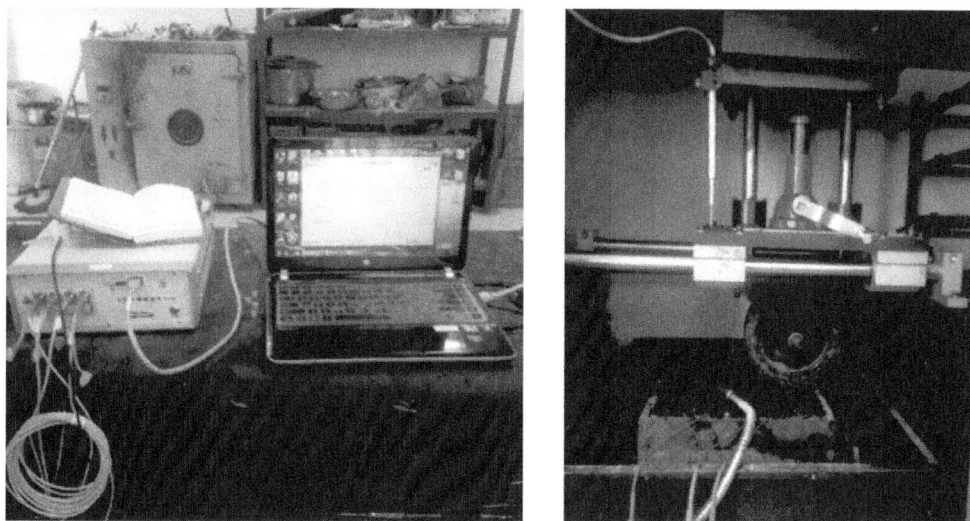

图 3.1-13　车辙试验

图 3.1-14　SANS 万能试验机

3）结果分析

（1）车辙试验。

传感器在车辙板内随沥青混合料发生应变。应变传感器测试波长发生的变化由三部分组成：第一部分，温度升高使得测试波长变大；第二部分，传感器埋放过程中随着混合料的密实而发生初始弯拉变形；第三部分，车辙仪轮碾过程中发生的变形。因此，数据处理过程中需要排除前两部分的影响。

车辙板内同时埋放有用于温度修正的温度传感器。由于温度传感器封装材料为金属材料，变形模量远远大于沥青混合料，故温度传感器在测试温度过程中近似忽略沥青混合料变形的影响。这样，光纤光栅温度传感器测试波长的变化只与温度有关。在试验过程中，测试波长随测试时间的变化如图 3.1-15 所示。由图中可以看出，在车辙板测试过程中，光纤光栅温度传感器的测试波长基本不发生变化。数据组极差为 0.012nm，通过温度传感 W-1 水浴标定直线拟合方程可计算所有对应测试波长的温度，取平均值为 57.09℃，极差为 0.78℃，标准差为

0.10℃。车辙仪设定的温度为60℃,但是由于试验过程中传感器导线的引出,使得车辙仪门不能完全封闭,特别是试验后期为观察车辙板碾压的车辙深度,使得内部温度低于设定的温度60℃,而且由图3.1-15可以看出,整体测试波长呈现先升后降的趋势。

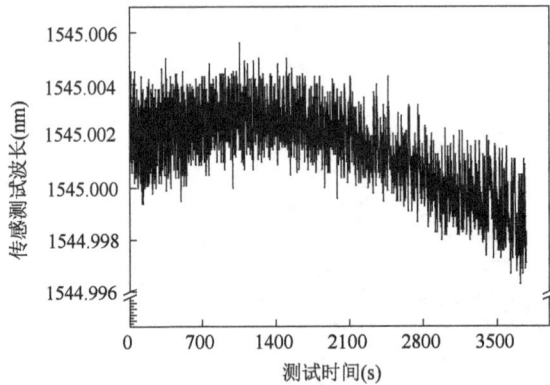

图3.1-15　车辙试验中温度传感器测试波长变化曲线(W-1)

埋设于车辙板内的横向应变传感器包括H-1和PH-1两种。PH-1为PP封装低模量传感器,低模量传感器在车辙板成型过程中产生初始应变较大。取测试前5组数据并取其平均值,计算各因素引起的测试波长的变化值,结果见表3.1-14。

各因素产生的波长变化值　　　　　　　　　　　　　　　　　　　表3.1-14

应变传感器类型	总波长变化值 $\Delta\lambda_0$(nm)	温度引起的波长变化值 $\Delta\lambda_1$(nm)	埋入初始波长变化值 $\Delta\lambda_2$(nm)	碾压产生的波长变化值 $\Delta\lambda$(nm)	应变(ε)
H-1	0.4382	0.3968	0.0373	0.0041	0.0034
PH-1(低模量)	12.5621	12.3816	0.1356	0.0447	0.0047

从表3.1-14中可以看出,两种传感器测试应变基本相差不大,但是受温度和初始变形的影响较大。低模量传感器更容易受温度的影响,使测试波长产生较大的偏移,其温度影响系数为0.3096nm/℃。沥青路面内部应变一般在με数量级,而PH-1测试精度为0.01nm/με,1℃的温度误差可以对应变测试结果产生30με的偏差,数据可信度大大降低。因此,在道路实测中选择H-1型应变传感器,并选用光纤光栅温度传感器对测试数据进行温度修正。

H-1测试应变随碾压时间的变化情况如图3.1-16所示。随着胶轮往复碾压,应变在峰值和谷值间周期性变化。初始阶段峰值和谷值都是拉应变,随着碾压次数的增加,应变开始在拉、压之间交替发生变化。为更好地显示峰谷值交替变化规律,查看测试时间内具有代表性时间段(60~180s)的应变变化,如图3.1-17所示。从图中可以看出,应变有明显的峰值和谷值,谷值附近的点较峰值附近点更为密集,任意60s区间范围平均出现峰值2次。在车辙试验中,胶轮在车辙板上来回碾压,只有当胶轮碾压至光纤光栅应变传感器正上方时,才出现最大拉应变。胶轮来回碾压频率为13次/20s,而光纤光栅解调数据采集频率为20次/20s。当胶轮碾压至光纤光栅应变传感器正上方并且此时正好是数据采集点时,峰值才会在数据上显示出来。从概率来算,20s时间内两者重合的次数正如图中所显示出来的近似为2次。

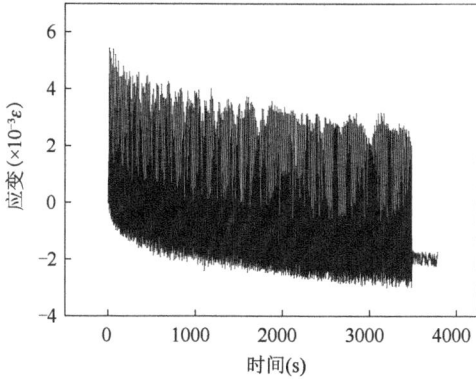

图 3.1-16 测试应变随时间变化

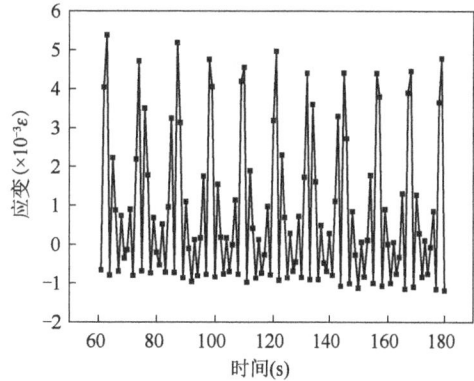

图 3.1-17 60~180s 时间段应变变化

将图 3.1-16 所测试的 1h 内的数据按 30 个一组分组,求取每一组数据的平均值作为应变值,绘制应变随测试时间的变化规律曲线(图 3.1-18)。由图中可以看出,应变随测试时间逐渐变小,并且下降速率变缓,这与车辙深度随碾压时间的变化曲线(图 3.1-19)刚好相反。传感器埋放位置位于车辙板中性面附近,随着车辙深度的变大,传感器与加载面的距离变小,测试点向上偏移。对于理想的车辙试件,在受到来自表面的压力时,其中性面以上的沥青混合料是受压的,而中性面以下的沥青混合料则是受拉的。此外,由于沥青混合料的特殊性和车辙板的双层结构,其中性面一般并不是车辙板的几何中心面,这与材料的力学性能、结构层及层与层之间的接触状态有关。

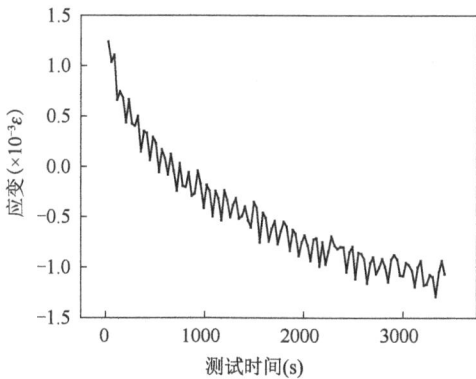

图 3.1-18 测试应变变化规律

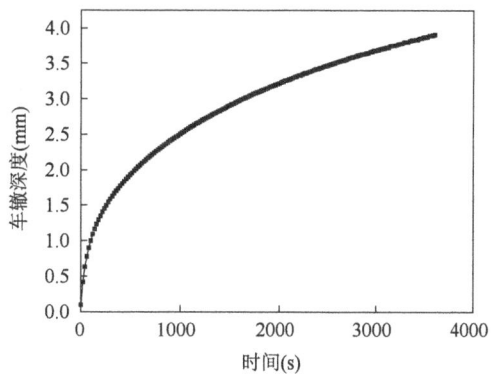

图 3.1-19 车辙深度随时间变化

(2)沥青混合料单轴压缩试验。

沥青混合料单轴压缩试验采用 ϕ100mm × 150mm 柱形试件。测试同尺寸没有埋放传感器的柱形试件破坏时最大荷载 P 为 26340N。分别采用 $0.1P$、$0.2P$、$0.3P$、$0.4P$、$0.5P$、$0.6P$ 和 $0.7P$ 进行加载,其位移和加载力之间的曲线如图 3.1-20 所示。记录每次加载、卸载周期后的最大位移 U_0 和不可恢复位移 U,并记录这一周期内的最大波长偏移量 $\Delta\lambda_0$ 和卸载后的波长偏移量 $\Delta\lambda$。设试件高

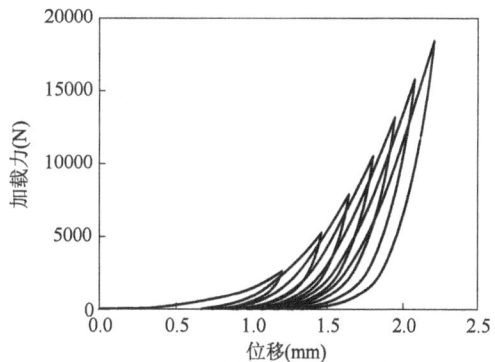

图 3.1-20 不同加载力下位移曲线图

为 L，通过位移计算工程应变值 $S_0 = \dfrac{U_0}{L}$、真实应变值 $\varepsilon_0 = \ln\dfrac{L-U_0}{L}$ 和累计应变值 $\varepsilon = \ln\dfrac{L-U}{L}$。

对比通过光纤光栅竖向应变传感器测试的应变 ε'，结果见表 3.1-15 和表 3.1-16。

测试总应变   表 3.1-15

加载水平	加载力 $F(\mathrm{N})$	竖向位移 $U_0(\mathrm{mm})$	工程应变 $S_0(\times 10^{-3})$	真实应变 $\varepsilon_0(\times 10^{-3})$	传感器波长偏移值 $\Delta\lambda_0(\mathrm{pm})$	传感器测试应变 $\varepsilon_0'(\times 10^{-3})$	应变差 $|\varepsilon_0' - \varepsilon_b|(\times 10^{-3})$
$0.1P$	2634	1.192	−7.947	−7.978	−9.7	−8.017	0.039
$0.2P$	5268	1.459	−9.727	−9.774	−11.9	−9.835	0.061
$0.3P$	7902	1.644	−10.960	−11.020	−13.4	−11.075	0.055
$0.4P$	10536	1.798	−11.987	−12.059	−14.7	−12.149	0.090
$0.5P$	13170	1.942	−12.947	−13.031	−15.8	−13.058	0.027
$0.6P$	15804	2.075	−13.833	−13.930	−16.9	−13.968	0.038
$0.7P$	18438	2.208	−14.720	−14.829	−18.1	−14.959	0.130

测试累积应变   表 3.1-16

加载水平	竖向塑性变形 $U(\mathrm{mm})$	累积真实应变 $\varepsilon(\times 10^{-3})$	累计波长偏移 $\Delta\lambda(\mathrm{pm})$	累计测试应变 $\varepsilon'(\times 10^{-3})$
$0.1P$	0.667	−4.456	−5.4	−4.463
$0.2P$	0.800	−5.348	−6.5	−5.372
$0.3P$	0.901	−6.025	−7.4	−6.116
$0.4P$	0.989	−6.615	−8.1	−6.694
$0.5P$	1.074	−7.186	−8.8	−7.273
$0.6P$	1.162	−7.777	−9.5	−7.852
$0.7P$	1.259	−8.429	−10.3	−8.513

沥青混合料柱形试件单轴压缩试验结果表明，工程应变>真实应变>传感器测试应变，传感器测试应变与真实应变接近，差距在 $0.027\times10^{-3} \sim 0.13\times10^{-3}$ 之间，能满足工程需要的测试精度要求。

柱形沥青混合料试件在每级加载、卸载完成后，在其内部会产生一定的塑性变形，这部分变形在沥青路面上会以车辙的形式表现出来。美国国家公路与运输协会（AASHTO）通过铺设试验路研究沥青路面车辙，结果表明：沥青路面车辙产生主要是由于各结构层厚度的减少，即路面在服役过程中沿轮迹带产生的竖向累计变形。沥青路面的车辙和疲劳开裂是目前最主要的两种病害，因此，准确获取路面在服役过程中的变形状态很有必要，试验也表明通过光纤光栅传感器测试沥青路面应变是可行的。

3.1.4 实测系统应用

1）传感器埋设

路面实测和室内试验存在较大的差异。室内试验在埋放传感器时，对传感器的保护措施和埋放位置的精确定位在真实路面现场一般是做不到的，因此一些在试验室可行的方案在现场可能行不通。为提前发现现场监测系统安装施工过程中可能出现的问题，验证传感器现场测试的可行性，在室外选择试验场地进行现场路面传感器埋设。选择在室外空旷地带、光照良好、无高大建筑遮挡、排水良好、路面无积水的道路上挖两个 $40\mathrm{cm}\times40\mathrm{cm}\times30\mathrm{cm}$ 的坑槽，由于我国汽车两车轮横向距离在 150～200cm 之间,两个坑槽横向距离设定为 130cm,如图 3.1-21 所示。左侧坑槽布设三个方向的光纤光栅应变传感器,右侧坑槽布设横向、纵向应变片和 AOSON-AM2302 数字温度湿度传感器。

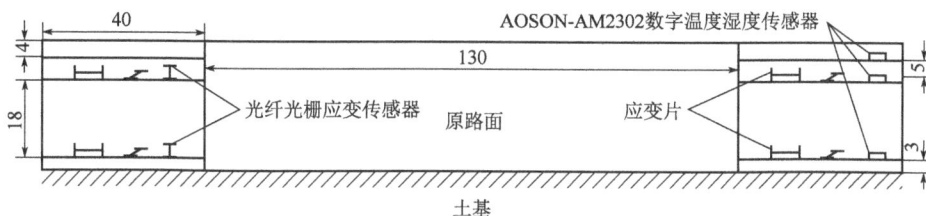

图 3.1-21　传感器布设图(尺寸单位:cm)

坑槽回填共分三层:4cm 厚 AC-13 沥青混凝土、5cm 厚 AC-16 沥青混凝土和 21cm 厚 5% 水泥稳定碎石。光纤光栅应变传感器和应变片分别在沥青面层层底和深度方向距离上面层层底 18cm 的水泥稳定碎石层处埋放,除这两处外,AOSON-AM2302 数字温度湿度传感器在上面层层底增加埋放一支。此外,在传感器埋设点附近安装小型气象站,用于测试外部环境参数,如图 3.1-22a)所示。具体安置流程如下:

(1)在路面上按设计尺寸挖 40cm×40cm×30cm 的两个坑槽,整修坑槽边缘和底部。

(2)回填拌和好的 5% 水泥稳定碎石,并用卡尺控制好回填厚度,人工振捣压实后厚度为 3cm,抹平水稳碎石层表面。

(3)将传感器按要求铺设到抹平后的水稳碎石层表面,如图 3.1-22b)所示。人工固定好传感器位置然后回填水泥稳定碎石至指定高度,振捣压实水泥稳定碎石,盖好土工布并洒水养护 3d。

(4)计算面层所需的 AC-13 和 AC-16 沥青混合料,将拌制好的沥青混合料置于烘箱内待用。

(5)在养护 3d 后的基层上摊铺松铺厚度为 2cm 的沥青混合料,人工整平微压。然后在整平好的沥青混合料面上铺设传感器,并将其固定,如图 3.1-22c)所示。最后摊铺下面层沥青混合料至设计厚度,人工振捣碾压。

(6)同理,摊铺上面层沥青混合料并振捣压实。

a)气象站　　　　　　　　　b)基层传感器埋放　　　　　　　　c)面层传感器埋放

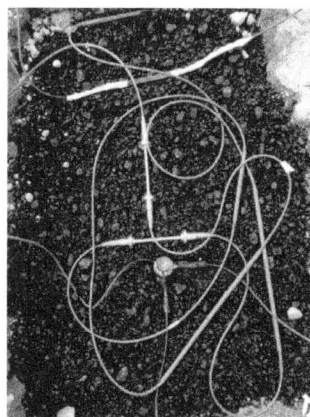

图 3.1-22　测试系统现场施工

施工过程中需要注意以下几点：在计算所需回填材料时，取足够大的富余系数，保证有足够的材料使其回填厚度达到设计要求；摊铺沥青混凝土面层时要迅速，防止其温度过低，不利于压实；光纤光栅传感器布设时，多余的接线需要大角度弯曲，避免光折损率过大，影响信号强度。

按图 3.1-21 设计要求及上述步骤埋放好传感器，如图 3.1-23 所示。左侧为光纤光栅传感器，右侧为应变片及 AOSON-AM2302 数字温度湿度传感器，养护 1d 以上待测试。

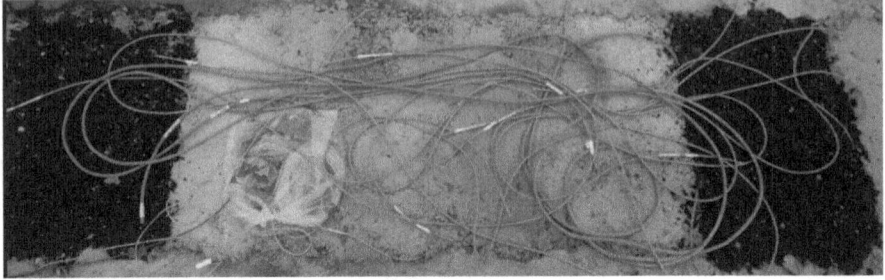

图 3.1-23　传感器埋设点

2）测试结果验证

（1）气象测试数据。

为验证小型气象站测试数据的准确性，选择与西安 2017 年 3 月 14 日环境参数变化情况做对比，当天天气小雨转阴。将全天整点时刻的小型气象站实测数据与西安气象局数据对比，结果见表 3.1-17。

小型气象站实测数据　　　　　　　　　　　　　　　表 3.1-17

时间 (h)	实测数据				西安气象数据			
	气温 (℃)	湿度 (%RH)	风速 (m/s)	气压 (hPa)	气温 (℃)	湿度 (%RH)	风速 (m/s)	气压 (hPa)
0	4.2	88.2	0.4	980.5	3.1	93.0	0.8	980.2
1	4.4	88.8	0.1	980.4	3.4	92.0	1.6	980.3
2	4.3	88.0	0.7	979.8	3.6	91.0	1.3	979.4
3	4.3	85.2	0	979.3	3.7	90.0	1.0	979.0
4	4.4	86.1	0	978.7	3.6	92.0	1.3	978.4
5	4.4	86.0	1.0	978.7	3.5	93.0	0.1	978.4
6	4.3	86.6	0.3	978.7	3.5	94.0	0.3	978.4
7	4.2	86.8	0.6	978.8	3.4	94.0	1.2	978.3
8	4.3	85.2	0.4	978.9	3.5	95.0	1.5	978.8
9	5.7	76.9	0.4	978.4	4.7	92.0	1.4	978.8
10	7.2	67.6	0.7	978.4	5.5	82.0	1.5	979.0
11	7.4	63.6	1.0	977.9	6.4	74.0	1.0	978.8
12	8.3	60.6	0.2	977.4	7.4	64.0	2.5	978.0
13	9.1	57.8	0.1	976.0	8.1	59.0	2.6	976.9
14	9.3	58.4	1.2	975.2	8.2	59.0	1.6	976.0

续上表

时间 (h)	实测数据				西安气象数据			
	气温 (℃)	湿度 (%RH)	风速 (m/s)	气压 (hPa)	气温 (℃)	湿度 (%RH)	风速 (m/s)	气压 (hPa)
15	9.4	60.8	1.3	974.1	9.1	60.0	3.4	974.5
16	9.1	62.9	1.2	973.8	9.4	59.0	2.7	974.0
17	9.1	62.6	0	973.5	8.9	62.0	3.0	973.6
18	8.9	65.3	0.4	973.4	9.0	63.0	2.5	973.5
19	8.3	68.6	0.7	973.6	8.8	64.0	2.2	973.5
20	7.6	70.0	0.3	973.9	8.6	66.0	0.4	973.8
21	7.4	70.5	0.4	974.3	7.3	76.0	2.8	974.2
22	7.3	70.8	0	974.3	7.0	77.0	1.5	974.1
23	7.0	70.9	1.6	973.9	6.8	76.0	2.2	973.9

表3.1-17中的西安气象数据为西安气象局公布的2017年3月14日气温、湿度、大气压和风速全天整点时刻值。对比局部地区和整体区域的气候情况,如图3.1-24和图3.1-25所示。西安气象局气象数据是对于整个西安地区而言的,西安局部地区,无论是高大建筑物密集程度、人口密集程度,还是地理位置等外界因素都存在较大差异。室外测试点地处西安市二环路上,周围人口和高大建筑物密集,而西安气象局气象站大多设立在城市周边地区,城市"热岛效应"使得城市中心地区气温高于周边地区。此外,气温的差异导致湿度和大气压也产生相应变化,但是从两图可以看出,除风速外其他测试参数的两种数据曲线变化规律基本一致,说明测试数据是真实可靠的。测试当天西安整体风速不大,气象局公布数据显示,当天最高风速为4.6m/s,平均风速为2.0m/s偏低。此外,在小风速的情况下风速测试值受建筑物的影响巨大,实测气象站受周围建筑物影响,全天风速测试数据基本在0.5m/s左右。

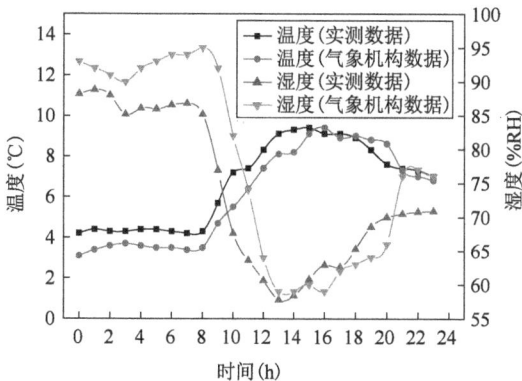

图3.1-24 温湿度实测数据和气象官方数据对比

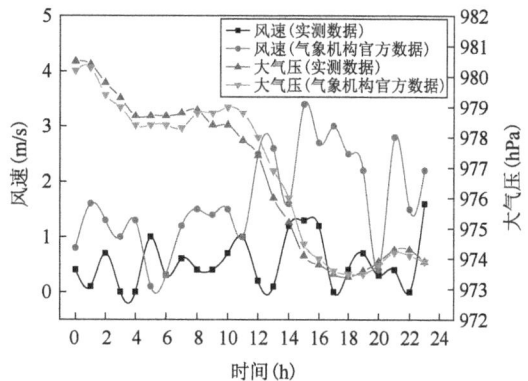

图3.1-25 风速、大气压实测数据和气象机构数据对比

综上所述,局部气象资料和该地区气象官方数据资料之间存在差异,在精确研究路面温度场时直接采用当地气象局的气象资料是不合理的,需要对所研究路段路面局部地区的外界环境参数进行更精确的测试,获得更真实可靠的环境参数数据,在此基础上研究路面温度场,得到的结果才更科学可靠。

（2）光纤光栅应变传感器测试结果。

用小汽车对测试点进行慢速碾压，如图 3.1-26 所示。汽车前轴和后轴依次压过测试点，光纤光栅解调仪测试频率为 1Hz，测试的应变曲线如图 3.1-27 ～图 3.1-29 所示。

图 3.1-26　汽车荷载作用应变测试

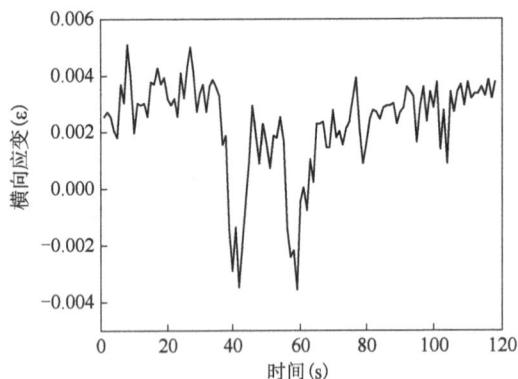

图 3.1-27　沥青面层横向应变曲线

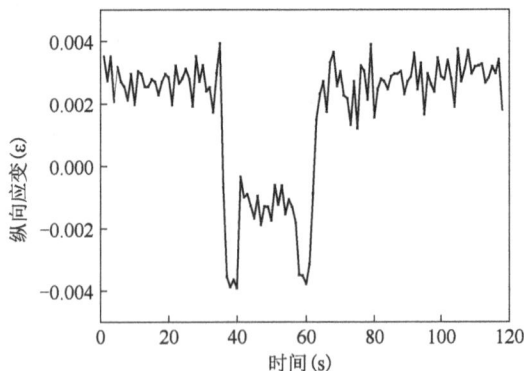

图 3.1-28　沥青面层纵向应变曲线

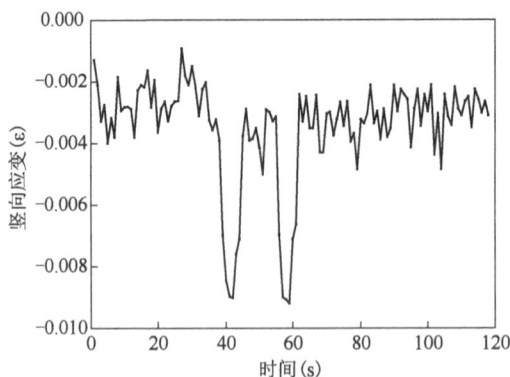

图 3.1-29　沥青面层竖向应变曲线

埋设在沥青面层的光纤光栅传感器在沥青混合料摊铺压实过程中受到周围混合料的挤压而产生初始应变。这个初始拉应变值约为 0.002ε，之后汽车前后轴载依次压过路面，应变曲线呈现两个明显的"谷值"，沥青面层在汽车作用下由拉应变变成压应变。因此，在一定深度范围内沥青面层横向应变在车载的作用下是受压的，沿深度方向沥青面层从受压状态变成受拉状态的临界平面称为"中性面",这个平面的位置受沥青面层厚度、沥青面层材料模量和泊松比的影响。当汽车压过传感器正上方时,在沥青面层产生的最大压应变大小为0.004ε,剔除初始应变的影响,则应变大小为0.006ε。

沥青面层产生的横纵向应变规律和大小基本一致。但是由于传感器沿汽车行进方向铺设,这样扩大了传感器的感应区间,曲线在"谷值"上持续的时间相对于横向应变要长,而且在汽车车身驶过测试点表面时,沥青面层还是处于受压状态,压应变大于横向传感器的测试值。

竖向应变不同于横向和纵向应变,在沥青面层摊铺碾压过程中,沿竖直方向发生的初始变形就是受压的。混合料密实过程中受到向下的压力和向上的支撑力,混合料在这两个力的作用下向下压缩,同时向两边挤压,使得横纵向传感器产生初始拉应变而竖向传感器产生压应变,并且压应变值(0.004ε)大于拉应变值(0.002ε)。竖向应变曲线的变化规律与横向应变相似,不同于纵向应变,有明显的"谷值"但是持续时间较短。而且当车轮作用在传感器正上方时,与其他作用时刻产生的竖向应变差值较大,前后车轮直接作用在传感器正上方时,竖向应变最大达到0.009ε。

(3)AOSON-AM2302数字温度湿度传感器测试结果。

温湿度传感器在基层处埋设时,由于水泥浆体能通过传感器上的网格孔进入传感器内,会导致基层传感器数据失效。温湿度传感器在基层处埋设时先预拌水稳碎石料,待水泥初凝后,将这部分料掩埋在传感器周围,然后再摊铺水泥稳定碎石料成型基层。其中,布设在沥青面层和面-基层之间的温湿度传感器温度测试曲线如图3.1-30所示。

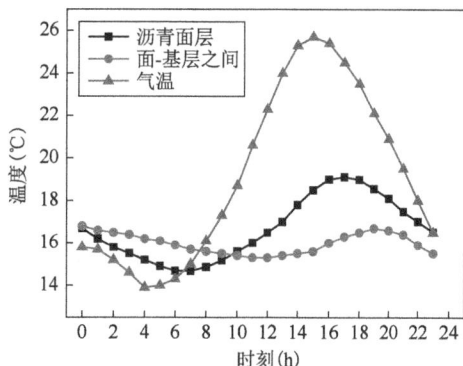

图3.1-30 温湿度传感器温度测试曲线

埋设在不同位置的温湿度传感器1d的温度测试曲线随气温呈现类似正弦函数的变化。幅值沿路面深度方向变小,而且从路表到面层再到基层,温度出现的峰值和谷值依次滞后,这与前人对路面各层温度场的测试和研究规律是一致的,但是由于测试点所在位置周围有树荫,地面有少量积水,所以峰谷值出现的时刻有一定的差别。

3.2 严酷环境下沥青路面服役场实时监测技术

3.2.1 依托工程概况

1)项目简介

结合试验段地理条件,沥青路面智能服役性能监测点设立在G0613西宁—丽江高速公路共和至玉树段沥青路面上,监测点监测参数主要包括沥青路面各层温湿度,沥青面层层底和基层层底横向、纵向、竖向三个方向应变,路表太阳总辐射、温湿度、风速、降雨量、大气压。

共和至玉树段沥青路面设计为单向两车道,分离式路基:0.5m左侧土路肩+0.75m左侧硬路肩+2×3.75m行车道+0.75m右侧硬路肩+0.5m右侧土路肩。行车道、硬路肩的标准横坡为2%,土路肩为4%,横断面设计全宽为10m,如图3.2-1所示,路面结构见表3.2-1。

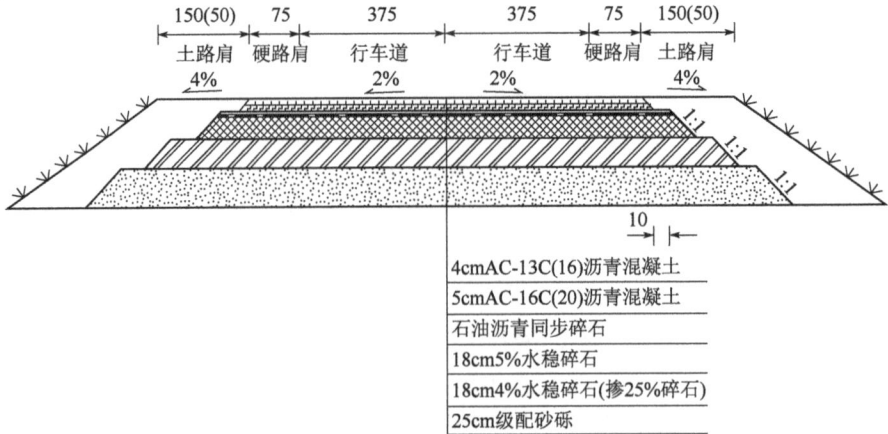

图 3.2-1 原沥青路面结构图(尺寸单位:cm)

各试验路结构和材料设计 表 3.2-1

结构层	原路面	SBS/SBR 改性沥青试验路面			纤维改性沥青试验路面		
		试验段一	试验段二	试验段三	试验段四	试验段五	试验段六
上面层	4cm AC-13	4cm SBS/SBR	4cm SBS/SBR	4cm SBS/SBR	4cm 纤维改性沥青	4cm 纤维改性沥青	4cm 纤维改性沥青
下面层	5cm AC-16	5cm AC-16	8cm 大粒径沥青碎石	5cm AC-16	5cm AC-16	8cm 大粒径沥青碎石	5cm AC-16
封层	石油沥青同步碎石	石油沥青同步碎石	石油沥青同步碎石	层间黏结处治	石油沥青同步碎石	石油沥青同步碎石	层间黏结处治
上基层	18cm 5% 水稳碎石	18cm 早强抗裂基层	18cm 5% 水稳碎石	18cm 5% 水稳碎石	18cm 早强抗裂基层	18cm 5% 水稳碎石	18cm 5% 水稳碎石
下基层	18cm 4% 水稳碎石	18cm 4% 水稳碎石	18cm 4% 水稳碎石	18cm 4% 水稳碎石	18cm 4% 水稳碎石	18cm 4% 水稳碎石	18cm 4% 水稳碎石
垫层	25cm 级配砂砾	25cm 级配砂砾	22cm 级配砂砾	25cm 级配砂砾	25cm 级配砂砾	22cm 级配砂砾	25cm 级配砂砾

2)沿线地理及气候条件

共和至玉树段沥青路面地处青海省玛多县境内。玛多县属高原地区,地势自西北向东南倾斜,海拔大部分在 4500~5000m 之间。地形起伏不大,相对平坦,比高为 500~1000m,西北高,东南低,山间有平坦地、沙漠地、沼泽地。

根据我国气象数据网资料统计 1981—2010 年时间内玛多县地区气象资料。玛多县年平均气温为 -3.3℃,除 5—9 月份外,各月平均气温在 -3.0℃ 以下,最冷的 1 月份为 -15.7℃,各月最低气温为 -22.7℃。最热月出现在 7 月份,各月平均气温为 8.0℃,各月最高气温为 14.0℃,平均一年最热持续时长为 94.8d。全年平均湿度在 50% 左右,平均湿度最高出现在 6 月,为 67%,最低在 2 月,和 3 月,为 49%。1981—2010 年各月温度、湿度变化曲线如图 3.2-2 所示。玛多县白天太阳辐射强,地面吸收太阳辐射热量多,路面升温快,到了夜晚路面散热量也大,路面温度也随之急剧下降。因此,沥青路面整体昼夜温差随气温变化较大,年平均昼夜温差为 14.0℃。

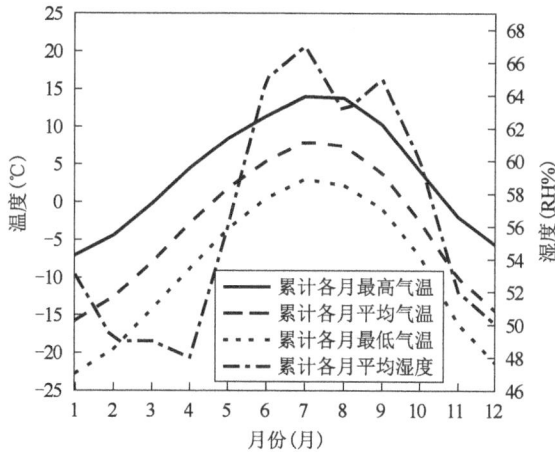

图3.2-2　1981—2010年各月气温、湿度变化曲线

玛多县全年平均风速高，从11月到次年4月大风频繁，占全年大风日数的80%左右。大风日数的年际变化较大，近几十年内大风日数最多的1966年达到110d，而最少的年份仅12d。大风持续时间最长达8～10d，最大风速可达34m/s。玛多县年均降雨量为332.4mm，但年际差异大，最多的年份为434.8mm，最少的年份仅为84.0mm。近30年各月平均降雨量为72.4mm，最少出现在12月份为2.3mm。1981—2010年各月平均降雨量情况如图3.2-3所示。

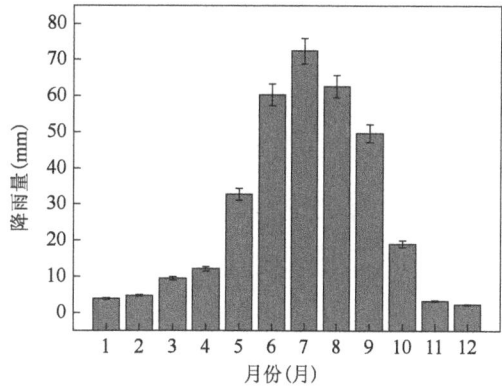

图3.2-3　1981—2010年各月平均降雨量

3.2.2　数据采集仪器设备软、硬件设计

1）解调仪数据采集系统及数据读取软件

光纤光栅解调仪采用某公司生产的TV125型高精度光纤光栅传感分析仪，如图3.2-4所示。根据光纤光栅解调仪的通信协议，编写获取解调仪数据程序。通过网线将数据信息连接到自主开发的无线数据传输系统，利用手机信号卡将数据信息传送到数据站，完成对数据的采集和传输。

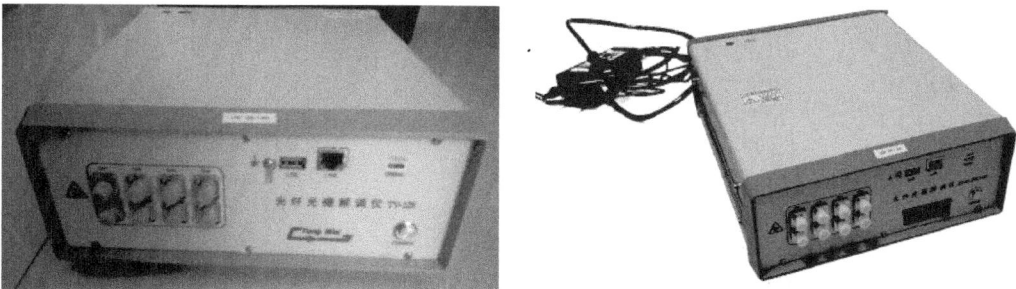

图3.2-4　TV125型光纤光栅解调仪

路面应变一般非常小,在 $10^{-3}\varepsilon$ 数量级,因此要求应变传感器和解调仪有较高的测试精度。同时,解调仪每条通道往往会同时串联多个传感器,为了使串联起来的传感器反射波峰不相互重叠干扰,需要解调仪能测试较宽的波长范围。表 3.2-2 为 TV125 型光纤光栅解调仪的基本技术指标。

TV125 型光纤光栅解调仪基本技术指标   表 3.2-2

项目	技术指标
通道数	4 通道
波长范围	1510 ~ 1590nm
扫描速度	5Hz
波长精度	1pm
波长稳定性	±2pm
动态范围	50dB
通道光谱	全光谱
光纤接口	FC/APC
通信接口	以太网
电流供应	直流 24V
功耗	20W(典型值),30W(最大)
工作温度	-20 ~ 50℃
外形尺寸	300mm×250mm×100mm
机器重量	2.5kg

为使最终测试数据具有一定的参照性和对比性,沥青路面应变和温度的测试使用两类传感器及相应的数据采集设备,包括光纤光栅传感器(应变和温度)、应变片(图 3.2-5)和 AOSON-AM2302 数字温度湿度传感器。光纤光栅传感器数据采集使用 TV125 型光纤光栅解调仪。应变片采用滴胶固定在其内部制成长方条状,如图 3.2-6 所示,并采用惠斯通电桥测试电阻值。由上述应变片应变测试原理可知,只要测试出应变片随路面结构发生变形后其电阻的变化值 ΔR,即可计算出应变值。应变一般较小,应变片产生的电阻变化量也相对较小,传统的欧姆表和万用表达不到测试精度。惠斯通电桥的结构如图 3.2-7 所示。

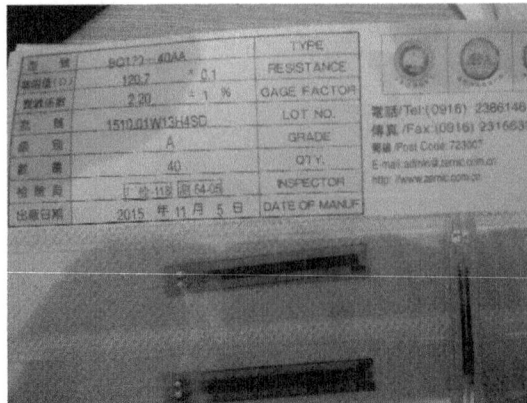

图 3.2-5 应变片

图 3.2-6 滴胶固化好后的应变片

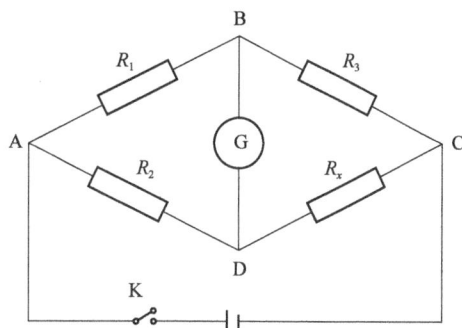

图 3.2-7 惠斯通电桥的结构

惠斯通电桥又称单臂电桥,它是由两个阻值与待测电阻相接近的定值电阻(R_1 和 R_3)、一个可变电阻 R_2 和待测电阻 R_x 组成测试电路。在对角线 A、C 上接通电源,在对角线 B、D 上连接电流计,调节可变电阻 R_2,使 B、D 两点电位相等,电流计中无电流通过,这种状态称为电桥平衡,此时有 $R_x = R_2R_3/R_1$。通过惠斯通电桥可以测得应变片发生微变形后电阻值的变化,从而获得应变值。

AOSON-AM2302 数字温湿度传感器的数据采集器使用 8 路温湿度隔离采集模块,其实物图和原理框图如图 3.2-8 所示。EM8TI/DHT 型 MODBUS 分布式 8 路温湿度隔离采集模块可外接 8 路 AM2301(DHT21)或 AM2302(DHT22)等单总线温湿度传感器,通过 RS485 通信接口实现 8 路温湿度的隔离采集和数据传输。其主要技术指标见表 3.2-3。

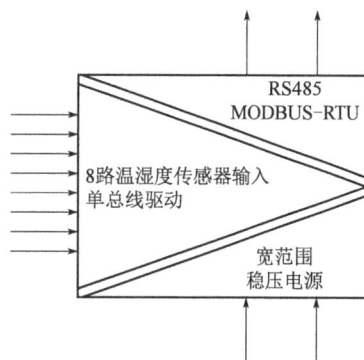

图 3.2-8 AOSON-AM2302 数字温度湿度传感器数据采集器

8 路温湿度隔离采集技术指标 表 3.2-3

项目		技术指标
支持传感器		可支持 AM2301(DHT21)、AM2302(DHT22)等单总线温湿度传感器
采集频率		每 0.3s 采集一个通道,2.4s 采集 8 个通道
采集范围	温度	$-40 \sim +80℃$
	湿度	$0\% \sim 99\%\,RH$
测试精度	温度	$0.1℃$
	湿度	$0.1\%\,RH$
传输最大距离		300m

项目	技术指标
工作环境	工作温度：-25 ~ +85℃ 环境湿度：10% ~90% RH（不结露）
电源功率	≤2W

2）小型气象站

一直以来,测试外界环境的温度、湿度、风速及太阳辐射等,结合沥青路面材料的热物性参数、结构类型,运用热传输原理理论,通过一定的计算建立沥青路面各结构层温度与外界环境、材料参数及路面结构之间的关系,是研究路面温度场的主要方法和途径。小范围区域的气象机构资料精准度不够,这些数据只适合大致评估路面温度,达不到计算精度要求,对比上述试验测试数据与西安气象局数据可知,两者之间存在一定的差异,尤其是风速。目前,小型气象站技术发展较快,测试准确、安装方便,能准确实时测试得到所研究路段路表环境参数。采用小型气象站对所监测路段路表外界环境参数进行实时监测。小型气象站主要技术指标见表3.2-4。

小型气象站主要技术指标 表3.2-4

产品	型号	技术指标
风速传感器	ZK-FS 1	量程：0~70m/s。准确度：±(0.3+0.03V)m/s
温度传感器	ZK-WD	空气温度：-40~125℃。精度：±0.3。分辨率：0.1℃
湿度传感器	ZK-SD	量程：0%~100% RH。准确度：±3% RH
野外百叶箱型 大气压力传感器	ZK-QY	量程：0~1200hPa。分辨率：0.1hPa。准确度：±0.25hPa
总辐射	ZK-TBQ	量程：0~1500W/m²。分辨率：1W/m²。准确度：±5%
数据采集器	ZK-SJCJQ	通过采集器将传感器所采集的模拟信号转化成电信号,方便进行数据处理
太阳能供电系统	ZK-solar	25A·h 蓄电池30W 太阳能电池板,电池板托架,蓄电池,控制器（增强型）
GPRS 通信	ZK-GPRS	数据无线远程传输,需要自备开通 GPRS 手机卡一张,联通或移动可选
软件系统	ZK-QXRJ	提供标准 RS485 对接端口

3.2.3 传感器布设

1）传感器布置方案设计

沥青路面监测点的选择需要具有代表性,并结合经济性、实用性和对照性。G0613 西宁—丽江高速公路共和至玉树段沥青路面共修有两个试验路段,每条试验路段包括3种路面结构形式,加上原路面共7种路面结构形式,其中原路面结构形式的路段最长。为体现监测数据的代表性,选择在原路面结构的路段上设立监测点。监测点选择注意以下几点：①无树荫或其他建筑物遮挡光照；②不设在道路沿线上下坡及弯曲线处；③不设在人和牲畜常活动区内；④不设在沿湖或其他积水地带；⑤不设在山脚、山腰和山顶地带；⑥最好设在周围地势平坦、风速均匀、正午光照垂直路段。

由于传感器需要在新建路面上埋设,为尽量减少对新建路面的破坏和周围路面的扰动,在不影响埋设测试效果的条件下,尽量减小路面开挖面积。监测点传感器及设备平面布设如

图 3.2-9 所示。监测点上共布设 A、B、C 和 D 4 个传感器埋设点,4 个点都位于右行车道上的轮迹带位置,横向相距 1m,距离路面中心和边缘均为 1m,纵向方向相距 2m。沿纵向方向两个点中间位置刻槽,导线沿槽被引入道路边缘数据采集中心,数据采集中心放在地下,采用混凝土结构将其保护起来。A 和 B 两点使用光纤光栅应变和温度传感器,C 和 D 两点使用应变片及 AOSON-AM2302 数字温度湿度传感器,其中 B、D 两点同时设有应变传感器和温度传感器。

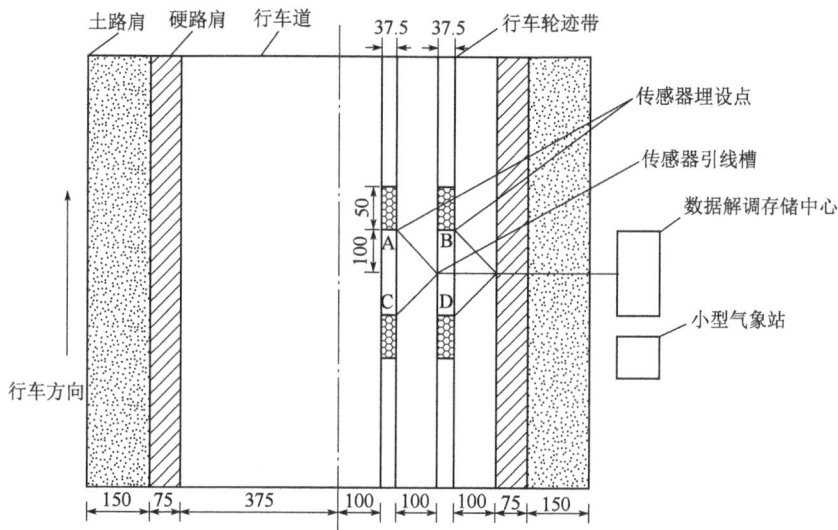

图 3.2-9 监测点传感器及设备平面布设图(尺寸单位:cm)

根据待测沥青路面结构特点,沿路面竖向方向传感器布设图如图 3.2-10 所示。为简化热量沿沥青路面深度方向传递的研究,将沿深度方向相邻温度传感器之间局部热量传递近似为连续。不考虑层与层之间界面问题和材料的热物性参数变化问题,选择在各层层底埋设温度传感器,测量各层层底近似层间的温度,这样可以简化后期温度场的计算。同理,根据青海地区前期的沥青路病害调查情况,路面主要病害为车辙和裂缝。车辙主要是由于路面在使用过程中沿深度方向发生的累计塑性变形造成的,而裂缝主要是由于各层横向和纵向的弯拉变形引起的。产生这两类变形的主要结构层为面层和基层,在沥青面层层底和上基层层底分别埋设横向、纵向和竖向三个方向的应变传感器,用于测量沥青面层和上基层的横纵向拉变形和竖向变形。

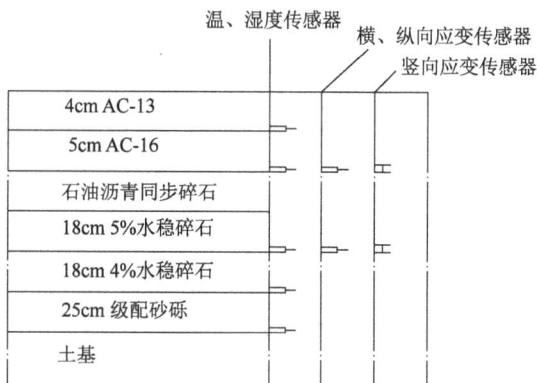

图 3.2-10 传感器沿路面深度方向布设

2）实测路面传感器安装

（1）光纤光栅温度传感器和 AOSON-AM2302 温湿度传感器。

由于传感器需要在新建路面上埋设，为了尽量降低对新建路面的影响，光纤光栅温度传感器采取钻芯安装法。具体流程如下：①根据图 3.2-9 在道路沿线选取测试点，测试点需要有代表性；②在选取的测试断面路中心线上钻取直径为 150mm 的圆柱形芯样，根据温度传感器在路面竖向的设计（图 3.2-10），芯样钻至需要埋设传感器的深度；③在钻取的芯样上按温度传感器埋设深度横向钻小孔，如图 3.2-11 所示，将温度传感器横向穿过小孔，并在路面上沿引线方向横向刻引线槽，用 PP 塑胶管保护光缆将其引至数据存储中心；④采用高强度水泥按照一定水灰比制成净浆，将水泥净浆注入横向小孔内，使空隙密实；⑤将芯样重新填充至路面钻孔内，并利用环氧树脂或水泥净浆将周围缝隙填充密实。

（2）应变传感器。

A、B 两点采用横向和竖向两种光纤光栅应变传感器，在路面深度方向埋设（图 3.2-10）。具体流程如下：①按监测点要求在路面轮迹带上挖槽（长×宽为 100cm×40cm），槽沿行车方向按路面结构挖成阶梯状，如图 3.2-12 所示；②由下往上分层埋放传感器，传感器布设好后用与原路面相同的材料回填至与上一个阶梯齐平，回填过程中，传感器周边通过人工预夯实，待回填平并且略高于上一个台阶后，采用小型振动压实机压实；③按上述步骤埋放下一个阶梯的传感器；④每层传感器埋设好后，通过引线槽将光纤引至路边数据存储中心。

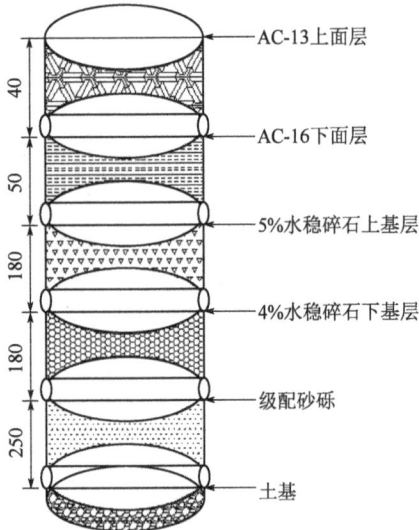

图 3.2-11 温度传感器钻芯埋设图（尺寸单位：mm）

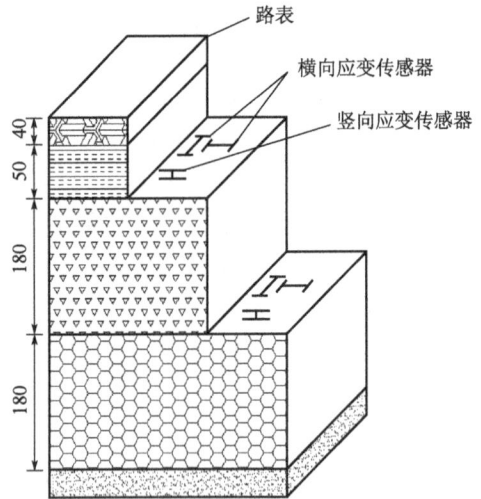

图 3.2-12 应变传感器具体布设图（尺寸单位：mm）

3.3 高海拔地区气候特征调研及分析

3.3.1 沥青路面的气候影响因素及分区指标确定

1）影响因素分析

（1）气温。

气温对沥青路面温度的影响最为显著，路面结构与大气之间的热交换和地面有效辐射主要取决于气温的变化。

沥青路面的温度一般高于气温,高温时,可能接近或超过沥青的软化点温度,使得沥青路面呈现为塑性体,抗变形能力下降。在车辆荷载的反复作用下容易产生车辙、推移和拥包等病害。高温易引起沥青中的轻质组分挥发,长期作用下使沥青变硬变脆;同时,也加速了沥青的氧化反应,加快了沥青的老化。

低温下,沥青与沥青混合料的强度和劲度都会明显增大,变形能力显著下降,易导致沥青路面出现低温裂缝。低温裂缝与温度下降时的温度收缩系数密切相关,在一般温度条件下,沥青混合料具有良好的应力松弛能力,温度升降产生的变形不至于产生过高的温度应力。在低温下,沥青劲度增大明显,随着沥青劲度的增大,其松弛能力降低,持续低温很可能导致沥青路面开裂,加之青海地区低温期长,因此沥青路面气候分区应着重考虑低温性能的影响。

(2)太阳辐射与日照时数。

青海地区海拔高、空气稀薄,太阳总辐射量大。太阳辐射对沥青路面的影响主要体现在对沥青的老化作用。沥青在太阳辐射(尤其是紫外线)作用下,主链上化学键断链,发生自由基反应,导致分子聚合,黏度增大,性能降低。但是,全国的太阳辐射站点较少,没有充分的数据用于分析其对沥青路面的影响。有资料表明,太阳辐射与日照时数密切相关,可以直接考虑日照时数对沥青路面气候分区的影响。

(3)降雨。

在青海地区,降雨对沥青路面的影响主要体现在沥青路面水损害及冻融循环作用。裂缝存在时,降雨会加速沥青路面服役性能衰减,使其承载力下降,大大缩短沥青路面的服役寿命。因此,进行沥青路面气候分区时需要考虑降雨的影响。

2)分区指标确定

沥青路面气候分区是对影响沥青路面使用性能的气候条件进行分区,分区指标应当充分体现影响沥青路面性能的气候条件。分区指标是进行沥青路面气候分区的主要依据。因此,合理地选择气候分区指标至关重要。

根据影响沥青路面服役性能的因素及青海地区典型的自然气候条件,主要考虑气温(高温、低温和温差)、降雨量和日照时数等因素对路面使用性能的影响(高温车辙、低温裂缝、水损害、冻融循环和沥青结合料老化)。

3.3.2　累年年均气象数据统计与分析

由于青海省气象数据有限,调查青海省的 34 个站点,收集了 1991—2010 年共 20 年的部分气象要素统计信息,见表 3.3-1。由于太阳辐射站点有限,对青海省 5 个国家级太阳辐射站点进行了调查统计,1993—2010 年共计 17 年的年均太阳总辐射见表 3.3-2。

青海省气象数据统计　　　　表 3.3-1

站点序号及名称		累年年均气温(℃)		累年年均极端最低气温(℃)		累年年均日照时数(h)		累年年均降雨量(mm)		累年年均风速(m/s)	
		平均值	标准差	平均值	标准差	平均值	标准差	平均值	标准差	平均值	标准差
1	茫崖	3.8	0.6	−23.3	1.2	3076.6	142.4	325.9	63.4	2.5	0.2
2	冷湖	3.1	0.6	−27.2	1.8	3296.8	101.1	189.8	46.4	3.6	0.3

站点序号及名称		累年年均气温（℃）		累年年均极端最低气温（℃）		累年年均日照时数（h）		累年年均降雨量（mm）		累年年均风速（m/s）	
		平均值	标准差	平均值	标准差	平均值	标准差	平均值	标准差	平均值	标准差
3	托勒	−2.2	0.6	−32.9	1.7	2993.4	105.8	290.0	89.3	2.1	0.2
4	野牛沟	−2.6	0.6	−32.0	1.3	2943.8	218.6	335.8	69.0	2.5	0.3
5	祁连	1.3	0.5	−31.2	3.4	3005.2	161.4	351.7	69.4	1.9	0.3
6	小灶火	4.3	0.6	−26.3	1.4	3234.7	117.0	248.9	72.6	3.5	0.2
7	大柴旦	2.2	0.6	−28.1	1.9	3280.5	101.2	244.6	51.0	2.0	0.1
8	德令哈	4.4	0.5	−23.5	2.6	3092.7	65.0	329.0	67.6	1.7	0.1
9	刚察	0.0	0.5	−26.1	2.0	2961.8	81.3	379.7	54.6	3.4	0.2
10	门源	1.2	0.6	−28.0	2.9	2463.4	95.7	355.9	54.2	1.5	0.2
11	格尔木	5.7	0.5	−20.6	1.9	3115.8	77.2	298.2	52.1	2.5	0.4
12	诺木洪	5.3	0.5	−23.1	2.0	3132.1	108.1	267.7	67.7	3.0	0.3
13	都兰	3.6	0.6	−21.7	1.9	3064.0	90.1	299.5	72.0	1.9	0.2
14	茶卡	2.3	0.5	−26.2	2.0	3085.2	106.7	318.4	92.4	3.1	0.2
15	共和	4.6	0.6	−20.9	2.1	2945.1	79.4	342.6	93.2	2.1	0.2
16	西宁	6.1	0.8	−19.9	2.0	2556.8	107.9	447.8	90.6	1.1	0.4
17	贵德	7.5	0.5	−18.6	1.0	2873.2	59.0	323.8	48.7	1.8	0.2
18	民和	8.2	0.6	−17.8	2.0	2346.2	85.4	373.4	43.4	1.2	0.2
19	五道梁	−5.2	0.6	−31.4	2.0	2833.6	110.9	619.4	83.6	4.1	0.3
20	兴海	1.8	0.5	−26.6	2.0	2663.6	104.0	438.6	69.5	2.3	0.2
21	同德	1.1	1.0	−29.2	3.6	2880.9	68.8	335.8	78.7	2.8	0.7
22	同仁	6.0	0.6	−18.2	1.7	2550.6	96.8	426.3	71.1	1.5	0.1
23	沱沱河	−3.9	0.6	−34.2	2.6	2959.5	113.6	478.5	106.8	3.9	0.3
24	杂多	0.8	0.7	−28.5	2.5	2393.1	72.6	431.1	84.9	1.5	0.1
25	曲麻莱	−1.8	0.6	−31.1	1.6	2773.8	83.6	519.3	79.7	2.2	0.2
26	玉树	3.5	0.6	−23.1	2.8	2481.4	87.6	451.5	84.5	1.0	0.2
27	玛多	−3.4	0.7	−31.5	2.5	2902.4	103.8	432.3	48.9	2.9	0.2
28	清水河	−4.6	0.8	−38.3	3.2	2601.2	66.3	420.3	94.0	2.6	0.1
29	果洛	−0.3	0.6	−30.3	2.1	2665.0	72.7	452.5	51.0	2.1	0.1
30	达日	−0.4	1.0	−30.0	1.7	2454.9	74.0	415.8	84.0	2.0	0.2
31	河南	−0.2	0.9	−32.6	2.4	2428.0	87.3	472.2	85.5	2.0	0.3
32	久治	0.9	0.5	−27.0	1.9	2301.6	54.8	418.1	103.8	1.9	0.1
33	囊谦	4.4	0.6	−20.6	1.2	2555.6	94.6	521.6	134.2	1.3	0.2
34	班玛	2.9	0.6	−24.0	1.8	2405.4	68.6	419.0	81.7	0.8	0.2

青海省部分站点太阳辐射 表3.3-2

站点区号	站点名称	累年太阳辐射总量（MJ/m²）	标准差（MJ/m²）
52754	刚察	6510.49	216.03
52818	格尔木	6892.25	170.16
52886	西宁	5676.21	157.37
56029	玉树	6004.26	727.21
56043	果洛	6433.13	467.36

为了更直观地分析不同站点的气象特点，将表3.3-1中的各项气候要素绘制成柱状图，如图3.3-1~图3.3-5所示。

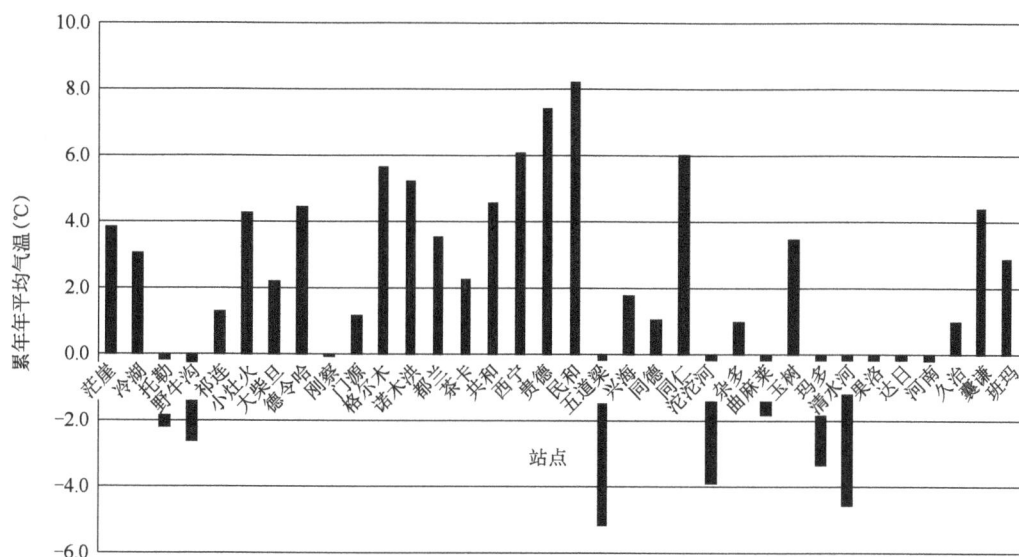

图3.3-1　青海省累年年平均气温

注：横坐标各站点名称从左到右是按照地图上地名从上至下、从左至右顺序排列的，余同。

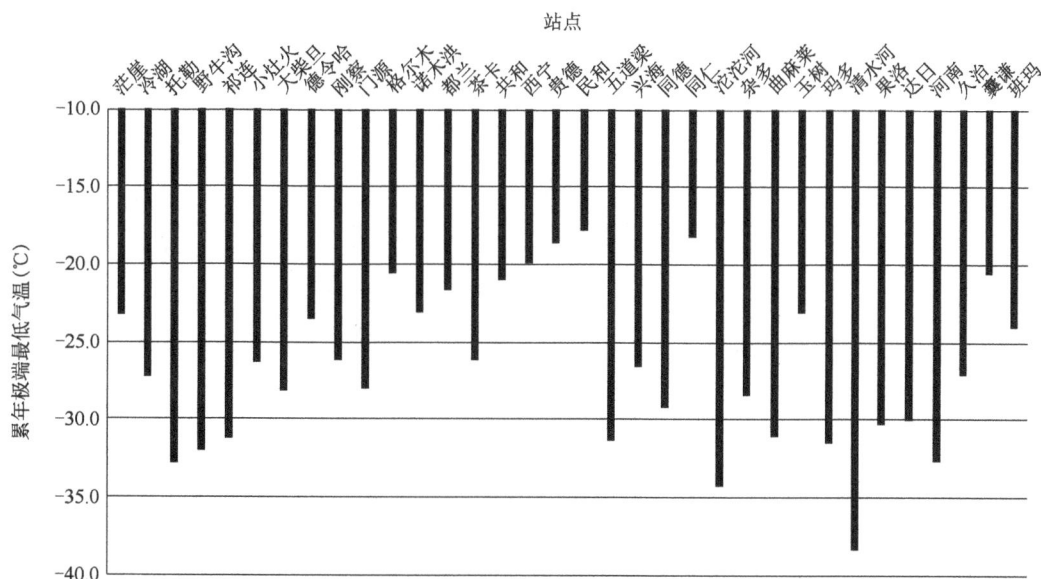

图3.3-2　青海省累年极端最低气温

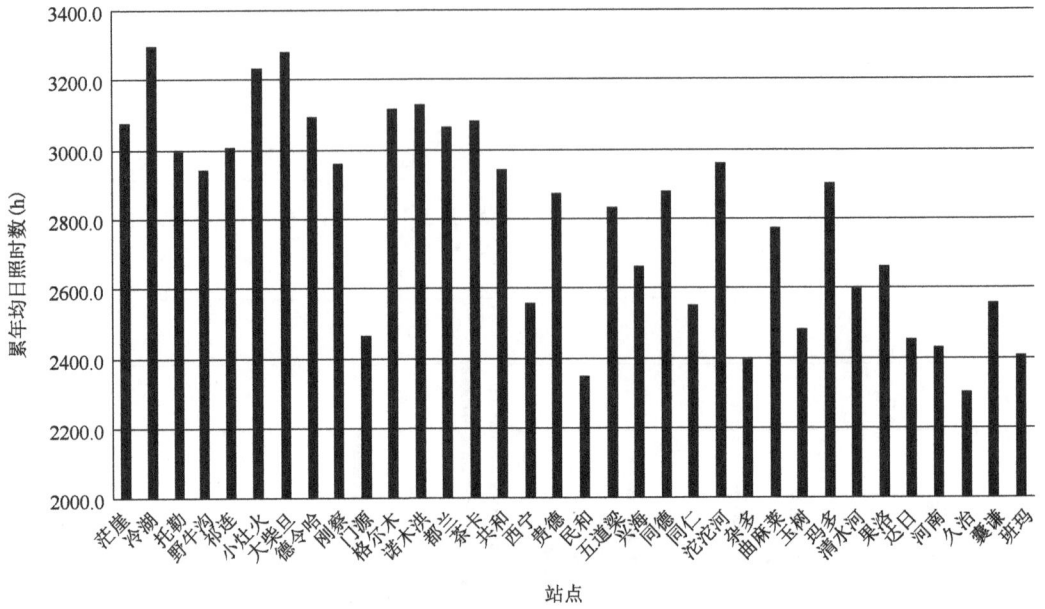

图 3.3-3　青海省累年均日照时数

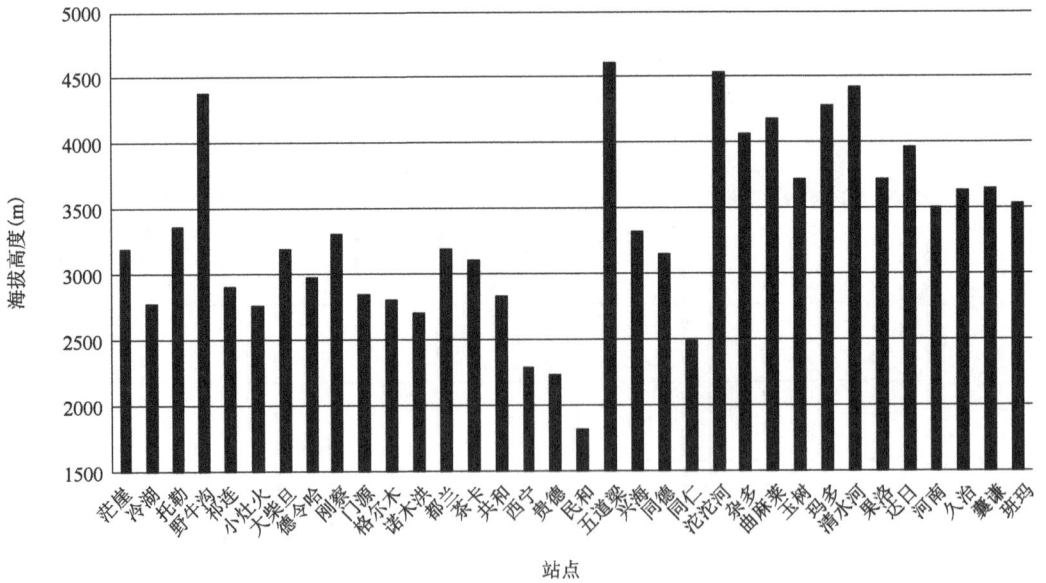

图 3.3-4　青海省不同站点海拔高度

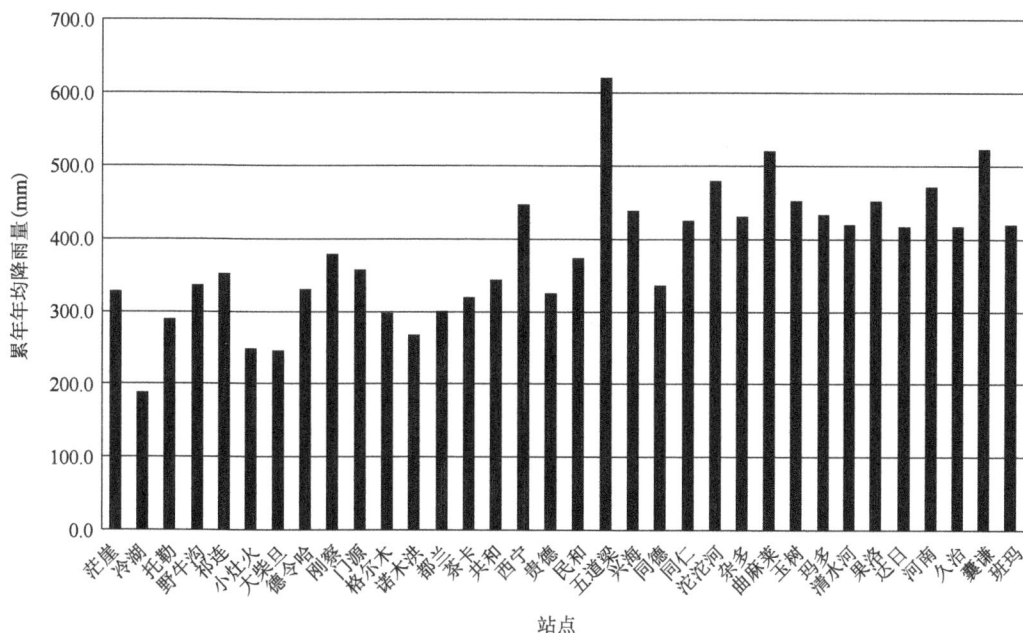

图 3.3-5　青海省累年年均降雨量

由图 3.3-1～图 3.3-5 可知,青海省的气象特点如下。

(1)气温。

青海省由于地处高海拔地区,常年低温,大部分站点年平均气温在 -5.2～8.2℃之间,同一站点不同年份的平均气温标准差较小,说明不同年份年平均气温较稳定,取近 20 年的气候资料研究具有可靠性。青海省东部地区以海东市民和附近偏暖,无霜期为 100～200d;五道梁、清水河、沱沱河、玛多、野牛沟、托勒等地,年平均气温均在 0℃ 以下,没有绝对无霜期;累年极端平均最低气温清水河最低(-38.3℃),民和最高(-17.8℃)。年极端最低气温主要出现在 1 月份,极少年份出现在 12 月份或 2 月份。

(2)太阳辐射量。

青海省累年太阳辐射总量可达 6892.25MJ/m²,仅次于西藏。相比青海省其他地区,西宁的日照时数在平均值以下,辐射不十分强烈,然而其辐射值可达到 5676.21MJ/m²。

(3)日照时数。

青海省地处中纬度地带,光照时间长,累年年均日照时数为 2301.6～3296.7h。不同站点日照时数变化情况可以分为两类:门源、西宁、民和、杂多、久治累年年均日照时数较少,冷湖、大柴旦、小灶火等年均日照时数最多。总体来讲,青海省最大日照时数与最小日照时数相差不明显。

(4)降雨量。

青海省累年降雨量不均匀,地域差异大,从东南到西北逐渐减少,总体降雨量小,年降雨量在 189.8～619.4mm。五道梁、囊谦、曲麻莱、沱沱河降雨量相对较多,年均降雨量在 470mm 以上,其余绝大部分地区年均降雨量在 400mm 以下。

3.3.3　累年月均气象数据统计与分析

为分析不同月份气温变化规律,以青海省茫崖、西宁和格尔木为例,对气温、日照等气象因素进行统计分析,结果如图 3.3-6～图 3.3-9 所示。

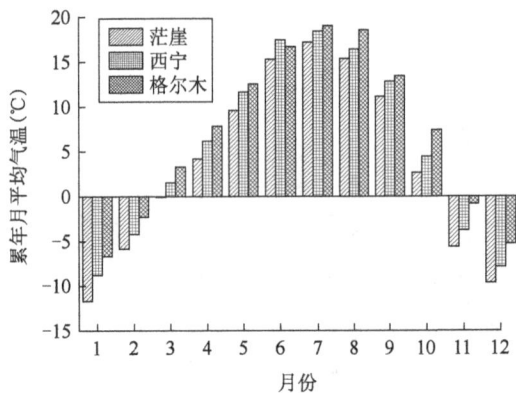

图 3.3-6 累年各月平均气温统计图

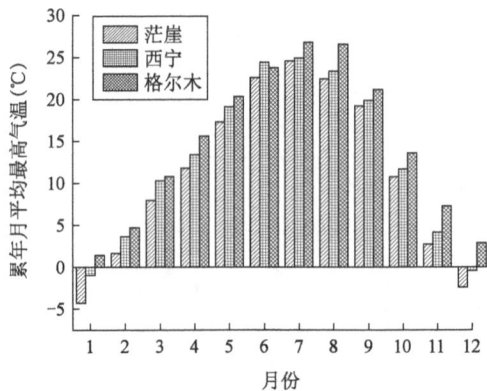

图 3.3-7 累年各月平均最高气温统计图

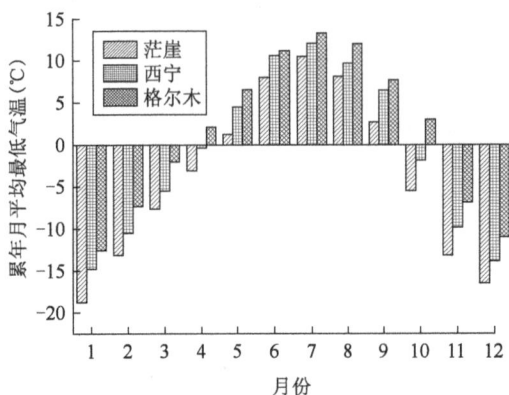

图 3.3-8 累年各月平均最低气温统计图

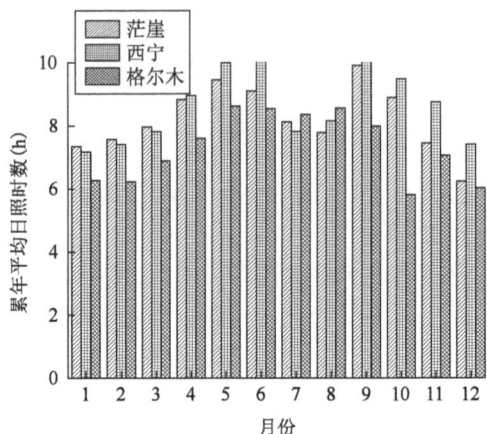

图 3.3-9 累年各月平均日照时数统计图

由图 3.3-6～图 3.3-9 可知,各个站点的累年各月平均气温和日照变化规律一致,年温差较大,全年各月份气温基本呈正态分布。因此,日照时数的变化体现在对气温的影响上。累年月平均最高气温出现在 7 月份,累年月极端最低气温出现在 1 月份。累年月平均日照时数较长的月份出现在 5 月、6 月和 9 月份。

3.3.4 典型气候特征分析

辐射强度和日照时数直接影响气温变化,气温变化直接影响沥青路面服役性能。因此,现以青海省典型的极端气温环境(1 月份低温和 7 月份高温)作为研究对象进行分析,结果见表 3.3-3。

累计全年典型不利气温统计(℃)   表 3.3-3

站点序号及名称		累年 1 月份平均气温		累年 1 月份 7d 最低气温		连续 7d 平均最高气温		累年 7 月份平均气温		累年 7 月份极端最高气温	
		平均值	标准差	平均值	标准差	平均值	标准差	平均值	标准差	平均值	标准差
1	茫崖	−11.1	3.0	−21.1	1.9	28.8	1.9	16.9	2.9	24.0	3.5
2	冷湖	−12.5	3.1	−24.5	1.9	30.2	2.2	17.7	3.0	25.4	3.4

续上表

站点序号及名称		累年1月份平均气温		累年1月份7d最低气温		连续7d平均最高气温		累年7月份平均气温		累年7月份极端最高气温	
		平均值	标准差	平均值	标准差	平均值	标准差	平均值	标准差	平均值	标准差
3	托勒	−17.3	3.3	−30.7	1.4	23.9	2.2	10.9	2.7	18.1	3.7
4	野牛沟	−17.0	3.4	−29.8	1.6	22.6	2.0	9.8	2.4	17.2	3.4
5	祁连	−13.3	3.0	−24.6	1.8	27.0	2.2	13.4	2.5	21.2	3.8
6	小灶火	−11.4	3.4	−24.1	1.8	31.1	2.0	17.3	3.1	25.5	3.9
7	大柴旦	−13.5	3.8	−26.0	2.2	28.0	2.5	16.0	3.4	22.4	3.9
8	德令哈	−11.0	3.6	−20.7	2.3	29.6	2.0	17.0	3.4	23.7	3.9
9	刚察	−13.6	3.1	−24.2	1.8	22.1	1.8	11.3	2.4	17.2	3.0
10	门源	−13.1	3.5	−25.1	2.2	25.6	2.2	12.5	2.4	20.2	3.7
11	格尔木	−8.9	2.8	−18.4	1.8	30.1	2.0	18.2	2.9	25.1	3.5
12	诺木洪	−9.7	3.3	−20.5	2.0	31.5	1.9	17.7	2.8	25.9	3.8
13	都兰	−10.0	3.6	−19.2	2.0	28.5	1.8	15.3	3.5	22.1	4.1
14	茶卡	−11.9	2.8	−23.9	1.9	26.3	1.7	14.5	2.7	21.3	3.4
15	共和	−9.4	2.9	−19.7	1.8	28.0	2.1	16.0	2.7	22.4	3.5
16	西宁	−7.8	2.8	−17.7	2.1	30.0	2.1	17.3	2.5	25.0	3.7
17	贵德	−6.1	2.6	−16.8	1.2	31.4	2.4	18.7	2.7	32.2	2.9
18	民和	−6.3	2.8	−15.4	2.0	32.0	2.0	20.0	2.8	33.3	1.8
19	五道梁	−16.8	3.5	−28.0	2.2	18.2	1.4	5.8	2.5	18.5	2.0
20	兴海	−11.4	3.6	−24.2	2.4	24.9	1.7	12.7	2.5	24.9	2.5
21	同德	−13.4	4.0	−26.8	3.6	25.5	2.2	11.5	2.1	25.3	2.5
22	同仁	−7.0	2.7	−15.8	1.5	29.3	2.1	16.6	2.6	29.5	2.5
23	沱沱河	−16.7	4.1	−30.1	2.9	20.4	1.4	7.7	2.2	20.1	1.6
24	杂多	−12.3	4.5	−24.9	3.2	22.7	1.5	11.0	2.0	22.0	1.2
25	曲麻莱	−14.0	3.9	−27.8	1.0	20.9	1.5	10.0	1.4	16.2	2.3
26	玉树	−8.0	4.5	−24.4	1.4	25.7	1.1	12.9	1.3	21.1	2.2
27	玛多	−15.6	3.9	−28.5	1.8	19.0	1.3	8.7	1.7	20.6	1.9
28	清水河	−20.8	6.4	−38.1	1.9	18.2	1.0	7.7	1.1	18.2	2.1
29	果洛	−13.1	3.8	−27.6	0.6	22.6	1.3	10.8	1.8	17.1	2.5
30	达日	−14.1	4.4	−27.3	1.1	20.5	1.0	10.2	1.8	16.4	2.0
31	河南	−13.3	3.3	−28.4	1.4	22.1	1.5	10.6	1.7	17.1	2.3
32	久治	−11.7	4.0	−26.7	1.6	22.2	1.0	11.0	2.1	17.2	2.5
33	囊谦	−8.7	3.9	−20.6	1.7	25.5	1.2	14.3	1.4	21.3	2.2
34	班玛	−8.9	3.5	−22.0	1.5	24.5	1.1	12.8	1.8	20.1	2.9

由表3.3-3发现,青海省累年1月平均气温在全年属于最冷月,其平均气温在 −6.1 ~ −20.8℃之间,其中低于 −15℃的站点有托勒、野牛沟、五道梁、沱沱河、玛多、清水河;累年1月份7d最低平均气温在 −15.4 ~ −39.1℃之间;累年7月份极端最高气温平均值在16.2 ~ 33.3℃之间,其中极端高温超过30℃的站点有贵德和民和,在太阳辐射较强的情况下路表温度会超过40℃。总体而言,所有站点均应重点考虑低温影响,在重载作用下,道路性能也应重视高温影响。

为了对比青海省不同站点年温差,将年均极端低温和高温进行比较,如图3.3-10所示。从图中可以看出,青海省最大年温差为72.4℃,不同站点累年年均极端低温变化起伏较大,最大低温温差为20.5℃,高温温差为17.1℃;年温差最大站点为清水河57.3℃,民和最热,清水河最冷。

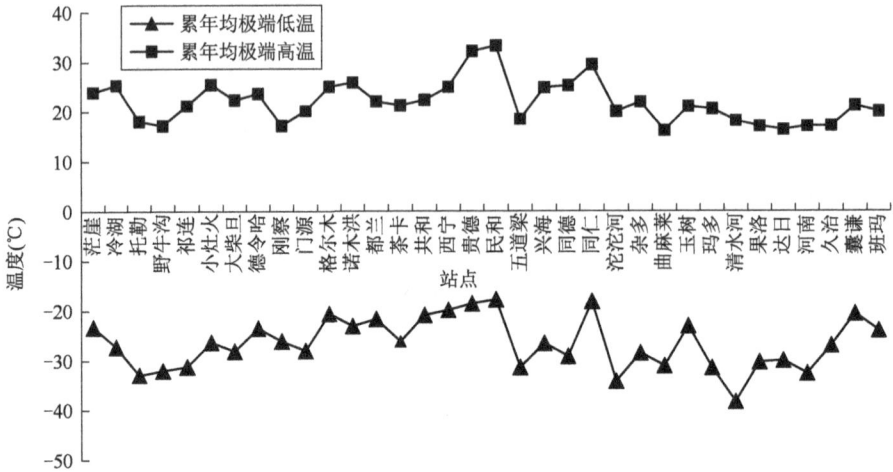

图 3.3-10 典型极端气温统计图

对青海省全年气温0℃以下的天数进行统计,见表3.3-4。从表中可以看出,一年中0℃以下天数最多的站点是五道梁243d,第二是沱沱河217d,第三是清水河216d,排名最后的是民和,0℃以下的天数只有101d。这进一步说明了青海省常年处于低温(平均气温0℃以下),且低温地区占据全省面积的60%以上。

青海省全年气温0℃以下的天数统计 表3.3-4

站点	天数(d)	排序	站点	天数(d)	排序
茫崖	146	23	民和	101	34
冷湖	155	21	五道梁	243	1
托勒	204	6	兴海	160	19
野牛沟	211	4	同德	161	17
祁连	161	17	同仁	119	30
小灶火	141	24	沱沱河	217	2
大柴旦	180	9	杂多	164	14
德令哈	172	11	曲麻莱	192	7
刚察	185	8	玉树	128	29
门源	160	19	玛多	206	5
格尔木	133	27	清水河	216	3
诺木洪	134	26	果洛	171	12
都兰	150	22	达日	171	12
茶卡	162	16	河南	175	10
共和	132	28	久治	164	14
西宁	115	31	囊谦	107	32
贵德	105	33	班玛	135	25

3.4 高海拔地区沥青路面气候要素插值模型及方法

3.4.1 利用 ArcGIS 建立气候数据库

地理空间数据是地理信息系统的操作对象和管理内容,它可以分为空间数据、属性数据和关系数据。其中,空间数据描述了空间地理的位置、形状、大小等与空间位置有关的要素;属性数据是描述空间实体所具有的各种性质的文本数据,如某特定气象站点的特定气候要素值;关系数据则是描述地理要素之间空间关系的数据,该空间关系一般用拓扑学来表达。

空间数据库的建设分两个步骤进行:第一步是建立空间图形数据库;第二步是建设与空间图形相关的属性数据库。

3.4.2 栅格数据库模型

栅格数据模型是地理空间划分的一种方法,一般是将地理空间划分为大小和形状一致的离散单元,通过单元格中的属性值计量一个单元属于何种地理实体,或者记录某一主题要素在该位置的数值。通过这种形式,可以使气象数据方便地在计算机中存储和读取。

对于栅格数据模型来说,空间连续数据的表达方式更为合理,可视化程度高,实现速度快。因此,将点矢量数据(.shp 文件)通过转换工具变为栅格数据,作为自然地理要素和区划指标的主要表示方法与分析数据模型。需要通过插值法利用仅有的点数据得到其分布范围内的面信息。

3.4.3 气候要素插值方法

调查青海省 34 个站点发现,东部气象站点相对密集,西部地域广阔,站点稀疏。通过插值的方法,可以为站点稀疏的地区提供较为精确的气候数据。气象站点分布与气候特征曲线结合,可以直观地区分各地区的气候状况。从理论上讲,气候要素的空间站点分布越密集,利用气象站点的数据进行气候分区的精度就越高。主要以气温(累年平均气温、累年极端低温、累年 1 月份 7d 最低气温、7 月份极端最高气温)、日照时数作为主要气候要素进行插值,并考虑降雨的影响。

在气象站点密度相同的情况下,插值方法的选取会对分区的效果产生较大影响。目前,常用的分区方法主要有克里金插值法、样条函数插值法、趋势插值法、反距离权重插值法等。其中,克里金插值是在待预测点的周围构建样本点的空间结构模型,模型的建立利用了样本点的统计规律,从而使样本点之间的空间自相关性定量化,该法最适宜在空间变量存在空间相关性的条件下使用;样条函数插值法最适合生成高程等平缓变化的表面;趋势插值法分为线型和逻辑型;反距离权重插值法的实质是以插值点与样点之间的距离为权重的一种加权平均法,距离越近,权重越高,这种权重赋予方法符合逻辑,也被广泛采用。本章主要采用反距离权重法、克里金法和样条函数法进行气候要素插值分析。

3.5 高海拔地区典型气候要素插值分析

3.5.1 气温

采用 ArcGIS 中的克里金插值法对气温进行插值分析,该方法可较好地与累年平均气温相关的因素形成自相关,样本点的插值结果规律性强。

(1)累年平均气温。

插值分析结果表明:青海省年平均温度较低,累年平均气温 0℃ 以下(包括 0℃)的站点有 10 个,分别为托勒、野牛沟、五道梁、沱沱河、曲麻莱、玛多、清水河、果洛、达日、河南;累年平均气温大于 5℃ 的站点有 6 个,分别为格尔木、诺木洪、西宁、贵德、民和、同仁;其他 18 个站点的累年平均气温在 0 ~ 5℃。

根据分析结果,累年平均气温最高区域为民和、贵德、同仁和西宁附近;温度较高区位于青海省西北区域,为茫崖、冷湖、大柴旦、诺木洪、格尔木、德令哈附近及囊谦周围;较冷地区位于托勒、野牛沟、杂多、久治等区域;最冷区位于达日、玛多、曲麻莱、清水河、五道梁、沱沱河一带。

(2)累年极端低温。

根据青海省累年极端低温等温线及分布结果,极端低温大致分为四个区域,以贵德为中心的民和、西宁、兴海、共和、同仁一带的冬温区;分别以诺木洪、格尔木、囊谦、茫崖为中心的冬冷区;以野牛沟为中心的托勒、刚察、门源、祁连一带,和托托河、五道梁、清水河、曲麻莱、玛多、达日等为极冷区。极端低温分布与海拔高度分布十分一致,海拔高的区域多有山脉分布。海北自治州以北受祁连山影响,海拔高度高、气温低;昆仑山脉横跨青海省海西蒙古族藏族自治州和玉树藏族自治州之间,附近的五道梁和沱沱河气温低;青海省东南部果洛藏族自治州以南高耸巴颜喀拉山,附近的清水河、曲麻莱、达日、玛多气温较低。

(3)累年极端高温。

青海省累年极端高温与极端低温分布图相辅相成,极端低温较高的区域极端高温就高,青海省最东部属最暖区,以民和温度最高,极端高温为 33.3℃,格尔木、诺木洪、小灶火和茫崖属次暖区。

3.5.2 日照时数

青海省累年日照时数等值线采用反距离权重插值法进行插值,这种插值方法与各站点的距离相关,距离越近,其属性关联度越高,反之距离越远则属性关联度越小,其插值结果可形成光滑平面或等值线图,是最常用的精确的空间插值方法之一。根据插值分布结果,青海省西北部日照时数较东部和东南部长,冷湖日照时数最长,约为 3296.8h/年;久治日照时数最短,约为 2301.6 h/年。日照时数等值线分布图与高温分布具有一致性,说明日照时数分布不会影响气候分区的差异,可以由高温指标反映日照时数的影响。

3.5.3 降雨量

青海省累年降雨量等值线采用反距离权重插值法进行插值。青海省的全年降雨量很小,全年降雨量最大地区在囊谦,为 521.9mm/年,青海省西南地区降雨量明显高于西北地区,降雨量全年分布不均匀,7 月份和 8 月份相对较集中。

根据以上气候子因素插值模型,日照时数与年均气温分布具有一致性,日照时数可以统一考虑为温度对沥青路面的影响,且海拔高、温差大、低温期长也主要体现在气温复杂性对沥青路面服役性能的影响。因此,影响沥青路面气候分区的主要因素最终体现在气温和降雨,在国家气候区划的基础上,进一步细化青海省的气候分区,并建立了相应的沥青 PG 分级体系,为青海省不同区域沥青的选择提供参考。

3.6 高海拔地区沥青路面气候分区与沥青 PG 分级

3.6.1 高海拔地区沥青路面气候分区

我国《公路沥青路面施工技术规范》(JTG F40—2004)中对沥青路面气候分区做了阐述,分别考虑了高温车辙、低温裂缝和水稳定性三个方面,其中主要的气候因素为高/低温和降雨量。高温分区是依据近 30 年最热月日最高气温平均值,划分了 3 个高温区:Ⅰ——夏炎热区(>30℃),Ⅱ——夏热区(20~30℃),Ⅲ——夏凉区(<20℃)。低温分区是依据近 30 年的极端最低气温平均值进行划分,划分为 4 个区:A——冬严寒区(< -37℃),B——冬寒区(-37~-21.5℃),C——冬冷区(-21.5~-9.0℃),D——冬温区(> -9℃)。降雨量分区是依据近 30 年的年降雨量平均值进行划分,分为 4 个区:1——潮湿区(>1000mm),2——湿润区(1000~500mm),3——半干区(500~250mm),4——干旱区(<250mm)。

通过对青海地区近 20 年的气象数据进行分析,参照我国《公路沥青路面施工技术规范》(JTG F40—2004),采用三级区划方式划分了青海省沥青路用性能的气候分区:Ⅰ-C-3 夏炎热冬冷半干旱、Ⅱ-B-3 夏热冬寒半干旱、Ⅱ-B-4 夏热冬寒干旱、Ⅱ-C-3 夏热冬冷半干旱、Ⅱ-C-2 夏热冬冷湿润、Ⅲ-B-4 夏凉冬寒干旱、Ⅲ-B-2 夏凉冬寒湿润、Ⅲ-A-3 夏凉冬严寒半干旱区,详见表 3.6-1。三个符号综合反映该地区的气候类型,第一个希腊数字越小、中间字母顺序越靠前、最后一个阿拉伯数字越小,反映气候因素对沥青材料性能的影响越严重。

青海省气候分区及命名　　　　　　　　　　　　　表 3.6-1

高温分区			低温分区			干湿分区			综合名称	包括的区域
区号	名称	高温(℃)	区号	名称	低温(℃)	区号	名称	降雨量(mm)		
Ⅰ	夏炎热	>30	C	冬冷	-21.5~9.0	3	半干旱	250~500	夏炎热冬冷半干旱	贵德、民和
Ⅱ	夏热	20~30	B	冬寒	-37~21.5	3	半干旱	250~500	夏热冬寒半干旱	茫崖、祁连、德令哈、门源、诺木洪、都兰、茶卡、兴海、同德、沱沱河、杂多、玉树、玛多、班玛
						4	干旱	<250	夏热冬寒干旱	冷湖、小灶火、大柴旦
			C	冬冷	-21.5~-9.0	3	半干旱	250~500	夏热冬冷半干旱	格尔木、共和、西宁、同仁
						2	湿润	1000~500	夏热冬冷湿润	囊谦

15

高温分区			低温分区			干湿分区			综合名称	包括的区域
区号	名称	高温(℃)	区号	名称	低温(℃)	区号	名称	降雨量(mm)		
Ⅲ	夏凉	<20℃	B	冬寒	-37 ~ -21.5	4	干旱	<250	夏凉冬寒干旱	托勒、野牛沟、刚察、果洛、达日、河南、久治
						2	湿润	1000 ~ 500	夏凉冬寒湿润	五道梁、曲麻莱
			A	冬严寒	< -37	3	半干旱	250 ~ 500	夏凉冬严寒半干旱	清水河

根据表 3.6-1 对青海省各站点的气候分区,综合采用各气候要素插值分区方法,在 ArcGIS 软件中对青海省进行区域划分,并润色加以区分,最终可得到青海省沥青路面气候分区图。

3.6.2　高海拔地区沥青 PG 分级

《公路沥青路面设计规范》(JTG D50—2017)对于沥青结合料低温性能提出采用连续 10 年最低温度平均值作为路面设计温度,采用路面设计温度提高 10℃ 时的小梁弯曲蠕变试验评价沥青的低温性能。但是对于青海省不同地区沥青具体如何选择,并没有明确规定。根据沥青 PG 分级理论,对青海省不同区域进行沥青分级。美国 Superpave 基于沥青结合料性能将沥青分为高温等级和低温等级:高温等级有 46、52、58、64、70、76、82 共 7 个,低温等级有 -10、-16、-22、-28、-34、-40、-46 共 7 个。选择沥青结合料等级的设计温度是路面温度而不是气温,高温等级的温度是指路表以下 2cm 深度处的温度,低温等级的设计温度是指路表温度。

(1)高温设计指标的确定。

美国公路战略研究计划(SHRP)中指出,高温条件下,路表温度是由路表的热气流决定的,而路表热气流是由多方面的气候因素决定的,可由式(3.6-1)表示:

$$热流 = 直接太阳辐射 + 热扩散 \pm 空气对流 \pm 热传导 - 路面体的辐射 \quad (3.6-1)$$

在实际研究过程中,为了简化计算,Huber 经过理论推导得到了路表最高温度的模型,模型参数包括日最高气温和纬度,结合我国其他地区 PG 分级的文献资料,将气温转换为路表以下 2cm 的路面设计高温 T_{2cm},如式(3.6-2)所示:

$$T_{2cm} = (T_{air} - 0.00618L_{at}^2 + 0.2289L_{at} + 42.2) \times 0.9545 - 17.78 \quad (3.6-2)$$

式中:T_{2cm}——路表以下 2cm 深度处最高路面设计温度(℃);

T_{air}——7d 平均最高气温(℃);

L_{at}——气象站点的地理纬度。

(2)低温设计指标的确定。

低温设计温度是指在一定保证率下路面结构层内的低温温度,目前确定这一温度的方法中,用 SHRP 公式计算的结果偏于安全,它假定路面低温设计温度与最低气温相同。SHRP 公式的表达式为:

$$T_{min} = T_{air2} \quad (3.6-3)$$

式中:T_{min}——最低路面设计温度(℃);

$\quad\quad T_{air2}$——平均年最低气温(℃)。

由此可以得出 PG 分级的青海省沥青高低温设计温度,计算结果见表3.6-2。

青海省沥青路面高低温设计温度预测结果

表3.6-2

站点序号及名称		纬度(°)	累年连续7d 最高气温(℃)		累计平均极端低温(℃)		T_{2cm}(℃)	T_{min}(℃)
			温度	标准差	温度	标准差		
1	茫崖	38.15	28.8	1.9	−23.3	1.2	51.7	−23.3
2	冷湖	38.45	30.2	2.2	−27.2	1.8	52.9	−27.2
3	托勒	38.48	23.9	2.2	−32.9	1.7	46.9	−32.9
4	野牛沟	38.25	22.6	2.0	−32.0	1.3	45.7	−32.0
5	祁连	38.11	27.0	2.2	−31.2	3.4	50.0	−31.2
6	小灶火	37.21	31.1	2.0	−26.3	1.4	54.1	−26.3
7	大柴旦	37.51	28.0	2.5	−28.1	1.9	51.0	−28.1
8	德令哈	37.22	29.6	2.0	−23.5	2.6	52.6	−23.5
9	刚察	37.23	22.1	1.8	−26.1	2.0	45.5	−26.1
10	门源	37.23	25.6	2.2	−28.0	2.9	48.8	−28.0
11	格尔木	36.417	30.1	2.0	−20.6	1.9	53.3	−20.6
12	诺木洪	36.433	31.5	1.9	−23.1	2.0	54.6	−23.1
13	都兰	36.3	28.5	1.8	−21.7	1.9	51.8	−21.7
14	茶卡	36.79	26.3	1.7	−26.2	2.0	49.6	−26.2
15	共和	36.267	28.0	2.1	−20.9	2.1	51.3	−20.9
16	西宁	36.717	30.0	2.3	−19.9	2.0	53.1	−19.9
17	贵德	36.033	31.4	2.4	−18.6	1.0	54.6	−18.6
18	民和	36.317	32.0	2.0	−17.8	2.0	55.1	−17.8
19	五道梁	36.217	18.2	1.4	−31.4	2.0	42.0	−31.4
20	兴海	36.583	24.9	1.7	−26.6	2.0	48.3	−26.6
21	同德	35.24	25.5	2.2	−29.2	3.6	49.1	−29.2
22	同仁	35.517	29.3	2.1	−18.2	1.7	52.7	−18.2
23	沱沱河	34.217	20.4	1.4	−34.2	2.6	44.5	−34.2
24	杂多	32.9	22.7	1.5	−28.5	2.5	46.9	−28.5
25	曲麻莱	34.133	20.9	1.5	−31.1	1.6	45.0	−31.1
26	玉树	33.017	25.7	1.1	−23.1	2.8	49.7	−23.1
27	玛多	34.917	19.0	1.3	−31.5	2.5	43.0	−31.5
28	清水河	33.8	18.2	1.0	−38.3	3.2	42.4	−38.3
29	果洛	34.467	22.6	1.3	−30.3	2.1	46.5	−30.3
30	达日	33.75	20.5	1.0	−30.0	1.7	44.6	−30.0
31	河南	34.733	22.1	1.5	−32.6	2.4	46.0	−32.6
32	久治	33.433	22.2	1.0	−27.0	1.9	46.3	−27.0
33	囊谦	32.2	25.5	1.2	−20.6	1.2	49.7	−20.6
34	班玛	32.933	24.5	1.1	−24.0	1.8	48.6	−24.0

（3）沥青的 PG 分级。

青海省沥青与沥青结合料 PG 分级结果见表 3.6-3。

青海省沥青与沥青结合料 PG 分级建议值 表 3.6-3

站点	设计温度（℃）		基准 PG 等级	常用 PG 等级	推荐 PG 等级	站点	设计温度（℃）		基准 PG 等级	常用 PG 等级	推荐 PG 等级
	高温	低温					高温	低温			
茫崖	51.7	−23.3	PG52-28	PG64-28	PG70-28	民和	55.1	−17.8	PG58-22	PG64-22	PG70-22
冷湖	52.9	−27.2	PG58-28	PG64-28	PG70-28	五道梁	42.0	−31.4	PG46-34	PG52-34	PG58-34
托勒	46.9	−32.9	PG52-34	PG58-34	PG64-34	兴海	48.3	−26.6	PG52-28	PG58-28	PG64-28
野牛沟	45.7	−32.0	PG46-34	PG52-34	PG58-34	同德	49.1	−29.2	PG52-34	PG58-34	PG64-34
祁连	50.0	−31.2	PG52-34	PG58-34	PG64-34	同仁	52.7	−18.2	PG58-22	PG64-22	PG70-22
小灶火	54.1	−26.3	PG58-28	PG64-28	PG70-28	沱沱河	44.5	−34.2	PG46-40	PG52-40	PG58-40
大柴旦	51.0	−28.1	PG52-34	PG58-34	PG64-34	杂多	46.9	−28.5	PG52-34	PG58-34	PG64-34
德令哈	52.6	−23.5	PG58-28	PG64-28	PG70-28	曲麻莱	45.0	−31.1	PG46-34	PG52-34	PG58-34
刚察	45.5	−26.1	PG46-34	PG52-34	PG58-34	玉树	49.7	−23.1	PG52-28	PG58-28	PG64-28
门源	48.8	−28.0	PG52-34	PG58-34	PG64-34	玛多	43.0	−31.5	PG46-34	PG52-34	PG58-34
格尔木	53.3	−20.6	PG58-28	PG64-28	PG70-28	清水河	42.4	−38.3	PG46-40	PG52-40	PG58-40
诺木洪	54.6	−23.1	PG58-28	PG64-28	PG70-28	果洛	46.5	−30.3	PG52-34	PG58-34	PG64-34
都兰	51.8	−21.7	PG52-22	PG58-22	PG64-22	达日	44.6	−30.0	PG46-34	PG52-34	PG58-34
茶卡	49.6	−26.2	PG52-28	PG58-28	PG64-28	河南	46.0	−32.6	PG52-34	PG58-34	PG64-34
共和	51.3	−20.9	PG52-22	PG58-22	PG64-22	久治	46.3	−27.0	PG52-28	PG58-28	PG64-28
西宁	53.1	−19.9	PG58-22	PG64-22	PG70-22	囊谦	49.7	−20.6	PG52-22	PG58-22	PG64-22
贵德	54.6	−18.6	PG58-22	PG64-22	PG70-22	班玛	48.6	−24.0	PG52-28	PG58-28	PG64-28

通过对青海省高、低温设计温度的计算,确定了青海省沥青的 PG 等级,但是由于标准等级之间相差 6℃ 的分级体系,往往会造成选择沥青和沥青混合料的安全因子偏大,应用时应意识到选择过程包含的安全因素,比如低温设计指标采用的是最低气温,路面温度一般高于气温,这是制定设计指标时的安全性考虑。综合以上分析,建议青海省各站点使用沥青结合料推荐 PG 等级(特别是高等级公路使用的结合料等级)。

3.6.3 ArcGIS 和 PG 分级结果对比

ArcGIS 分区结果与推荐 PG 分级结果对比见表 3.6-4。由表 3.6-4 可发现,青海省基于 AcrGIS 分区为 8 个,按 PG 分级可分为 7 个,主要原因是 PG 分级未考虑太阳辐射和降雨的影响,两种方法确定的分区对于部分站点沥青的选择具有一致性。囊谦单独划为一个区,综合了高温稍低、低温稍高、降雨量偏多的因素;清水河单独划分为一个区,其突出特点是冬天温度极低且降雨量居中。基于 AcrGIS 插值模型的分区方法综合考虑了日照时数、太阳辐射与降雨量的影响,分区更精细。

分区结果对比

表 3.6-4

ArcGIS 分区		PG 分级	
分区	站点	推荐 PG 分级	站点
Ⅰ-C-3 夏炎热冬冷半干旱	贵德、民和	PG70-22	西宁、贵德、同仁、民和
Ⅱ-B-3 夏热冬寒半干旱	茫崖、祁连、德令哈、门源、诺木洪、都兰、茶卡、兴海、同德、沱沱河、杂多、玉树、玛多、班玛	PG70-28	茫崖、冷湖、小灶火、德令哈、格尔木、诺木洪
Ⅱ-B-4 夏热冬寒干旱	冷湖、小灶火、大柴旦	PG64-22	囊谦、都兰、共和
Ⅱ-C-3 夏热冬冷半干旱	格尔木、共和、西宁、同仁	PG64-28	兴海、茶卡、玉树、久治、班玛
Ⅱ-C-2 夏热冬冷湿润	囊谦	PG64-34	杂多、托勒、祁连、大柴旦、门源、同德、河南、果洛
Ⅲ-B-4 夏凉冬寒干旱	托勒、野牛沟、刚察、果洛、达日、河南、久治	PG58-34	五道梁、野牛沟、刚察、曲麻莱、玛多、达日
Ⅲ-B-2 夏凉冬寒湿润	五道梁、曲麻莱	PG58-40	沱沱河、清水河
Ⅲ-A-3 夏凉冬严寒半干旱区	清水河		

本章参考文献

[1] 沈金安.沥青及沥青混合料路用性能[M].北京:人民交通出版社,2001.

[2] 郭兵.太阳总辐射与日照时数相关关系的区域模型分析[D].西安:西安建筑科技大学.2006.

[3] 陈志泊.GIS 中栅格数据时空数据模型及其应用的研究[D].北京:北京林业大学,2005.

[4] 李德仁,关泽群.将 GIS 数据直接纳入图像处理[J].武汉大学学报(信息科学版),1999,24(1):1-5.

第4章
高海拔地区
沥青结合料改性技术

　　高寒高海拔地区具有特殊的地理环境,其最显著的特点是年平均气温低、紫外线辐射强烈。此外,部分地区还存在温差大、干湿循环和冻融循环严重等特征。在这些复杂恶劣的气候条件下,沥青路面的疲劳损伤与材料劣化速度显著增加,路面结构极易损坏。这主要是因为在紫外线和低温严酷环境下沥青发生老化及低温性能衰减,致使其与石料黏结效果降低,再加上冻融循环和干湿循环下沥青混合料孔隙率的变化、微裂纹的产生、沥青乳化、动水压力等作用进一步削弱了沥青与集料之间界面黏结力,路面结构强度与整体稳定性降低,在车载重复作用下路面逐渐破坏。

　　为改善高寒高海拔地区沥青路面耐久性,国内外学者在路面材料、混合料级配、路面结构类型等方面做了大量研究。众所周知,沥青混合料低温抗裂能力及耐老化能力在很大程度上有赖于其结合料改性沥青抵抗变形能力和弹性恢复能力的发挥,所以,采用不同种类的改性剂制备不同使用性能的改性沥青,降低沥青性能衰减速率,制备满足不同使用要求的改性沥青,成为研究热点。目前,在高寒、高海拔地区多选用高标号的克拉玛依基质沥青,改性剂主要有苯乙烯-丁二烯-苯乙烯(SBS)、丁苯橡胶(SBR)、废旧胶粉等。此外,还会添加一些抗老化外加剂、紫外线吸收剂等。但目前单一改性剂制备的改性沥青已不能满足路面使用性能多样化的要求。由于超叠加效应的影响,随着复合改性技术的出现和推广,以上问题逐渐得到缓解。高寒高海拔地区气候条件恶劣,复杂的环境要求沥青路面使用功能多样化。因此,开发具有优良使用性能的复合改性沥青显得尤为重要,这也是近年来高寒高海拔地区改性沥青材料的发展趋势。

4.1 高海拔地区高性能改性沥青制备

4.1.1 高寒高海拔地区用改性沥青研究现状

国外早在 20 世纪初已经用聚合物进行改性沥青制备,英国、法国、荷兰等国较早修筑了橡胶沥青路面,并取得了良好的使用效果。20 世纪 50 年代以来,美日等国逐渐开始用胶粉和丁苯橡胶改性沥青,随着对改性沥青的研究越来越多,日本通过一系列研究及试验路铺筑,率先研发了性能优异的改性沥青并在国内大范围使用。20 世纪 80 年代后,美国投入大量资金解决沥青路面病害问题,开展了 SHRP 研究规划,形成了很多研究成果并被越来越广泛地采用。在此发展过程中,很多公司推出了各具特色的改性沥青产品并享誉世界,例如壳牌(Shell)公司生产的 SBS 改性沥青、日本橡胶公司生产的 SBR 改性沥青、ESSO 公司生产的 EVA 改性沥青等。

高寒地区诸如加拿大、俄罗斯等国很早便开始了聚合物改性沥青、乳化沥青及聚合物改性乳化沥青等的研究和应用。臧恩穆早年间赴加拿大公路考察团考察后指出,加拿大气候寒冷,所以其非常重视路面沥青材料的研究,早期主要利用废弃橡胶制品和废弃塑料进行改性沥青制备,这种改性沥青价格低廉,且具有优良低温抗裂性和高温性能,延长了路面 2~3 倍的使用寿命。例如,加拿大阿什考乳化沥青公司生产了性能优异、种类齐全的桶装乳化沥青。

我国在青藏高寒高海拔地区沥青道路的建设较缓慢,20 世纪 70 年代时交通部专门成立了青藏公路科研组,对多年冻土地区路基路面技术进行了研究。经过三期的科学研究,直到21 世纪初,研究解决了高原冻土区的几大难题,制定了寒区公路建设规范,指导了该地区工程的设计、施工、养护,形成了基础的寒区沥青道路建设框架。但是,针对具体的寒区沥青道路使用材料、结构、最佳级配等工作还没有展开研究。近 20 年来,针对高寒高海拔具体特色,我国科研工作者对沥青路面材料、路面结构、级配等做了大量研究,其中针对沥青材料的研究也越来越多。

近年来,对于高寒高海拔地区沥青结合料的研究主要是通过加入不同的改性剂产品,改善沥青性能,降低沥青使用性能衰减速率,制备满足不同性能需求的改性沥青产品。高寒高海拔地区气温低、紫外线强烈,此地区沥青路面上面层使用的沥青材料必须具有良好的低温抗裂性能及耐紫外线老化性能。

1)改善沥青材料低温抗裂性能

丁兰研究了基质沥青及 SBR 改性沥青混合料的低温稳定性,结果表明 SBR 改性沥青混合料有更加优异的低温性能,这是因为 SBR 的作用使 SBR 改性沥青在低温时仍具有良好的弹性及变形能力,并有一定抗拉伸强度,所以 SBR 改性沥青混合料比基质沥青混合料低温抗裂性能更佳。

Stastna 等研究了 SBS 改性沥青机理,发现 SBS 中硬段聚苯乙烯之间形成了一种三维网状结构,聚苯乙烯末端连接起来作为"骨架结构"增强了沥青劲度,对沥青高温性能起决定作用,而连接"骨架结构"的聚丁二烯软段连接体使沥青表现出高弹性的特点;SBS 改性沥青从低温到高温转变时,沥青也逐渐从黏弹性流体向牛顿流体变化;SBS 改性沥青的老化包括沥青的老化及改性剂的老化,沥青结构发生转变。SBS 改性沥青在高温下不软化、在低温下不发脆,能够有效预防温度下降而使路面结构产生的温度收缩应力,对减少路面的低温开裂具有明显的效果。

房建宏对硫化杜仲胶改性沥青在西部高寒地区的应用进行了探讨,结果表明低碳环保的硫化杜仲胶改性沥青低温性能突出,适合西部高寒地区对低温性能要求高的特点。

王国安研究了硅藻土改性沥青在多年冻土地区使用性能,指出硅藻土改性沥青相比基质沥青黏度更大、沥青和矿料间黏结力也更加优良,硅藻土可结合沥青混合料中自由沥青,形成"结构沥青",提高界面层厚度,抵抗外界更大的应力作用,沥青混合料产生应力松弛,变形能力增加,低温抗裂性能提高。

2)改善沥青材料耐紫外老化性能

徐鸥明对紫外线作用下沥青官能团和玻璃化温度变化进行了研究,认为在一定老化时长后,基质沥青达到深度老化状态,亚砜基及羧基官能团增多,再延长老化时间性能指标变化不大,老化沥青官能团、玻璃化转变温度、比热容等趋于稳定。叶昌勇等对比研究了紫外线老化对 SBS 及 SBR 改性沥青混合料性能影响,结果表明使用两种改性剂对沥青改性可提高沥青混合料抗紫外线老化能力,老化后的 SBS 沥青混合料性能更佳,适合在强紫外线地区推广应用,但 SBS 改性沥青在高寒地区使用时耐低温性能稍显不足。

刘黎萍等对 SBS 及 SBR 改性沥青抗紫外线老化能力进行了研究,结果表明 SBR 改性沥青相比 SBS 改性沥青有更好的抗短期老化能力,老化后的 SBR 改性沥青有更好的低温性能,但 SBR 改性沥青经过紫外线老化后低温性能骤减,SBR 抗紫外老化能力弱,在高寒高海拔地区使用时应慎重考虑。

董文龙研究了抗紫外线老化剂、抗氧化剂等添加剂剂量对沥青紫外线老化性能影响,结果表明在合适掺量下,添加剂对沥青抗紫外线老化能力有较大提升,但目前有良好使用性能的添加剂较少,且成本较高。

3)复合改性改善沥青材料综合性能

周雪艳研究了不同种类沥青制备的沥青混合料低温抗裂性能,结果表明沥青种类对沥青混合料低温抗裂性有很大影响,SBS 改性沥青低温弯拉强度高,SBR 改性沥青低温弯拉应变大,而 SBS/SBR 复合改性沥青混合料兼顾了二者的优势,低温性能最优。由于 SBS 和 SBR 改性沥青抗紫外线老化能力不一,所以复合改性沥青也可以改善单一改性抗紫外线老化能力不足的问题。

杨光等研究了橡胶粉/SBS 复合改性沥青在季冻区的使用性能,结果表明,橡胶粉/SBS 复合改性沥青混合料比单一改性沥青混合料具有更好的高低温及疲劳性能,适合在季冻地区沥青路面使用。

张涛、Liu Hying 等通过在 SBR 改性沥青中加入多聚磷酸制备 SBR 复合改性沥青混合料,研究了多聚磷酸对改性沥青混合料性能影响,结果表明加入多聚磷酸后制备的 SBR 复合改性沥青混合料改善了沥青混合料路用性能,经过热老化及紫外线老化后,加入多聚磷酸的 SBR 复合改性沥青混合料的低温抗裂性能及耐疲劳性能大大提升。

沥青路面的高温性能研究目前已初具成果,较为成功的材料有纤维类、聚合物类、胶粉类等,可以从理论上来分析其作用效果与改善程度。不同于高温性能的研究,沥青路面的低温性能研究目前存在较大的技术缺陷,还不能完全从理论角度来预测某一种改性材料的低温表现。

4.1.2　废旧胶粉改性沥青

随着各国经济发展与基础交通设施的大规模兴建,废弃橡胶材料回收再利用技术得到了长足发展,橡胶粉改性沥青(CRMA)这一课题也得到各国的高度重视,使橡胶粉改性沥青混合料这种新型混合料在很多地区得到了推广及广泛的应用。

在1980年左右,上海公路局首先将橡胶粉改性沥青作为水泥混凝土路面的填缝料使用,开创了这一材料在我国路用的先河。20世纪80年代中期,同济大学道路试验室吕伟民对橡胶粉改性沥青进行了初步的系统研究,发现橡胶粉可以降低沥青的低温脆性、提高黏结力、降低温度敏感性、提升弹性与韧性,同时探索了橡胶粉改性的方法与配方,对胶粉类型、细度、橡胶含量都有初步探索。

废旧轮胎实际上是一种资源,应该加以充分利用。橡胶粉应用非常广泛,在高速公路建设过程中,采用橡胶粉制备成橡胶沥青,铺筑沥青路面,已得到广泛应用。橡胶沥青路面不仅具有良好的抗车辙性能和低温抗裂性能,而且还具有延长路面寿命、降低交通噪声的功能,应用前景十分广阔。将废旧轮胎磨细的胶粉应用于沥青路面的技术方法多种多样,胶粉的粒度、用量千差万别。特别是近年来,随着科学技术的发展,尤其是沥青路面新结构类型的出现,以及各种材料的研发,使得橡胶粉在沥青路面中的应用方法也呈现百花齐放、多样发展的趋势。

由于胶粉原材料的来源具有多渠道和多样性的特点,胶粉对橡胶改性沥青的路用性能有较大的影响,因此必须对胶粉的基本指标进行控制,以稳定胶粉产品质量,保证胶粉有较好的使用性能。此外,由于胶粉的化学成分的差异,对改性沥青的性能也产生了不同的影响。胶粉的主要化学成分有合成橡胶、天然橡胶、可塑剂、炭黑及灰分等。其中,天然胶含量的不同会对橡胶改性沥青的性质产生显著影响。

由于胶粉的自身结构稳定,表面活性较低,其在沥青改性过程中很难与沥青发生反应。在实际应用中发现,胶粉与沥青之间的交联状态不稳定会导致胶粉团聚沉降,胶粉改性沥青黏度和软化点差过大,这大大增加了胶粉改性沥青的施工难度。且胶粉改性沥青存在黏度较高、易离析、施工和易性能和低温性能不足等问题。因此,许多学者在相关应用领域研究的基础上,对胶粉进行脱硫活化,以改善胶粉在其他材料中的分散性与界面黏结性,提高相容性。脱硫活化可定义为通过物理作用或化学反应,使橡胶大分子的三维交联网络结构遭到破坏,导致硫-硫(S-S)和碳-硫(C-S)化学键选择性断裂的过程,使材料恢复线性分子链结构,恢复可塑性,提高活性,从而达到改善胶粉与其他材料相容性的目的。活化后胶粉表面更加粗糙,部分橡胶恢复生胶性质,其与沥青相容性大幅度增强;胶粉活化后胶粉改性沥青的离析度较小、黏度合适、低温性能良好。

胶粉可显著改善沥青路面的耐久性、延长使用寿命、降低建设养护成本。然而,胶粉改性沥青也具有高温黏度大、沥青易离析、施工质量难以控制等特点,易导致孔隙率大,对沥青混合料的水稳定性能及抗冻性能的影响较为明显,制约了其在沥青路面中的广泛应用。为了增加胶粉与沥青的相容性,提高其储存性能,可采用物理手段或化学手段,促进胶粉与沥青的共混反应,进而改善胶粉改性沥青的各项性能。

1)废旧胶粉改性沥青机理

废旧胶粉对沥青改性的机理非常复杂,目前主要有以下几种观点:物理共混学说、网络填充学说、化学共混学说、溶胀降解学说等。物理共混学说认为,在胶粉改性沥青中,胶粉颗粒中的大分子仅在沥青中的饱和分和芳香分的作用下发生溶胀和部分溶解,沥青和胶粉之间只发生物理作用,在此作用下胶粉颗粒可均匀分散于沥青中。网络填充学说认为胶粉颗粒中的大分子在沥青中的饱和分和芳香分的作用下发生溶胀和部分溶解,以颗粒和丝状形态随机分布在基质沥青中。化学共混学说认为在沥青中含有羟基、脂基等可与许多物质发生化学反应的活性官能团,在 CRMA 中加入硫化剂、促进剂和其他助剂,在活性官能团的作用下发生硫化反应,产生化学交联,形成硫化大分子网络结构,使胶粉颗粒均匀稳定地分散在沥青中。溶胀降解学说认为,在较低的温度下胶粉颗粒在沥青中发生溶胀,在较高温度下胶粉颗粒中的分子间的交联网络被破坏,发生降解、脱硫反应,CRMA 中同时存在物理和化学作用。

这些学说在胶粉和沥青共混过程中都有可能正确,其中溶胀降解学说较为成熟,包含了前面几种学说中的内容。实际上,溶胀降解学说认为 CRMA 主要有几个过程:物理溶胀、化学降解或脱硫。也就是说在 CRMA 中,胶粉颗粒首先吸收沥青中的轻质油分发生溶胀,由原来的紧密结构变成相对疏松的絮状结构,溶胀胶粉颗粒能够较均匀地悬浮分散在沥青中,同时基质沥青黏度也因此增大。此外,在高温强剪切过程中还存在着橡胶大分子的脱硫与降解作用,转变为大量小型的网状结构以及少量的链状物,随着这个过程的发生,沥青与胶粉颗粒之间发生了物质交换,两者之间的相容性得到改善,沥青的高低温性能、抗老化性能和热储存稳定性也得到了显著的改善。

按照胶粉改性沥青的制备经验,可将胶粉改性沥青机理总结如下:橡胶粉添加到基质沥青中,在高温环境作用下,橡胶粉会吸收基质沥青中的低分子芳香分和饱和分组分,膨胀变软。溶胀的橡胶粉颗粒黏度增大,且颗粒间连接紧密,由紧密结构渐变为絮状结构,约占基体体积的 1/3,这就是溶胀过程,溶胀的改性沥青体系保持了基质沥青的主要物理力学性质和部分生胶的黏塑性。此外,在高温高速剪切机的剪切作用下,部分橡胶粉颗粒分子中 S-S 键、S-C 键被打开,在发育过程中表面会出现脱硫和降解反应,部分大的网状分子结构变成很多小的网状结构和少许链状物,在剪切作用下分散到沥青中,吸收沥青中的部分轻质组分而呈饱和状态,与沥青分子链相连构成结合界面,且结合界面的作用力很强,因此使基质沥青与橡胶粉颗粒之间的作用力增强,均匀共混。同时,基质沥青中的轻质组分被橡胶粉颗粒吸收,感温性等得到了明显的改善。此时,橡胶粉颗粒在基质沥青中也起到骨架作用,在受到力的作用时,由于胶粉颗粒和基质沥青的密度、模量不同,因此变形不同步,会在橡胶粉与沥青的界面产生应力集中,进而诱发细微的裂纹,消耗能量,从而改善了基质沥青的低温性能。

2)废旧胶粉改性沥青影响因素

胶粉在沥青中的溶胀、降解和脱硫主要受胶粉的来源、结构、组成和粒度,以及沥青的组成以及制备条件(温度、剪切速率、时间)等控制,CRMA 的性能也因此受到影响。

(1)废旧胶粉来源。

胶粉的主要来源有废旧轮胎、胶鞋和胶管等。胶粉是一种含交联结构,由橡胶、炭黑和促进剂等组分组成的材料,碳氢化合物和天然橡胶含量高的 CRMA 韧性更强。叶智刚等发现废旧轮胎胶粉和鞋胶粉对沥青均有显著的改性效果,废旧轮胎胶粉改性剂对沥青的 5℃延度和弹性恢复指标改善效果更佳。

(2)胶粉加工方法。

胶粉的加工方法有四种:常温粉碎法、冷冻粉碎法、湿(碱)法粉碎法和臭氧粉碎法。常温粉碎法投资少、工艺流程短、能耗低、粉体颗粒表面积大、容易吸收油分。这样,在胶粉和沥青之间可以形成较大的胶结力,可抵抗沥青路面变形。美国每年胶粉总量的 60% 左右都是通过常温粉碎法生产的。冷冻粉碎法是用液氮浸渍等方法降温后,低温锤击和研磨。冷冻粉碎法生产的橡胶粉表面较光滑,与沥青结合较差,一般不用于沥青改性。湿法粉碎法是将废橡胶先浸渍于碱溶液中,使其表面龟裂变硬后进行高冲击能量粉碎,然后用酸溶液中和。臭氧粉碎法是将废旧轮胎置于一个充有超高浓度臭氧的密封装置内,使轮胎骨架材料与硫化橡胶分离。后两种方法步骤比较复杂,而且成本比较高,应用也较少。通常情况下,常温粉碎法获得的胶粉颗粒粒径能满足生产改性沥青的要求。因此,主要使用常温粉碎法生产的胶粉来制备CRMA。

Xiao Feipeng 等研究发现常温粉碎法生产的胶粉制备的改性沥青的储存模量大于冷冻粉碎法,其弹性更好。李雪等研究表明,常温粉碎法生产的胶粉更易降解,稳定分散所需时间较短,湿法粉碎法生产的胶粉次之,冷冻粉碎法生产的胶粉降解最困难,胶粉很难均匀分散在基质沥青中。

(3)废橡胶粉粒径。

粒径不同的胶粉对沥青的改性效果也会有一定的差异,粒径较大的胶粉对沥青的软化点和弹性恢复指标改性效果好,而粒径较小的胶粉对沥青的 5℃ 延度指标改善更显著。美国得克萨斯交通局和 Bahia 等也研究得出粒径小的 CRMA 的低温性能优于粒径大的 CRMA 的结论。Duvall 研究发现,CR 的溶胀时间与粒径的平方成正比,所以粒径小的胶粉的溶胀效果和改性效果更显著。肖鹏等研究发现,CRMA 的综合性能随胶粉粒径的变化呈规律性变化,胶粉粒径越小、软化点越低、针入度越小、5℃ 延度更长、弹性恢复率越小。综合分析,胶粉粒径为80 目时改性效果最佳,粒径更小的胶粉生产成本变高,但对沥青的改性效果提高并不明显。

(4)胶粉掺量。

胶粉的掺量对沥青的改性效果影响较大:当胶粉掺量在 20% 以下时,沥青的 25℃ 针入度随胶粉掺量增加逐渐减小,软化点、5℃ 延度和弹性恢复性能随胶粉掺量呈线性递增关系;当胶粉掺量大于 20% 时,沥青各指标变化都不大,基本趋于稳定。Morrison 的研究表明,CRMA 的抗变形能力与胶粉掺量呈正比关系,CRMA 在较高温度下的劲度模量远大于基质沥青。胶粉掺量越高,所得改性沥青的低温性能、耐老化性能和抗疲劳性能就越好。综合分析,CRMA 中胶粉掺量的一般范围为 15% ~ 20%。随着胶粉掺量的升高,改性沥青的黏度急剧增大,给分散和施工带来难度,所以胶粉掺量一般不超过 26%。在施工过程中发现难以压实时,也应该降低胶粉的掺量。

(5)基质沥青。

沥青的组分构成十分复杂,现代胶体理论可以较好地解释沥青的胶体结构:即以平均粒径为 100nm 的固态沥青质微粒为分散相,液态油分(饱和分和芳香分)为分散介质,胶质使分散相很好地胶溶在分散介质中,沥青的胶体结构示意图如图 4.1-1 所示。美国西部研究所(WRI)研究发现,基质沥青是影响 CRMA 性能最重要的因素。有研究表明,基质沥青中的轻质组分(饱和分和芳香分)对胶粉有较好的胶溶性,胶粉对轻质组分含量高的基质沥青的改性效果更加显著。Travis 研究发现,分子量较轻、芳香分较高的沥青脱硫速度更快。因为较轻分子量的组分能容易地扩散到膨胀的胶粉颗粒中,并与胶粉相互作用而溶解橡胶。沥青质含量越低,分子量越轻,沥青的黏度越低,沥青组分的扩散性质越好。

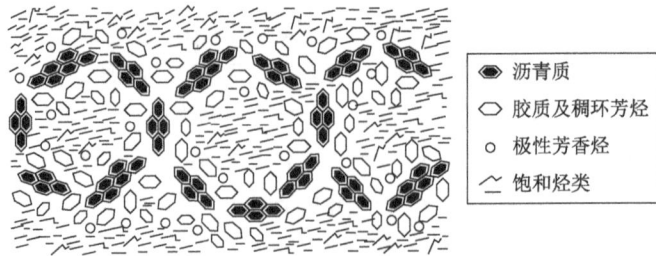

图 4.1-1 沥青的胶体结构示意图

沥青的标号也影响着沥青的改性效果,以沥青的标号来判断并选择适于改性的沥青也是最方便的。一般认为,沥青的标号大,则低温性能较好,高温性能差;标号小的沥青,则高温性能好,低温性能差。但沥青的标号与其高低温性能没有绝对的线性关系。沥青的标号影响沥青与胶粉的相容性和改性剂的改性效果。随着基质沥青针入度的降低,沥青与胶粉的相容性降低,形成网状结构所需的改性剂掺量增加,搅拌时间延长,所以高标号沥青更适宜用于改性。此外,高标号沥青修筑的沥青路面低温柔性好,不易产生裂缝,即使产生裂缝,也会在较高的温度下自行弥合。因此,最好选用高标号、低黏度的沥青,加入胶粉后,可以发挥其改善沥青高温抗变形能力的特点,同时低黏度沥青低温柔性好的特点也可以得到保持或增强,从而达到同时改善高低温性能的效果。如果标号太小,由于使胶粉溶胀的油分少,低温性能的改善会受限。但当沥青标号太大时,改性沥青达到高温指标要求所用的胶粉剂量就要增加,因此,沥青标号的选择也要结合沥青路面的使用温度范围。

(6)胶粉改性沥青的制备条件。

CRMA 的制备条件主要有制备温度、时间和剪切速率等。制备时间是指胶粉和沥青混合后保持的时间,也称为反应时间。研究表明,在低温和低剪切速率下制备的 CRMA 为非均相体系,尽管这样的改性沥青与基质沥青相比低温劲度降低脆裂少、中温抗车辙能力增强,但胶粉颗粒的沉降现象十分严重,改性效果极不稳定,同时,这种改性沥青的黏度较大,分散和施工都比较困难。为此,提高制备温度、剪切速率和延长制备时间等手段被用来促进胶粉颗粒的脱硫、降解,期望能制备出均匀分散和高弹性的 CRMA。

Travis 研究发现,由于 S-S 键的热稳定性比 C-C 键差,所以在高温和高剪切速率下更容易打断橡胶颗粒中的 S-S 键,从而实现胶粉脱硫,使其部分恢复生胶的性能,改善沥青的低、中温流变性能,并降低 CRMA 的高温黏度。

制备时间的影响与制备温度有关,CRMA 要达到结合料规定的技术要求,一般需加热 45 ~ 60min。对于剪切速率因素影响的研究结果,差别非常大。肖鹏等研究发现,CRMA 的剪切速率大约控制在 300r/min 即可。尹继明等采用微波活化后的胶粉制备改性沥青,认为最佳制备条件为:剪切温度为 170 ~ 180℃,剪切速率为 7000r/min,剪切时间为 1h。廖明义等根据“力化学”原理提出新型预混-母料工艺,促进胶粉的降解并在沥青中形成三维网络结构,同时有效降低 CRMA 高温黏度,利于分散和施工。

(7)其他影响因素。

CR 改性剂虽然可以大幅度改善沥青的高低温性能,但还有许多需要改进的地方,以促使胶粉颗粒与基质沥青获得更好的胶溶性和改性效果。

3）废旧胶粉改性沥青制备工艺

（1）废旧胶粉改性沥青的生产工艺。

废旧轮胎胶粉制备沥青混合料时的两种方式为"干法"和"湿法"。鉴于两者在生产工艺、改性机理和沥青性能方面的特点，"湿法"工艺多被优选而成为胶粉在沥青路面工程中应用最为广泛的工艺方法。

①干法。

干法只限用于热拌沥青混合料，其基本原理是将橡胶粉作为一部分细集料先与集料干拌，然后喷入沥青拌制成橡胶粉改性沥青混合料。在该方法中，胶粉末和沥青的接触面积和有效反应时间不足，并且根本不能通过吸附轻组分来改善基质沥青的性能。因此，干法实际上改善了沥青混合物的性能，并不能算作真正意义上的改性沥青。干法中胶粉其实不是起改性剂的作用，而是作为一种填料。由于干法工艺存在橡胶粉膨胀引起橡胶沥青混合料体积不稳定、压实困难等难题，导致混合料的力学与路用性能不稳定，因而干法工艺研究及推广应用较少。但该工艺无须特殊的设备，加工方式相对简单，而且橡胶粉掺量为湿法工艺的 2～3 倍，可消耗大量废旧轮胎。

②湿法。

湿法是将胶粉按配方剂量投入 160～180℃ 的热沥青中，边搅拌边加入，搅拌一段时间后，可考虑使用胶体磨或高速剪切机加工，即可制成高质量的改性沥青。胶粉与沥青混融过程中，可加入适量的活化剂，如多烷基苯酚二硫化物等，但量不能太多，否则会造成橡胶过度裂解，反而影响橡胶改性沥青的质量。根据使用的沥青品种、胶粉颗粒的大小、胶粉的用量以及拌和方式、温度、时间、设备等的不同，又细分为各种改性技术。胶粉改性沥青湿法制备工艺如下：

a. 将基质沥青温度加热至 150℃ 时，均匀掺入称重好的相应目数与掺量的胶粉，当温度恒定在设计温度时，设置搅拌机转速为 300r/min，并持续搅拌 30min；

b. 将经过一次搅拌的胶粉改性沥青移至高速剪切机中，并以设计剪切速率和剪切时间剪切样品；

c. 将剪切后的样品移至搅拌设备处，在设计制备温度下以 300r/min 的转速持续搅拌 60min；

d. 将经过二次搅拌的样品置于 140℃ 温度下发育 30min，则样品制备完成。

湿法工艺制备胶粉改性沥青如图 4.1-2 所示。

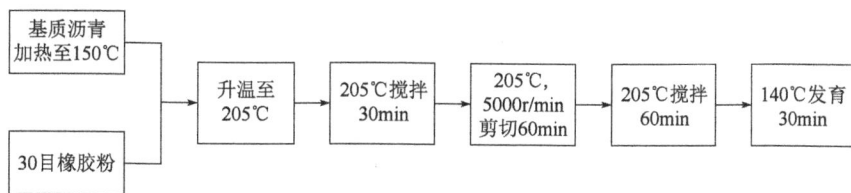

图 4.1-2　胶粉改性沥青制备工艺流程图

在胶粉改性沥青制备工艺中的关键工艺参数包括加热温度、加热时间、剪切速率、剪切方式等。在相关标准规范中，对胶粉改性沥青的制备温度设置有所差异：胶粉改性沥青制备温度见表 4.1-1；加利福尼亚州交通运输局指定胶粉改性剂被使用时，改性剂中必须包括 25% ±2% 高质量的天然橡胶，胶粉掺量为总质量（内掺）的 18%～22%；南非道路运输局委员会的规范要求再生橡胶中碳氢化合物的含量不低于天然橡胶的 30%；萨比特（SABITA）手册和南非沥青研究会技术指南中指定天然橡胶中碳氢化合物的含量在 60%～75%，而且所有的胶粉要过 1.18mm 的筛，废旧轮胎胶粉用量控制在 18%～24% 之间，同时还添加 2%～4% 的添加剂；而澳大利亚对胶粉改性沥青中胶粉掺量要求为 5%～30% 不等。

关于胶粉改性沥青制备工艺参数的规定　　　　　　表 4.1-1

州运输管理规范	亚利桑那州	加利福尼亚州	佛罗里达州	密歇根州
温度范围(℃)	160~190	190~218	170~190	190~200
最小发育时间(min)	60	45	30	45

（2）废旧胶粉改性沥青的储存与运输。

胶粉对沥青的性能有着十分明显的改善,但是胶粉改性沥青的储存稳定性不足,一直制约着胶粉改性沥青的大范围使用。而胶粉改性沥青的储存稳定性主要取决于胶粉与基质沥青间的相容性,两者间相容性越好,则储存稳定性越好。相容性指两种或两种以上聚合物能形成均相体系,物质间不发生分层、凝聚、离析的现象。聚合物与沥青混合过程中其自由能大于零,是不相容的。通过高温下的高速剪切或搅拌发生溶胀形成相对稳定的均匀二相结构,但随着储存时间的增加,胶粉颗粒会出现离析现象。

胶粉改性沥青储存稳定性的评价方法采用软化点差试验来评定,将制备好胶粉改性沥青浇筑至离析管中,每根管中的沥青质量为 50g;浇筑完成后将离析管试样分别垂直放置于温度为 150℃、163℃ 和 180℃ 的烘箱中固定时间后取出,放置时间分别为 0h、12h、24h、36h、48h、60h 和 72h;取出离析管后,分别取其上 1/3 和下 1/3 部分做软化点试验(图 4.1-3),利用上下软化点差来评价胶粉改性沥青的储存稳定性。在各温度条件下,离析软化点差的变化规律如图 4.1-4 所示。经过长时间的封闭储存,胶粉改性沥青试样下部分软化点要高于上部分,由于胶粉的密度大于沥青,在时间重力作用下,胶粉颗粒下沉,离析管下部分沥青稠度增大,软化点值增大,其上部分软化点值则相反。在相同温度条件下,随着存储时间的延长,胶粉改性沥青在离析管上、下 1/3 部位的软化点值均呈先减小后增大的趋势。

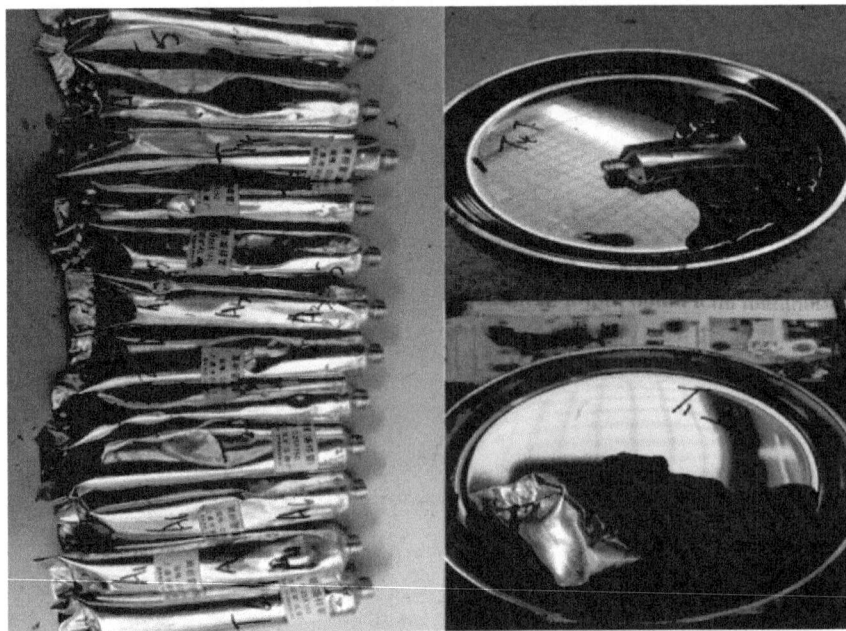

图 4.1-3　胶粉改性沥青离析管试样

胶粉改性沥青运输过程中的要求:

①胶粉改性沥青应采用具有搅拌和保温装置的沥青罐进行储存,储存温度建议控制在

170~180℃。沥青罐上应明确标明生产时间、出厂黏度等关键参数。

②胶粉改性沥青原则上应在24h内使用完毕。当由于不可抗力，如需要长期储存时，物料温度需要控制在150~160℃，并保持间歇式搅拌，防止长期储存发生离析，使用前需要重新加热改性沥青并检测技术指标是否符合要求，如果不满足要求，则应重新加工或掺加一定剂量胶粉、外掺剂、沥青改性剂等重新预混、反应，直至满足技术要求。

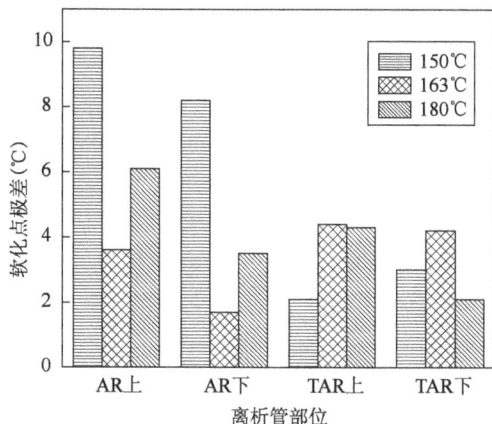

图4.1-4 胶粉改性沥青离析软化点

③胶粉改性沥青的运输应采用具有保温装置的罐装车进行运输，胶粉改性沥青的装车温度建议控制在180℃左右，可根据运送距离自行调整，建议卸车温度不低于170℃。

4.1.3 SBS改性沥青

SBS改性沥青技术是目前最成熟的道路沥青改性技术，制备出的改性沥青具有优异的物理性质和流变性质，是实现改性沥青高性能化、特种化的最佳途径之一。SBS的全称为苯乙烯(PS)-丁二烯(PB)-苯乙烯三嵌段共聚物，是一种三嵌段的热塑型弹体，其微观形态为球形的苯乙烯相分散在连续的丁二烯基体中。SBS中的PB段含有C＝C键，极性要高于饱和的聚合物改性剂，与沥青之间的相容性更好，因此SBS改性沥青更容易加工。SBS分散到沥青中后，SBS两端的PS段会形成三维物理网状交联结构，这样的结构会在高温时赋予改性沥青刚性；而中间的PB段吸收沥青中的软沥青质发生溶胀，溶胀后的PB段会赋予材料低温时的弹性和抗裂性。在加工时，当SBS达到一定浓度时，其热塑的性质能够使其在沥青中形成连续的网状结构，制备出的改性沥青具有优异的性能，包括较高的软化点、使用工况温度区间内具有较好的耐流淌性、出色的低温抗裂性、弹性恢复性能，以及理想的流变性质。SBS改性沥青的性能要远好于其他改性剂制备出的改性沥青。近年来，许多学者对反应型聚合物作为沥青的改性剂进行了研究，但是其价格相对昂贵，并且在沥青中有限的添加量限制了其改性效果(改性剂浓度过高会导致沥青凝胶固化而丧失热塑性)，因此，在短时间内仍然无法成为主流的沥青改性手段。

综上所述，结合技术成熟度、成本、加工难度以及改性沥青性能等角度考虑，SBS改性沥青技术是制备高性能或特种改性沥青材料的主要路线之一。

1)SBS改性沥青改性机理

沥青改性的基本原理为，通过改性剂改变沥青体系的微观内部结构，从而实现对沥青材料宏观物理性能的改善。聚合物与沥青共混后,会吸收沥青中的轻质组分,进而溶胀,形成溶胀的聚合物相与沥青相共存的两相结构。聚合物改性沥青的机理与两种聚合物共混的改性机理类似,正是由于微观结构上出现了两相结构(非均相),使得改性后的沥青具有优异的力学性能。沥青与 SBS 之间较好的相容性是指较为合适的相容性,两相之间相容性太好会形成微观上的均相,反而会限制改性效果;反之两相相容性太差无法形成相界面,会导致共混材料容易发生相分离。在沥青被 SBS 改性的过程中,一般认为 PB 段在溶胀的过程中会吸收沥青中的软沥青质,而 PS 段几乎是不吸收软沥青质组分而溶胀的。溶胀后的 PB 段会为沥青提供弹性,而 PB 段可以作为物理交联点,使 SBS 在沥青中形成三维的网状结构。随着 SBS 浓度增加,聚合物在沥青中的分布会由聚合物分散相-沥青连续相逐渐过渡到聚合物连续相-沥青连续相,当聚合物浓度进一步提高时,会形成聚合物连续相-沥青分散相的微观结构。对于 SBS 改性沥青来说,一旦 SBS 浓度提高到足以形成富含 SBS 的网状结构,改性沥青的 T_g 和 T_m 也会更接近 SBS,此时,改性后沥青的复数模量、黏度、弹性恢复以及低温抗裂能力会大幅度提高。

2)基质沥青对改性效果的影响

沥青中的组分一般可以按照分子量、极性,由小到大分为饱和分、芳香分、胶质和沥青质,除沥青质(一般定义为甲苯可溶、正庚烷不溶物)以外的组分还叫做软沥青质。SBS 在沥青中会吸收轻质组分溶胀发育,然后才可以分散在沥青中。沥青中的沥青质是制备 SBS 改性沥青的过程中的矛盾因素,在制备改性沥青的过程中,沥青质与 SBS 竞争沥青中的轻质组分,因此沥青质含量过高会降低 SBS 的溶胀程度,影响 SBS 在沥青中的分散效果;而沥青质含量较少会导致 SBS 相与聚合物形成均相结构,影响改性效果。因此,基质沥青的四组分组成是影响 SBS 与沥青之间相容性以及制备出来的 SBS 改性沥青性能的重要因素。

Zhang 等分别使用软沥青质更多的 90 号沥青和软沥青质较少的 70 号沥青两种基质沥青制备出含有不同浓度 SBS 的改性沥青,结果表明,随着 SBS 浓度的增加,软沥青质含量更多的 90 号沥青制备出的改性沥青性能提高的幅度比 70 号沥青制备出的改性沥青性能提高的幅度更高。但是,并不是沥青中轻质组分越多越有利于 SBS 改性沥青的制备。张玉贞等分别使用富含饱和分、富含芳香分和富含胶质的三种基质沥青制备了不同浓度的 SBS 改性沥青,改性沥青的微观形貌结果表明,过多的饱和分会使 SBS 过度溶胀、溶解,混合黏度明显增加,但是无法形成 SBS 相-沥青相的两相结构;相比之下,富含芳香分和富含胶质的基质沥青制备出的 SBS 改性沥青微观上呈两相结构,改性效果更佳。聚合物共混改性的实践同样表明,均相体系对聚合物改性的效果甚微,因此具有合理的化学组分分配的基质沥青才更适用于制备 SBS 改性沥青。

Al-Rabian 等发现,在沥青质含量相近的条件下,芳香分含量更高的基质沥青制备出的 SBS 改性沥青延度较高。Liang 等使用两种四组分不同的基质沥青制备了 SBS 改性沥青,试验结果表明,芳香分多、沥青质少的基质沥青与 SBS 之间的相容性更好。日本 JSR 合成橡胶株式会社提出了胶体指数的指标——CI(Colloidal index) = (沥青质 + 饱和分)/(芳香分 + 胶质)用于评价 SBR 胶乳与沥青之间的相容性,该指标也同样被用于评价 SBS 与沥青之间的相容性,即 CI 越小的沥青与 SBS 之间具有更好的相容性。

沥青的四组分法和基于四组分法的胶体指数被广泛使用于评价沥青与 SBS 之间的相容性,但是四组分法按极性和分子量将沥青的组分进行分类,无法精确反映沥青组分的分子结构特征,而沥青的来源非常广泛(受到复杂的原油品种及加工工艺的影响),因此四组分法无法将沥青与 SBS 之间的相容性精确关联。虽然沥青的组成和其与 SBS 之间相容性的关系尚不确切,但诸多实践表明,对于近似来源的沥青来说,芳香分、胶质含量越高,沥青质含量越少的基质沥青与 SBS 之间的相容性较好。受到原油重质化和炼油技术提升的双重影响,国内炼厂生产的沥青质量正朝着高沥青质、低芳香分含量的方向发展,而拥有这类特征的基质沥青与 SBS 之间的相容性相对较差。

3)SBS 对改性效果的影响

(1)SBS 浓度对改性效果的影响。

SBS 的浓度、结构、分子量、S/B 比(苯乙烯与丁二烯的含量比)、充油量影响着其与基质沥青之间的相容性。许多学者研究了 SBS 的浓度对改性沥青的性质的影响,这些实践结果表明,随着 SBS 浓度的增加,改性的软化点、延度、弹性恢复、复数模量、黏度增加,针入度、温度敏感性、低温蠕变模量降低。当 SBS 浓度达到足以形成网状结构时(一般 >3%),改性沥青的物理性质和黏弹性会得到明显改善,考虑到成本,对于普通路用改性沥青来说,SBS 一般占沥青总质量分数的3% ~5%。随着 SBS 浓度的进一步增大,SBS 相逐渐向连续相过渡,SBS 改性沥青的性能会进一步显著提高,以用于制备特殊用途的高性能改性沥青。但是,在制备 SBS 改性沥青的过程中,SBS 与沥青中的沥青质竞争沥青中的软沥青质组分,沥青与 SBS 之间的相容性会随着 SBS 浓度的增加而变差,制备出的改性沥青在热储存的过程中容易发生相分离。此外,较高的 SBS 浓度也会导致改性沥青黏度过大,增加了沥青与石料的拌和难度。因此,在制备 SBS 改性沥青的过程中,应该根据具体用途来选择 SBS 的浓度。

(2)SBS 性质对改性效果的影响。

在工业上,通过分子量、S/B 比(苯乙烯与丁二烯的含量比)和分子一次结构上(星型、线型、1,2 和 1,4 丁二烯的比例)将 SBS 分为不同的牌号,图 4.1-5 为线形和星形 SBS 的结构简图。以上参数影响着 SBS 在沥青中分散的难易程度,进而影响所制备出的改性沥青的性能。

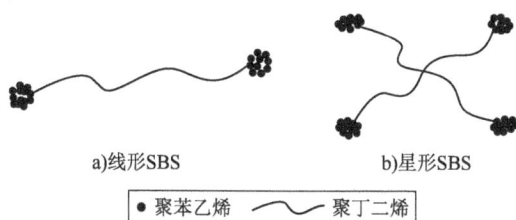

图 4.1-5　线形和星形 SBS 的结构简图

Schaur 等选用六种具有不同 S/B 比的 SBS 制备改性沥青,其中三种为星形结构,另外三种为线形结构。荧光显微镜表征结果显示,线形分子结构的 SBS 在沥青中的溶胀程度更高、分散效果更好;DSC 得到的改性沥青中蜡的再结晶能的结果表明,线形 SBS 制备出的改性沥青蜡的再结晶能更小,说明线形 SBS 比星形 SBS 吸收沥青中软沥青质组分溶胀的能力更强,这与荧光显微镜表征结果一致。Schaur 还使用 DSR 对改性沥青进行温度扫描,结果表明,对于结构相同的 SBS 来说,当 SBS 浓度较低(5%)未形成连续相时,S/B 比高的 SBS 制备出的改性沥青的复数模量较低、相位角较高、温度敏感性较差,说明 PS 含量高对改性沥青的流变性质不利;而当 SBS 浓度较高(16%)形成连续相后,相容性差异所导致的流变性能的差异显著减少,说明此时改性沥青的性质更接近 SBS 本身的性质。

（3）加工工艺对改性效果的影响。

SBS 的加工工艺参数主要有反应温度、时间以及加工设备。由于 SBS 较难分散在沥青之中，因此，SBS 与沥青的共混的过程是制备改性沥青的过程中最为关键的步骤。将 SBS 与沥青在溶剂中进行共混，可以在较低的温度下实现较好的共混效果，但是由于溶剂需要回收，而且常用的苯系溶剂也会对环境造成污染，因此在工业上难以推广。此外，将 SBS 改性沥青制备成乳液也是一种较好的方式，但是 SBS 黏度较大导致了乳化过程较难、工艺复杂、对设备要求较高等缺点。

目前，SBS 与沥青共混的过程还是以熔融共混法为主，通过搅拌、高速剪切等外力来帮助分散，试验室一般可以使用搅拌器、高速剪切机等设备，而工业生产上可以用胶体磨、螺杆挤出机。SBS 改性沥青的加工的温度一般在 160~220℃ 之间，分散时间越长越有利于提高 SBS 在沥青中的分散效果。具体工艺参数与 SBS 添加的浓度有关，当 SBS 浓度比较低时（低于 5%），加工温度一般在 160~180℃ 之间，分散时间不宜过长，否则会由于沥青老化影响 SBS 改性沥青的性能；而当 SBS 浓度较高（高于 5%）时，加工温度可以提高到 190℃ 以上，分散时间也可适当延长。

目前，SBS 改性沥青制备过程的工艺条件的研究以黑箱方法或灰色系统理论法为主，还未形成系统的理论体系。

4）改性沥青制备过程中的添加剂

（1）相容剂。

表 4.1-2 为沥青和 SBS 的溶解度参数，通常，高分子材料改性剂与沥青中软沥青质组分的溶解度参数相近，因此会吸收沥青中的软沥青质组分溶胀；而沥青中的沥青质由于其分子结构多样且非常复杂，因此其溶解度参数范围较宽，由于它的存在，导致沥青与改性剂相容性较差。由于原油和炼化工艺导致基质沥青中优质组分有减少的趋势，因此加入富含芳香分的油品作为相容剂是提高沥青与 SBS 之间相容性的有效方法，尤其是对于高浓度 SBS 的改性沥青。

SBS 及沥青各组分的溶解度参数　　　　　　　　　　　　　表 4.1-2

组分	沥青质	软沥青质	SBS 的 PB 段	SBS 的 PS 段
溶解度参数（$cal^{1/2} \cdot cm^{3/2}/mol$）	8~10	<8.0	8.0	9.1

沥青中含有足量的软沥青质组分会使聚合物改性剂在沥青中充分地溶胀（主要吸收沥青中的芳香分），增大高分子分子链段之间的距离，进而使改性剂分散在沥青中。因此，一些石油炼制过程中的副产物是优良的改性沥青相容剂，例如富含芳香分的糠醛抽出油（FEO）、催化裂化油浆（FCCO）等，这样的油类物质对 SBS、SBR、橡胶作为改性剂的体系有较好的增容作用。

除了矿物油以外，植物油也具有作为改性沥青的相容剂的潜力。植物油的主要成分为不饱和甘油酸脂，与富含芳烃的油品相比，它与聚合物分子之间的相互作用力更弱，更有利于其在高分子中的扩散。目前，虽然在改性沥青中所使用的相容剂还是以富含芳烃的油品为主，而对植物油研究较少，但是植物油在改性沥青中的应用，可以为粗加工的废生物油（地沟油）提供新的使用途径，因此具有良好的应用前景。

油类相容剂一方面会使 SBS 充分溶胀，另一方面会向体系中引入小分子，起到增塑的作用，一般对改性沥青的低温弹性贡献更大，同时也会降低改性沥青的稠度和硬度。除了油类物质外，一些热塑性树脂与基质沥青和改性剂都具有良好的相容性，也可以作为相容剂使用，对改性沥青物理性质的影响与油类物质相反。

（2）增塑剂。

增塑剂是工业上被广泛应用于高分子材料加工领域的助剂,在塑料加工中添加这种物质,可以使其柔韧性增强,更容易加工。在改性沥青中加入增塑剂,不仅可以使加工的过程更容易,而且可以赋予改性沥青新的性能,尤其是提高低温性能。

在聚合物改性沥青中,除了高分子加工中的增塑剂,环烷、芳烃结构的矿物油也能起到增塑的效果。Ouyang 等对比了环烷油、二烷基二硫代磷酸锌（ZDDP）和二丁基二硫代氨基甲酸锌（ZDBC）对 SBS 改性沥青抗老化性的影响,研究结果表明 ZDBC 不仅可以提高 SBS 改性沥青的抗老化性能,还能够起到明显的增塑作用,提高改性沥青的低温延度。Jiang 等用动态剪切流变仪（DSR）研究了改性沥青作为阻尼材料的增塑机理,结果发现,在 SBS 改性沥青中同时加入增塑剂和交联剂可以有效降低阻尼温度敏感性,在更宽的温度范围内提高损耗因子,进而提高有效阻尼温度范围,沥青作为阻尼材料可用于高等级路面应力层、钢桥面以及高速铁路减震层。

增塑剂在沥青再生领域也有所应用。Zhu 利用棉籽油的副产物和增塑剂二丁基邻苯二甲酸酯,研究结果表明,加入增塑剂后可以恢复老化的 SBS 改性沥青的低温性能。除了被增塑剂增塑,适量的聚合物改性沥青也可以作为废胶粉再生加工过程中的增塑剂。

（3）稳定剂。

沥青与 SBS 之间的相分离主要是由于极性的差异和密度差引起的。SBS 属于非极性橡胶,比重为 0.94 ~ 0.96,而沥青的比重一般为 1.15 ~ 1.25,且沥青中各个组分的极性具有显著的差异。由于沥青质的存在,沥青和 SBS 混合后无法形成稳定的均相,会形成两相的"海-岛"或者"海-海"结构,这种结构特点在赋予改性沥青优异的物理性能的同时,也成为了热力学不相容,即产生离析的主要原因。沥青中极性最大的沥青质对 SBS 与沥青之间的相容性影响最大,沥青质含量越高,SBS 和沥青之间越容易发生相分离。此外,当 SBS 浓度提高时,相分离的现象会更加严重。

在沥青热储存的过程中,SBS 分子是可以自由运动的,由斯托克斯沉速公式可知,影响沉降分层过程的主要因素为 SBS 颗粒的粒径及其与沥青之间的密度差。SBS 分子在热储存的过程中可以视为布朗运动和重力场共同作用的结果,在这个过程中,SBS 颗粒会不断聚集、絮凝,使 SBS 颗粒的粒径变大,进一步加速沉降离析的过程。

通过选择合适的原材料、优化加工工艺条件,可以改善 SBS 改性沥青的储存稳定性。一般来讲,聚丁二烯（PB）含量高、分子量小的 SBS 更容易在沥青中分散;从 SBS 的分子结构上来说,线形分子结构比星形分子结构更容易在沥青中分散,制备出的改性沥青储存稳定性更好。低沥青质、高芳香分含量的 SBS 也更有利于制备可稳定储存的 SBS 改性沥青。此外,通过优化工艺条件减小 SBS 在沥青中的分散粒径也可以减缓相分离的现象。

根据作用机理,稳定剂可以分为反应型和非反应型两大类,反应型稳定剂主要是以硫磺及含硫的有机物为代表的交联剂。通过与 SBS 中的 PB 段上 C＝C 或 α 氢反应交联形成 C-S 键,将 SBS 分子交联在一起。交联结构可以提高高温储存时改性沥青的热稳定性。

对于中低浓度 SBS 改性沥青来说,加入硫磺是非常有效的方法,不仅能够解决储存稳定性,还能显著提升改性沥青的高温性能。此外,沥青质含量较高的沥青依然可以使用硫化的方法解决储存稳定性,该方法对基质沥青品质的要求不高。除了硫磺以外,一些用于橡胶硫化工艺上的有机硫也可以在 SBS 改性沥青中作为交联剂,它们有时候也作为助交联剂与硫磺共用。最近,还有人采用端基含硫的聚合物作为交联剂,用于改善硫磺交联后改性沥青 135℃ 黏度过大的问题。然而,在制备 SBS 改性沥青的过程中,硫化反应在交联速率和程度上难以控制,容易导致交联过度,进而使改性沥青凝胶固化,失去加工性和使用性。当 SBS 浓度过高时,控制硫化过程的难度会进一步加大,并且在工业应用时更容易出现硫浓度局部分布不均的情况,从而破坏 SBS 改性沥青的生产过程。目前,关于高浓度 SBS 改性沥青(超过7%)采用硫化交联的报道较少。此外,SBS 改性沥青在硫化的过程中加入一些无机材料可以起到提升硫化速率的作用,例如氧化锌、多聚磷酸。

非反应型的稳定剂目前以纳米材料为主,纳米材料拥有巨大的表面能,可以吸附沥青中的油分,同时它的表面还含有大量不饱和残键,在沥青改性的过程中,能够形成新的化学键合,从而增强沥青基体之间的界面结合,这种界面结合可以改善微米级聚合物(SBS)颗粒所形成的网状交联结构,进而改善改性沥青的储存稳定性。纳米粒子不仅能够提高 SBS 改性沥青的储存稳定性,还能提高改性沥青的高温性能。有机纳米黏土、纳米蒙脱土、纳米二氧化硅和纳米碳纳米管为最常用于制备 SBS 改性沥青的纳米粒子。但是,非反应型稳定剂无法解决高浓度 SBS 改性沥青储存稳定性差的问题,在使用纳米材料解决 SBS 改性沥青储存稳的报道中,SBS 用量一般在 3% ~5% 之间。此外,纳米材料价格相对比较昂贵,在沥青中应用会大大增加产品成本,因此目前此方法仍停留在试验室探索阶段。

(4)抗氧化剂。

SBS 中的 PB 段存在 C = C 和 α 氢,因此在热、氧、紫外线的条件下容易发生热氧老化,需要加入抗氧化剂来延迟使用过程中的老化现象。用于聚合物改性沥青的抗氧化剂有受阻酚、复合有机锌、亚磷酸盐。这些中间体与氧自由基有很好的反应活性,试验结果证明,抗氧剂在一定程度上可以抑制氧化老化的发生。但是,抗氧剂在实际使用时会出现问题。沥青的氧化首先发生在沥青表面,而在实际使用沥青材料的温度下,抗氧剂分子由于无法在沥青中移动,从而限制了其迁移到沥青表面起到抗氧的作用。此外,抗氧剂高昂的价格也限制了其在聚合物改性沥青领域的应用。

4.1.4 胶粉/SBS 复合改性沥青

SBS 聚合物改性剂是公认改性效果较为突出的改性剂类型。但在季冻地区的工程实践中,受制于日益增长的重载交通,以及季冻地区极端气候条件,部分路段即使采用了 SBS 改性沥青,沥青混合料的路用性能仍然存在不少的问题,路面早期病害依然存在。此外,橡胶粉改性沥青也是近些年出现的应用较为广泛的改性沥青。1997 年,美国材料与试验协会(American Society for Testing and Materials, ASTM)将橡胶改性沥青定义为:由沥青、回收轮胎橡胶及一定的添加剂组成的混合料,其中胶粉的含量不少于总质量的 15%,且要求橡胶颗粒在热沥青充分反应并膨胀,所形成的混合物称为橡胶沥青。橡胶粉改性沥青在改善沥青及沥青混合料路用性能以及防治噪声等方面取得了一定的实践成果。但对于季节性冰冻地区而言,橡胶粉改性技术的应用还存在技术上的难题,如高温黏度大、沥青易老化、施工质量难以控制,易导致孔隙率大,对沥青混合料的水稳定性能及抗冻性能的影响较为明显。

根据废橡胶粉改性沥青和 SBS 改性沥青在研究应用过程中表现出的问题及两种改性剂的优缺点,废橡胶粉与 SBS 复合改性沥青应运而生。相对于单一改性技术而言,胶粉/SBS 复合改性沥青中的胶粉 CR 和 SBS 两种改性剂的掺量均可在一定程度上得到降低,在保障沥青改性效果的同时,既有利于降低 SBS 改性剂投入成本,又可以实现废旧橡胶的循环利用。其次,胶粉/SBS 复合改性沥青的黏度比废橡胶粉改性沥青更低,提高了施工和易性,降低了施工难度。此外,利用 SBS 聚合物在沥青中形成的网络结构,延缓橡胶粉颗粒的离析,从机理方面为改善改性沥青储存稳定性提供研究思路。综上所述,胶粉/SBS 复合改性沥青技术是一项既能改善沥青性能,又可在一定程度上降低改性沥青生产成本,并且实现废旧材料循环利用,缓解生态环境压力的沥青改性技术。

1)橡胶粉/SBS 复合改性沥青机理

当橡胶粉、SBS 改性剂与稳定剂和助剂之间掺配比例合理时,胶粉/SBS 复合改性沥青具有良好的高温性能和低温性能。相比于传统的橡胶粉改性沥青,从工艺角度讲,胶粉/SBS 复合改性沥青是同时采用橡胶粉以及 SBS 两种改性剂,合理添加稳定剂及助剂,在专业设备中经高温和剪切混合发育等一系列作用制成的改性沥青。

在胶粉/SBS 复合改性沥青体系中,由于 SBS 改性剂、橡胶粉颗粒与基质沥青之间的极性和分子量间存在较大的差异,因此相容性差,根据相似相容原理,只能吸收极性相差小和溶解度近似的组分,从而发生溶胀,它们之间的作用基本为物理作用。而加入的 SBS 在高温高速剪切作用下,粒径会更小,因此在沥青中的分布更为均匀,能够充分吸收沥青中的轻组分膨胀而形成网络交联的结构,因此具有较好的拉压变形能力。而橡胶粉颗粒大分子在充分的剪切作用下伴随着脱硫与降解作用,使得部分橡胶粉大分子转变为小分子,沥青与橡胶粉颗粒的相容性得到了提高,且剪切后的橡胶粉颗粒粒径更小,减少了离析的发生。由于助剂的加入,能促进聚合物 SBS 改性剂的分解,同时,更大幅度地使胶粉颗粒迅速溶胀。此外,稳定剂的加入进一步引发高分子聚合物 SBS 分子间的交联反应,以及 SBS 分子、橡胶粉和基质沥青间接枝反应的发生,键合形成立体网络,提高改性剂与沥青组分结合的作用,增加体系的稳定性。此外,在改性沥青体系中形成的网络结构也进一步阻止了橡胶粉颗粒和沥青因密度不同而离析,进而提高了胶粉/SBS 复合改性沥青体系的稳定性。在胶粉/SBS 复合改性沥青体系中,由于胶粉颗粒发育后成为以弹性体为核心的絮状物,当 SBS 改性沥青所承受的应变达到极限状态时,断裂应力将迅速在橡胶粉颗粒表面集中,橡胶粉颗粒吸收和消耗了大量的能量,在一定程度上阻止了裂纹的产生和扩展。同时,胶粉颗粒在沥青中起到加劲作用,因而胶粉/SBS 复合改性沥青的弹性恢复能力会显著提高。

2)工厂化胶粉/SBS 复合改性沥青制备工艺

为了制备性能优良的胶粉/SBS 复合改性沥青,提高存储稳定性,制备过程中需要严格控制以下关键环节:

(1)原材料的优选。良好的原材料是保证胶粉/SBS 复合改性沥青性能优良的前提条件,为此,在制备胶粉/SBS 复合改性沥青前,应充分调研选择性能良好的原材料,根据实际制备需求选择基质沥青(合理的组分比例)、SBS 改性沥青(合理的 PS、PB 段比例)、橡胶粉(性能稳定、指标满足要求)等,保证原材料性能优良。

(2)研磨剪切设备的选择。从机理论述可以看出,橡胶粉与 SBS 越细,在改性沥青体系中溶胀会越充分,改性效果会越好,改性体系也越稳定,存储稳定性也会越好。因此,在制备工艺中应优先选择性能良好的研磨剪切设备,使 SBS 和橡胶粉颗粒剪切更充分,保证溶胀和改性效果。

(3)关键参数的确定。橡胶粉和SBS的掺量、橡胶粉细度等材料参数以及是否参加稳定剂和助剂、胶粉是否脱硫活化等,直接影响胶粉/SBS复合改性沥青的性能指标和体系的稳定性,而不同发育时间和反应温度也会使改性沥青体系中网络结构、脱硫和降解程度发生变化,从而影响改性效果。因此,应根据实际需求合理确定关键参数取值。

从工艺角度分析,我国的废旧胶粉改性沥青是通过对传统橡胶沥青进行后续加工得到的,即在废旧胶粉充分混融的基础上,再进行胶体磨或高速剪切设备的研磨和剪切加工。近些年,由于现场生产改性沥青不能满足现阶段对产品质量、资源与环保等各方面的需求,一种新的改性沥青加工工艺正在兴起。即采用固定工厂生产成品改性沥青,再通过物流运抵施工现场进入拌和楼拌和,而不需要进行处理,使改性沥青的使用更加方便。这种改性沥青的生产与应用模式发展迅速,国外一些著名的改性沥青生产厂商已经成功地将此项技术带入中国,目前我国许多发达城市也建立了不同规模的工厂化改性沥青生产线。

中国石油大学张玉贞教授等提出了一种制备工厂化胶粉改性沥青的新技术,即利用机械力切断交联键,使溶胀的橡胶粉可塑化并恢复至原来的加工状态,提高其与沥青的相容性,然后通过二次交联恢复部分网状结构,从而提高沥青的性能。综合对比现场拌和法和工厂化胶粉改性沥青的工艺以及混合料的设计和性能,可以看出工厂化胶粉改性沥青的优势所在(表4.1-3)。

现场拌和法和工厂化胶粉改性沥青的对比 表4.1-3

制备方法	现场拌和法(橡胶沥青)	工厂化胶粉改性沥青
生产工艺	间歇式生产,搅拌为主,辅以剪切	连续生产,剪切为主,搅拌为辅
混合料设计	油石比高(8%左右),橡胶沥青部分作为矿料成分	油石比低(5%左右),适合连续级配,间断级配也可
优点	减噪减振	生产施工易控制,储存稳定性好
缺点	混合料性能不稳定,设备投入大	胶粉弹性降低

4.2 高海拔地区高性能改性沥青性能评价

4.2.1 橡胶沥青性能评价指标

目前,改性沥青性能的评价指标或方法可归纳为三大类:第一类评价指标是针入度、软化点、延度以及黏度等沥青常规性能指标;第二类是美国战略性公路研究计划Superpave沥青性能PG分级体系,评价指标包括高温稳定性能、低温抗裂性能、耐疲劳性能、抗老化性能以及施工安全等;第三类是专用指标,用以区分各类改性沥青的特点,包括弹性恢复、离析试验、黏韧性试验、测力延度试验等。

1)国外橡胶沥青技术指标

美国的有关行业部门与一些州的交通局都制定了关于橡胶沥青的评价指标体系。由于各地的自然条件与使用橡胶沥青的经验不同,因而橡胶沥青的评价指标体系也有不同。美国材料试验协会(ASTM)、美国联邦公路局(FHWA)以及亚利桑那州橡胶沥青技术标准根据气候分区,将橡胶沥青分为三档,1992年FHWA技术标准(表4.2-1)、1997年ASTM技术标准以针入度作为标准分级(表4.2-2);而亚利桑那州根据基质沥青进行分级(表4.2-3)。得克萨斯州、加利福尼亚州采用锥入度指标来评价橡胶沥青技术指标(表4.2-4、表4.2-5)。佛罗里达州橡胶沥青技术指标(表4.2-6)按胶粉掺量进行分类,对应于5%、12%、20%的掺量分别为ARB5、ARB12、ARB20。FHWA技术指标是在普通沥青指标基础上提出的,因此,关于软化点、弹性恢复指标规定较低,给出延度指标,但没有黏度指标。

从美国各州的橡胶沥青技术标准可知,黏度、软化点、针入度和弹性恢复可认为是评价橡胶沥青的四大指标。

美国 FHWA 橡胶沥青技术标准 表4.2-1

项目		热区(ARB-1)	温度(ARB-2)	寒区(ARB-3)
针入度(25℃)		25~75	50~100	75~150
软化点		>54	>49	>43
延度(4℃)(1cm/min)		>5	>10	>20
弹性恢复		>20	>10	>0
薄膜烘箱试验(TFOT)	针入度比(%)	>75	>75	>75
	延度比(%)	>5	>50	>50

美国 ASTM 橡胶沥青技术标准 表4.2-2

项目	1 型	2 型	3 型
黏度(175℃)(Pa·s)	1.5~5.0	1.5~5.0	1.5~5.0
针入度(25℃)(0.1mm)	25~75	25~75	50~100
针入度(4℃,200g,60s)(0.1mm)	>10	>15	>25
软化点(℃)(ASTMD36)	>57	>54	>52
弹性恢复(25℃)(%)	>25	>20	>10
闪点(℃)	>232	>232	>232
薄膜烘箱试验(TFOT)针入度比(4℃)(%)	>75	>75	>75

美国亚利桑那州橡胶沥青技术标准 表4.2-3

项目	A 型	B 型	C 型
基质沥青等级	PG64-16	PG58-22	PG52-28
旋转黏度(177℃)(Pa·s)	1.5~4.0	1.5~4.0	1.5~4.0
针入度(4℃,200g,60s)(0.1mm)	>10	>15	>25
软化点(℃)(ASTMD36)	>57	>54	>52
弹性恢复(25℃)(%)	>30	>25	>15

美国得克萨斯州和加利福尼亚州橡胶沥青标准 表4.2-4

项目	得克萨斯州	加利福尼亚州
黏度(Haake)(Pa·s)	1.5~4.5(177℃)	1.5~4.0(191℃)
针入度(25℃,150g,5s)(0.1mm)	>20	>25~70
软化点(℃)	>57	>52~70
弹性恢复(25℃)(%)	>15	>18

美国加利福尼亚州橡胶沥青技术标准 表4.2-5

评价指标	试验方法	要求	
		最小	最大
针入度(25℃)(0.1mm)	ASTM D217	25	70
弹性恢复(25℃)(%)	ASTM D5329	18	—
软化点(℃)	ASTM D36	52	74
黏度(190℃)(Pa·s)	ASTM D7741	1.5	4.0

美国佛罗里达州橡胶沥青技术标准 表4.2-6

橡胶沥青类型	ARB5	ARB12	ARB20
胶粉类型	TYPE A 或 B	TYPE B 或 A	TYPE C 或 B 或 A
胶粉最小用量(占沥青质量)	5%	12%	20%
基质沥青	AC30	AC30	AC20
最小温度	150	150	170
最大温度	170	175	190
最小反应时间(min)	10	15	30
密度(15℃)	1.03kg/L	1.04kg/L	1.05kg/L
黏度(旋转)不小于(Pa·s)	0.4(150℃)	1.0(150℃)	1.5(175℃)

①对橡胶改性沥青进行评价的关键指标是黏度(旋转黏度)。黏度范围一般在1.5~5.0Pa·s之间,测量温度范围在175~180℃之间。加利福尼亚州采用Haake黏度计进行现场测量黏度,其测量温度为190℃。另外,加利福尼亚州对于黏度的要求相对要高一些,这与该州使用的橡胶沥青中天然橡胶含量较高有关。

②对于老化后的性能指标,FHWA与ASTM提出的标准中有所提及,已有的研究结果表明,橡胶沥青由于含有一定的抗氧化剂、抗紫外线剂等,因此具有良好的抗老化和抗氧化能力。也就是说,对于橡胶沥青可不考虑其老化指标。

③弹性恢复指标也是美国各州评价橡胶改性沥青性能的关键指标,各标准中,弹性恢复指标范围较低,最高要求大于30。

2)国内橡胶沥青技术指标

21世纪后,我国在胶粉改性沥青加工与技术应用方面逐步走向成熟,近1/3的省份应用了国产胶粉改性沥青进行各个等级公路路面的铺筑。尽管如此,早期尚无专用统一标准的问题依然限制了改性沥青技术的推广。为应对生产实践中暴露出的实际需要,全国各地不同省份先后提出了自己的地方标准。天津市的《天津市硫化橡胶粉改性沥青路面技术规程》(DB/T 29-161—2018),见表4.2-7。河北省的《稳定型废旧轮胎胶粉改性沥青技术要求》(DB13/T 2780—2018),见表4.2-8。北京市的《北京市废胎胶粉沥青及混合料设计施工技术指南》(京路科安发〔2006〕912号),技术指标要求见表4.2-9。2007年交通运输部公路科学研究院编写完成了《橡胶沥青及混合料设计施工技术指南》,技术指标要求见表4.2-10;2012年北京又颁布了地方标准《废胎橡胶沥青路用技术要求》(DB11/T 916—2012),见表4.2-11。这些地方标准对废橡胶粉改性沥青技术要求表现出了地域特点,有着明显的差异。

硫化橡胶粉改性沥青主要技术指标（天津市）　　表4.2-7

检验项目		硫化橡胶粉改性沥青		试验方法
		CRM-Ⅰ型	CRM-Ⅱ型	
旋转黏度(180℃)(Pa·s)		1.0～3.0	1.0～3.0	JTG E20 T0625
针入度(25℃,100g,5s)(0.1mm)		60～80	40～60	JTG E20 T0604
延度(5℃,5cm/min)(cm)≥		20	10	JTG E20 T0605
软化点(环球法)(℃)≥		55	60	JTG E20 T0606
闪点(℃)≥		230	230	JTG E20 T0611
TOFT后残留物	质量损失(%)≤	1.0	1.0	JTG E20 T0609
	针入度比(%)≥	60	65	JTG E20 T0604
	延度(5℃)(cm)≥	15	7	JTG E20 T0605
离析,软化点差(℃)≤		5	5	JTG E20 T0661
弹性恢复(%)≥		75	75	JTG E20 T0662

废旧轮胎胶粉改性沥青技术要求（河北省）　　表4.2-8

技术指标	技术要求			试验方法
	Ⅰ类	Ⅱ类	Ⅲ类	
旋转黏度(180℃)(Pa·s)	1.5～3.0	2.0～3.5	2.0～4.0	JTG E20 T0625
针入度(25℃,100g,5s)(0.1mm)	40～60	60～80	60～80	JTG E20 T0604
软化点 $T_{R\&B}$(℃)	≥65	≥65	≥65	JTG E20 T0606
延度(5℃)(cm)	≥10	≥15	≥20	JTG E20 T0605
弹性恢复(25℃)(%)	≥75	≥75	≥75	JTG E20 T0662
48h软化点差(℃)	≤5	≤3	≤3	JTG E20 T0661
TFOT或RTFOT后残留物				
质量变化(%)	≤1	≤1	≤1	JTG E20 T0610
针入度比(25℃)(%)	≥60	≥60	≥60	JTG E20 T0604
延度(5℃)(cm)	≥5	≥8	≥8	JTG E20 T0605

注：Ⅰ类废旧轮胎胶粉改性沥青中胶粉掺量宜大于16%(内掺)，Ⅱ类废旧轮胎胶粉改性沥青中胶粉掺量宜大于26%(内掺)，Ⅲ类废旧轮胎胶粉改性沥青中胶粉掺量宜大于36%(内掺)。

橡胶沥青技术标准（北京市）　　表4.2-9

项目	指标	项目		指标
旋转黏度(180℃)(Pa·s)	1.0～4.0	5℃延度		>10
针入度(25℃)(0.1mm)	40～80	薄膜烘箱老化后	质量损失(%)	<0.4
软化点(℃)	>47		25℃针入度比(%)	>80
弹性恢复(%)	>55		5℃针入度比(%)	>40

橡胶沥青技术指标(交通运输部)　　　　　　　　表 4.2-10

项目基质沥青	寒区 110 号、90 号	温区 90 号、70 号	热区 70 号、50 号
旋转黏度(180℃)(Pa·s)	1.0 ~ 3.0	2.0 ~ 4.0	2.5 ~ 5.0
针入度(25℃)(0.1mm)	60 ~ 100	40 ~ 80	30 ~ 70
软化点(℃)	>50	>58	>65
弹性恢复(%)	>50	>55	>60
5℃延度	>10	>10	>5

橡胶沥青技术指标(北京市)　　　　　　　　表 4.2-11

项目	技术要求			
交通等级	特重交通	重交通	中等交通	轻交通
推荐基质沥青	50 号、70 号	70 号、90 号	70 号、90 号	90 号、110 号
旋转黏度(180℃)(Pa·s)	3.0 ~ 5.0	3.0 ~ 4.0	2.0 ~ 3.0	1.0 ~ 3.0
针入度(25℃)(0.1mm)	30 ~ 60	40 ~ 70	50 ~ 80	60 ~ 90
软化点(℃)	>65	>58	>55	>52
弹性恢复(%)	>60	>60	>55	>55
延度(5℃)(cm)	>10	>10	>15	>15

　　为了更好地规范和指导橡胶沥青技术的应用,保证橡胶改性沥青混合料的施工质量,由交通运输部公路科学研究院、交通运输部科学研究院、北京市政路桥建材集团等 10 余家单位总结废胎胶粉在我国沥青路面修筑中的应用经验和有关研究成果,并参考国内、外相关技术标准和规范联合编写了中华人民共和国交通运输行业标准《路用废胎胶粉橡胶沥青》(JT/T 798—2019),具体技术指标见表 4.2-12。

废胎胶粉橡胶沥青技术要求(交通运输部)　　　　　　　　表 4.2-12

项目	单位	技术要求			
		寒区	温区	热区	钢桥面铺装
旋转黏度(180℃)	Pa·s	1.5 ~ 3.0	2.5 ~ 3.5	3.0 ~ 4.0	3.0 ~ 4.5
针入度(25℃)(100g,5s)	0.1mm	60 ~ 80	50 ~ 70	40 ~ 60	40 ~ 60
软化点	℃	>50	>58	>65	>65
弹性恢复(25℃)	%	>50	>55	>60	>75
延度(5℃,1cm/min)	cm	>10	>10	>5	>20

4.2.2　改性沥青性能评价指标

　　为提高沥青路面的强度和耐久性,改性沥青逐渐取代普通沥青成为主要的沥青混合料黏结材料,国内外根据应用需要均对改性沥青提出了相关技术要求。表 4.2-13 是美国 1995 年版的 AASHTO-AGC-ARTBA 改性沥青建议标准,是在 1991 年版的基础上修改而成的。其中,对 SBS 类离析试验的软化点差由 2.2℃放宽至 4℃;对 60℃黏度的要求也大幅度降低。

美国 AASHTO-AGC-ARTBA 改性沥青建议标准（1995 年版）　　表 4.2-13

指标		SBS 类				SBR 类			PE,EVA 类				
		Ⅰ-A	Ⅰ-B	Ⅰ-C	Ⅰ-D	Ⅱ-A	Ⅱ-B	Ⅱ-C	Ⅲ-A	Ⅲ-B	Ⅲ-C	Ⅲ-D	Ⅲ-E
针入度(25℃,100g,5s,0.1mm)	Min	100	75	50	40	100	70	80	30				
	Max	150	100	75	75				130				
针入度(4℃,200g,60s,0.1mm)	Min	40	30	25	25				48	35	26	18	12
延度(5cm/min,4℃)	Min						50	25					
黏度(60℃)(Pa·s)	Min			1000	2500	5000	5000	800	1600	1600			
黏度(135℃)(cst)	Min	—				—			150				
	Max	2000				2000			1500				
软化点 $T_{R\&B}$(℃)	Min	43	49	54	60				52	54	57	60	
闪点(℃)	Min	218		232		232			218				
溶解度(%)	Min	99.0				99.0							
离析,软化点差(℃)	Max	4											
黏韧性(25℃)(in-1bs❶)	Min					75	110						
韧性(25℃)(in-1bs)	Min					50	75						
RTFOT 或 TFOT 后残留物													
质量损失(%)									1.0				
弹性恢复(25℃)(%)			45		50								
针入度(4℃,200g,60s,0.1mm)	Min	20	15	13	13				24	18	13	9	6
黏度(60℃)(P·s)	Max					4000	8000						
延度(4℃)(cm)	Min						25	9					
黏韧性(25℃)(in-1bs)	Min							110					
韧性(25℃)(in-1bs)	Min							75					

　　表 4.2-14 是德国聚合物改性沥青供货技术条件。显然,德国标准与美国标准有很大区别。在德国标准中,每一类改性沥青主要是针入度、软化点、延度、脆点指标有所区别,其他指标都一样。B 类比 A 类延度要求低,C 类延度要求则更低,并且对弹性恢复指标不予要求,这些都是考虑适用于不同的气候条件。

---

❶　英寸-磅力,1 in-lbs≈0.113N·m。

德国聚合物改性沥青供货技术条件（BMV ARS17/91 TL-PMB）　　　表 4.2-14

技术指标		单位	PMB A			PMB B			PMB C	
			80A	65A	45A	80B	65B	45B	65C	45C
针入度(25℃,100g,5s) >		0.1mm	120	50	20	120	50	20	50	20
软化点		℃	40~48	48~55	55~63	40~48	48~55	55~63	48~55	55~63
费拉斯脆点　<		℃	−20	−15	−10	−20	−15	−10	−15	−10
延度 7℃　>		cm	100			50				
13℃　>		cm		100			30		15	
25℃　>		cm			40			20		10
密度(25℃)		g/cm³	1.0~1.1							
闪点　>		℃	200							
弹性恢复		%	50							
软化点差		℃	2.0							
旋转瓶加热试验残渣										
质量损失　<		%	1.00							
软化点变化　上升　<		℃	6.5							
下降　<		℃	2.0							
针入度变化　上升　<		%	40							
下降　<		%	10							
延度 7℃　>		cm	50			40				
13℃　>		cm		50			20		8	
25℃　>		cm			20			20		5
弹性恢复　>		%	50						—	—

　　表 4.2-15 是日本道路协会公布的技术标准。日本道路协会所公布的改性沥青与欧美国家有很大区别,不仅改性沥青的分类不同,而且技术指标也有很大的差别。日本的橡胶沥青分为Ⅰ类(橡胶类)、Ⅱ类(树脂、橡胶树脂类),另有高黏度改性沥青、高黏附性改性沥青以及用于超重交通道路的改性沥青等。

日本道路协会改性沥青标准　　　表 4.2-15

指标		Ⅰ型(橡胶类)	Ⅱ型(树脂、橡胶树脂类)	高黏度改性沥青	提高黏附性的改性沥青	超重交通改性沥青
针入度(25℃,0.1mm)		>50	>40	>40	>40	>40
软化点(℃)		50~60	56~70	>80	>68	>75
延度(cm)	7℃	>30	—	—	—	—
	25℃	—	>30	>50	>30	>50
闪点(℃)		>260	>260	>260	>260	>260
TFOT 后	质量损失(%)	—	—	<0.6	<0.6	<0.6
	残留针入度(%)	>55	>65	>65	>65	>65

指标	Ⅰ型(橡胶类)	Ⅱ型(树脂、橡胶树脂类)	高黏度改性沥青	提高黏附性的改性沥青	超重交通改性沥青
费拉斯脆点(℃)	—	—	—	< −12	—
黏韧性(N·m)	>5	>8	>20	>16	>20
韧性(N·m)	>2.5	>4	>15	>8	>15
密度(15℃)(g/cm³)	报告	报告	报告	报告	报告
黏度(60℃)(10^4Pa·s)	—	—	>2.00	>0.15	>0.30
最佳拌和温度(℃)	报告	报告	报告	报告	报告
最佳碾压温度(℃)	报告	报告	报告	报告	报告
粗集料剥离度(%)	—	—	—	<5	—

　　此外,国际上生产沥青的一些大企业都有自己相应的技术标准,如壳牌石油公司、埃索石油公司等都生产各种牌号的改性沥青。

　　我国现行改性沥青的标准《公路沥青路面施工技术规范》(JTG F40—2004)和《公路改性沥青路面施工技术规范》(DB14T/160—2015)主要参考了国外的技术标准,并按我国常用的 SBS、SBR、PE、EVA 改性沥青在近年来施工实践的基础上制定。表 4.2-16 是国内的 SBS 改性沥青技术要求。

SBS 改性沥青技术要求　　　　　　　　　　　　　　　表 4.2-16

指标	单位	SBS 类(Ⅰ类)				SBR 类(Ⅱ类)			PE、EVA 类(Ⅲ类)				试验方法
		Ⅰ-A	Ⅰ-B	Ⅰ-C	Ⅰ-D	Ⅱ-A	Ⅱ-B	Ⅱ-C	Ⅲ-A	Ⅲ-B	Ⅲ-C	Ⅲ-D	
针入度(25℃,100g,5s)	0.1mm	>100	80~100	60~80	30~60	>100	80~100	60~80	>80	60~80	40~60	30~40	T0604
针入度指数(PI),≥		−1.2	−0.8	−0.4	0	−1.0	−0.8	−0.6	−1.0	−0.8	−0.6	−0.4	T0604
延度(5cm/min,5℃),≥	cm	50	40	30	20	60	50	40	—				T0605
软化点 $T_{R\&B}$,≥	℃	45	50	55	60	45	48	50	48	52	56	60	T0606
运动黏度(135℃),≥	Pa·s	3											T0624 / T0619
闪点,≥	℃	230				230			230				T0611
溶解度,≥	%	99				90			—				T0607
弹性恢复(25℃),≥	%	55	60	65	75	—			—				T0662
黏韧性,≥	N·m	—				5			—				T0624
韧性,≥	N·m	—				2.5			—				T0624
48h 软化点差,≤	℃	2.5				—			无改性剂明显析出、凝聚				T0661

续上表

指标	单位	SBS类（Ⅰ类）				SBR类（Ⅱ类）			PE、EVA类（Ⅲ类）				试验方法
		Ⅰ-A	Ⅰ-B	Ⅰ-C	Ⅰ-D	Ⅱ-A	Ⅱ-B	Ⅱ-C	Ⅲ-A	Ⅲ-B	Ⅲ-C	Ⅲ-D	
RTFOT 或 TFOT 后残留物													
质量变化，≤	%	±1.0											T0610 T0609
针入度比 (25℃)，≥	%	50	55	60	65	50	55	60	50	55	58	60	T0604
延度(5℃)，≥	cm	30	25	20	15	30	20	10	—				T0605
延度(4℃) (cm) Min						25	9						

对比各国改性沥青的标准发现有一些共同的特点，都是先根据聚合物类型的不同进行分类，然后将每一种类型的聚合物改性沥青分成几个等级，每一个等级适用于不同的气候条件。关于改性沥青的路用性能一般只控制有限的几种性质，包括感温性、低温开裂性能、疲劳开裂性能、永久变形、老化性能、均匀性、纯度、安全性、工作度等。

分析我国的改性沥青技术标准，主要有以下特点：

(1)改性沥青分为 SBS 类、SBR 类、PE 及 EVA 类。

Ⅰ类 SBS 改性沥青中，Ⅰ-A 型及Ⅰ-B 型适用于寒冷地区，Ⅰ-C 型用于较热地区，Ⅰ-D 型用于炎热地区及重交通量路段。

Ⅱ类 SBR 改性沥青中，Ⅱ-A 型适用于较寒冷地区，Ⅱ-B 和Ⅱ-C 型适用于较热地区。

Ⅲ类树脂类改性沥青，如 PE、EVA 改性沥青，适用于较热和炎热地区。

(2)改性沥青的性能以改性后沥青感温性的改善程度，即针入度指数(PI)的变化情况作为关键评价指标。

(3)选择代表性的试验指标作为改性沥青性能的主要评价指标。

SBS 类改性沥青的高温、低温性能都比较好，且具有良好的弹性恢复性能，所以将软化点、5℃低温延度、弹性恢复性能作为主要指标。

SBR 改性沥青的低温性能得到优化，所以将 5℃低温延度作为主要指标。

PE 及 EVA 类改性沥青的高温性能改善显著，所以将软化点作为主要指标。

(4)采用旋转薄膜加热试验(RTFOT)作为改性沥青老化试验的标准方法。

(5)采用 60℃黏度作为改性沥青高温稳定性方面的改善效果的评判指标。

(6)规定了改性沥青标准使用的基本步骤。

现行评价改性沥青性能的方法有四大类：

(1)采用沥青性能指标的变化程度来衡量，如针入度、软化点、延度、黏度、脆点的变化程度。变化值越大，改性效果越好。是目前生产上最常用的方法。

(2)针对改性沥青的特点开发的试验方法，如弹性恢复指标试验适用于评价热塑性橡胶类(SBS)等聚合物改性沥青的弹性恢复性能；聚合物改性沥青的离析试验，用以评价改性剂与基质沥青的相容性；黏韧性试验用以评价沥青掺加改性剂后在黏韧性方面的改性效果；冲击板试验用以评价改性沥青与石料低温黏结力大小。还有测力延度试验、改性沥青和沥青混合料的老化试验及沥青与石料的黏附性试验等。

（3）美国战略公路研究计划根据沥青材料各项路用性能模拟实际环境试验条件,在此基础上提出评价指标,因此不仅适用于普通沥青,也适用于改性沥青。如动态流变剪切（DSR）、弯曲流变仪（BBR）、直接拉伸试验（DDT）、测力延度、扭转回弹等。

（4）化学分析方法,如凝胶渗透色谱（GPC）、差示扫描量热（DSC）、红外光谱（FT-IR）、核磁共振（NMR）等也应用于改性沥青的研究中。

4.3　高海拔地区气候分区与改性沥青适应性分析

青海省位于青藏高原东北部,平均海拔为3500m以上,属于典型的高寒高海拔地区,此地区气候条件恶劣复杂,大部分地区太阳辐射严重、年平均温度低、昼夜温差大、干湿循环冻融循环严重,对路面材料及结构影响显著,复杂多样的气候因素严重影响了此地区沥青路面耐久性;青海省复杂的气候条件决定了此地区气候分区的划分不同于其他地区,且气候分区划分非常繁杂。沥青混合料使用性能很大一部分决定于沥青性能的好坏,而不同种类沥青对环境敏感程度不同,例如SBR改性沥青耐低温性能较佳,而SBS耐高温性能更优,所以应该根据不同的使用环境选择不同的沥青品种,这样有利于提高沥青路面耐久性。

以青海省气候条件为代表,分析具有典型高寒高海拔气候特征的路面气候影响因素,建立青海省路面气候分区,分析各沥青在不同分区使用的适应性,推荐各分区适宜的改性沥青,对于改性沥青在高寒高海拔区域的推广应用具有重要意义。

4.3.1　青海省沥青路面气候分区

1）气候分区划分方法

（1）青海省气候特征。

青海省位于青藏高原东北部,属于青藏高原上重要的省份之一,平均海拔约3000m,全省均属于高原范畴。海拔5000m以上的山脉大都常年积雪,广布冰川。全省自西向东地势倾斜降低,海拔最低的民和回族自治县约1600m,海拔最高的昆仑山约6800m,中部柴达木—共和盆地海拔为3000m左右。东西向的祁连山地和南北向青南高原两组山系构成了青海地貌骨架。

从辐射、气温、降雨等因素分析,青海气候有如下特点:

①太阳辐射强、光照充足。由于青海省海拔高,空气稀薄,全年少雨,日照时数长,导致有效太阳总辐射量增大,所以青海省紫外线辐射强烈。由于地势西高东低,总体来看,辐射量自西北向东南逐渐减少,境内大部分地区年太阳总辐射量高达600kJ/cm²以上,年日照时数达2500h以上,柴达木盆地年太阳总辐射量高达700kJ/cm²以上,年日照时数达3500h以上。

②平均气温低,平均日温差大、年温差小。由于海拔高导致平均气温低,年平均气温在−6～9℃之间,高海拔地区如昆仑山常年积雪,温度极低。极端最高气温仅在湟谷和柴达木盆地等极少数地区出现,全省年平均气温在0℃以下的地区占全省面积2/3以上,包括青南高原及祁连山区等地,东部少数农业区平均气温在6～9℃,属于青海省比较暖和的地区,草原植被茂盛,适合种植及放牧,但此地区平均气温仍低于同纬度我国东部省份。由于青海省海拔高,

空气稀薄,干燥少雨,所以白天太阳有效辐射量大,地面温度相对较高,但晚上由于干燥少雨,云层较少,白天辐射产生的热量很容易流失,导致晚上气温迅速降低,晚上温度常常达到0℃以下,造成日温差大的结果,青海省平均日温差达到14~16℃,柴达木盆地西部最干旱地区平均日温差可达17℃以上。

③降雨少,地域差异大,雨热同季。青海省总的降雨量分布为西北最少,向东南逐渐增多。平均降雨量少,属于干旱地区,省内大部分地区年降雨量不足400mm。省内东部及东南部少数地区降雨量可达600mm,如久治、班玛、囊谦一带。省内最干旱地区属于柴达木盆地,此地区年平均降雨量不足100mm,而柴达木盆地西北部有些地区年降雨量不足20mm,属于极为干旱地区。青海季风气候导致此地区雨热同期,夏季雨水多,冬季雨水少,秋季雨水多于春季,大部分地区每年5—10月为雨季,持续5个月左右,而这几个月也是平均气温较高的时期。沥青路面一般必须>5℃才能施工,而此时又是雨水较多的时期,所以青海高寒高海拔地区沥青路面施工期特别短。

④气象灾害多,危害大。由于特殊的气候因素导致青海省内气象灾害较多,主要气象灾害有干旱、雪灾、霜冻、冰雹和大风,干旱频繁且严重,降雹次数多,持续时间长,大风大雪时有发生,降雨强度高、历时短。有的地区一天内可以经历降雨、降雪、冰雹等气候过程,所以此地区沥青路面建设困难重重。

(2)我国沥青路面气候分区在青海省使用缺陷。

我国沥青路面气候分区在公路沥青路面施工规范中已提出标准,该分区主要对沥青路面路用性能做出要求,分区考虑的因素包括了高温、低温及降水。

对比我国沥青路面区划方法涉及因素以及青海省气候条件可以看出:采用我国沥青路面分区方法对青海地区沥青路面分区不能充分反映青海高原高海拔对沥青要求。青海省由于海拔高、温度低、紫外线辐射严重,紫外辐射会导致沥青发生严重老化,沥青轻质组分挥发,沥青质变多,沥青变硬,低温下抗裂性能衰减,再加上日照时间长,沥青路面吸收紫外线而使路面实际温度大于空气温度,紫外老化也会影响沥青高温性能,所以此地区紫外老化是分区必须考虑的因素;我国沥青路面分区方法指标要求少,分区量少,不能区分青海复杂的环境因素。因此,针对青海具体气候条件,应在新的分区指标中考虑紫外光等因素。

2)青海省沥青路面气候影响因素

(1)气候因素对路面破坏分析。

①低温影响:沥青材料是温度敏感性材料,低温脆硬,高温时塑性流动,所以当温度很低时,由于沥青材料本身性质导致沥青混合料劲度增大,但变形能力减小,会导致路面出现温缩裂缝。青海省高海拔地区年均气温低,极端低温常有发生,青海省高速公路病害调查结果显示,此地区低温导致的各种类型裂缝是主要的路面病害,在紫外线作用后沥青路面低温裂缝更多,所以此地区沥青路面气候分区应特别考虑低温因素。

②高温影响:青海省虽年平均温度低,但沥青混合料路面温度并不低,紫外线的辐射导致路面吸收能量,所以路面温度比气温高得多,再加上近些年交通量增大、重载交通增多,所以对高温性能也不能忽略,以防止车辙等病害的产生。考虑到青海省大部分地区年平均气温较低,所以高温因素不是重点要求,只在推荐各分区沥青品种时作为参考因素。

③降雨量影响:水分进入沥青混合料中会减弱沥青与集料胶结能力,在车载作用下沥青路面更容易损坏;当水进入沥青混合料空隙并结冰时会扩大孔隙率,冰的冻融作用会进一步损害

沥青混合料稳定性,产生一系列问题。

④紫外老化影响:由于沥青属于高分子材料,分子量大,结构复杂,属于混合材料,这种材料在光热、温变等条件下会发生降解,失去原本的性能,当沥青作为结合料制备沥青混合料时,同样在光热条件下会发生降解老化,沥青失去胶结性能,从而使沥青混合料性能衰减,产生破坏。研究表明沥青受到紫外线照射时化学键会断裂,材料各项性能会严重衰减。同时,在受到紫外线辐射时,沥青混合料吸收紫外线产生能量,导致路面温度升高,所以路面高温与紫外线辐射有关。青海属于高原气候,所以此地区紫外线辐射严重影响路面耐久性。

(2)控制指标。

根据气候因素对路面破坏的分析,青海省沥青路面气候分区应该考虑低温、水分、紫外老化等因素,高温指标主要是在对各地区沥青选用时作为参考。由于太阳辐射总量与地方纬度、时间、海拔高度、云量等因素有关,而紫外线辐射总量是太阳辐射总量的一部分,它们之间的逐月变化趋势基本一致,具有较好的线性关系,所以可采用各地太阳辐射总量大小表征紫外线辐射总量大小。参考我国沥青路面分区指标及前人研究基础,对青海省路面气候分区采用的各因素及指标见表4.3-1。

路面气候分区控制因素及指标　　　　　　　　　　　表4.3-1

因素	低温	降雨量	紫外线
控制指标	累年平均极端最低气温	累年平均降雨量	年平均太阳辐射总量

3)青海省沥青路面气候分区建议

根据青海省气象资料统计计算结果可确定不同地区的各个指标值,对不同地区的各指标值进行排序,并根据排序结果将每个指标从影响程度分为几个档次,即对此地区的各个指标进行区划,得到此地区沥青路面各影响因素的强弱,将各指标影响类似的地区规划在一起,即形成一片区域,将不同区域规划出来即形成路面气候分区。

(1)青海省各地区气象资料调查。

根据青海省气象资料分析,表4.3-2～表4.3-4分别是青海省各地区累年平均极端最低气温、累年平均降雨量、年平均太阳辐射总量分布情况。

青海省各地区累年平均极端最低气温分布　　　　　　表4.3-2

地区	代表地名称	温度区划	温度 $T(℃)$
①东部农业区;②玉树州东南部地区	民和、乐都、循化、囊谦	冷温区	$T > -9$
①巴颜喀拉山南北两侧的玉树东北部和果洛西北部;②昆仑山以南、玉树藏族自治州西部的高海拔地区	清水河、玛多、五道梁	极寒区	$T < -37$
省内其他地区	格尔木、小灶火、野牛沟	寒冷区	$-9 > T > -37$

青海省各地区累年平均降雨量分布情况　　　　　　　表4.3-3

地区	代表地名称	降雨量区划	降雨量 $J(mm)$
果洛东部	久治	弱旱区	$J > 400$
①祁连山西北部;②海北东部;③巴彦喀拉山南北两侧的玉树东北部和果洛西北部;④玉树中部、东南部地区;⑤果洛中北部—海南南部;⑥黄南大部	大通、互助等	次旱区	$100 < J < 400$

地区	代表地名称	降雨量区划	降雨量 J(mm)
省内其他地区	可可西里、海西大部、民和、乐都、循化	干旱区	$J < 100$

青海省各地区年平均太阳辐射总量分布情况 表 4.3-4

地区	代表地名称	辐射总量区划	辐射量 F(MJ/m²)
柴达木盆地以西	冷湖	强太阳辐射区	$F > 7200$
柴达木盆地	大部分地区	强太阳辐射区	$7200 > F > 6800$
青海南部高原	久治、班玛	次太阳辐射区	$F < 6400$
青海湖	—	次太阳辐射区	$6400 < F < 6000$
祁连山	—	弱太阳辐射区	$6200 < F < 6000$
东部地区	大通	弱太阳辐射区	$F < 6000$

由表 4.3-2 可以看出,青海省极寒区主要集中在可可西里地区、玉树东北部和果洛西北部、玉树西部高海拔地区;而冷温区相对较少,主要是在东部地区及玉树东南部地区。由表 4.3-3 可以看出,青海省年平均降雨量少,其中果洛东部的久治地区是全省降雨最多的地方;干旱地区分布较多,西部大部分地区属于干旱地区,柴达木盆地是全省最干旱的地方。由表 4.3-4 可以看出,青海省太阳辐射量总的分布趋势是西高东低,柴达木盆地由于降雨量少,晴天日数多,导致此地区太阳辐射量最大;青海南部高原虽然海拔高,但由于雨水天气多导致总辐射量减小;海东地区海拔低,辐射总量最少。

(2)气候分区建议。

根据青海省各地区累年平均极端最低气温、累年平均降雨量、年平均太阳辐射总量分布情况,结合省内主要地形特点,可以对青海省公路气候进行区划。

一级区划:根据累年平均极端最低气温将全省分为极寒区(Ⅰ)、寒冷区(Ⅱ)、冷温区(Ⅲ)三类区域。极寒区(Ⅰ区):累年平均极端最低气温在 -37℃ 以下。寒冷区(Ⅱ区):累年平均极端最低气温在 -9 ~ -37℃ 之间。冷温区(Ⅲ区):累年平均极端最低气温在 -9℃ 以上。

二级区划:在一级区划的基础上,依照累年平均降雨量的分布状况划分为 3 个等级,即弱旱区(1)、次旱区(2)、干旱区(3)。累年平均降雨量 >400mm 为弱旱区,累年平均降雨量 <100mm 为干旱区,100 < 累年平均降雨量 <400mm 为次旱区。

三级区划:在二级区划的基础上,依照年太阳辐射量的分布状况划分为三个等级,即强太阳辐射区(A)、次太阳辐射区(B)、弱太阳辐射区(C)。辐射量 >6800MJ/m² 为强太阳辐射区,6800MJ/m² > 辐射量 >6200MJ/m² 为次太阳辐射区,辐射量 <6200MJ/m² 为弱太阳辐射区。

综合累年平均极端最低气温、累年平均降雨量、年平均太阳辐射总量分布特征,可将全省划分为不同的公路气候区域类型,例如:

Ⅰ2C 代表极寒次旱弱太阳辐射区。根据表 4.3.2 ~ 表 4.3.4 青海省各地区气候情况,采用三级区划对各地进行气候分区如下所示。

Ⅰ2B 区(极寒次旱次太阳辐射区):极寒区,累年平均极端最低气温小于 -37℃,属次旱气候,100 < 累年平均降雨量 <400mm,比较干燥,6800MJ/m² > 年太阳辐射量 >6200MJ/m²,该类型区域位于巴颜喀拉山南北两侧的玉树东北部和果洛西北部,昆仑山以南、玉树藏族自治州西部的高海拔地区。

Ⅰ3B区(极寒干旱次太阳辐射区):极寒区,累年平均极端最低气温小于-37℃,属干旱气候,累年平均降雨量小于100mm,极其干燥,6800MJ/m² >年太阳辐射量 >6200MJ/m²,该类型区域位于柴达木盆地以南—玉树西部的可可西里地区。

Ⅱ1C区(寒冷弱旱弱太阳辐射区):寒冷区,累年平均极端最低气温在-9～-37℃之间,属弱旱气候,累年平均降雨量大于400mm,年太阳辐射量小于6200MJ/m²,该类型区域位于果洛东部久治地区。

Ⅱ2B区(寒冷次旱次太阳辐射区):寒冷区,累年平均极端最低气温在-9～-37℃之间,属次旱气候,100 <累年平均降雨量 <400mm,比较干燥,6800MJ/m² >年太阳辐射量 >6200MJ/m²,该类型区域位于祁连山的西北部、玉树中部到东南部、果洛中北部—海南南部。

Ⅱ2C区(寒冷次旱弱太阳辐射区):寒冷区,累年平均极端最低气温在-9～-37℃之间,属次旱气候,100 <累年平均降雨量 <400mm,比较干燥,年太阳辐射量小于6200MJ/m²,该类型区域位于果洛东部、黄南大部以及东部的大通、互助等地。

Ⅱ3A区(寒冷干旱强太阳辐射区):寒冷区,累年平均极端最低气温在-9～-37℃之间,属干旱气候,累年平均降雨量小于100mm,极其干燥,年太阳辐射量大于6800MJ/m²,太阳辐射强烈,该类型区域位于海西柴达木盆地。

Ⅱ3B区(寒冷干旱次太阳辐射区):寒冷区,累年平均极端最低气温在-9～-37℃之间,属干旱气候,累年平均降雨量小于100mm,极其干燥,6800MJ/m² >年太阳辐射量 >6200MJ/m²,该类型区域位于玉树中西部—柴达木盆地以南—海南西南部、果洛中北部—海南南部、柴达木盆地中东部。

Ⅱ3C区(寒冷干旱弱太阳辐射区):寒冷区,累年平均极端最低气温在-9～-37℃之间,属干旱气候,累年平均降雨量小于100mm,极其干燥,年太阳辐射量小于6200MJ/m²,该类型区域位于青海湖北部—祁连山的东部、祁连山中部、环青海湖地区以及贵南、湟源等地。

Ⅲ2B区(冷温次旱次太阳辐射区):冷温区,累年平均极端最低气温大于-9℃,属次旱气候,100 <累年平均降雨量 <400mm,比较干燥,6800MJ/m² >年太阳辐射量 >6200MJ/m²,该类型区域位于以囊谦为代表的玉树东南部地区。

Ⅲ3C区(冷温干旱弱太阳辐射区):冷温区,累年平均极端最低气温大于-9℃,属干旱气候,累年平均降雨量小于100mm,极其干燥,年太阳辐射量小于6200MJ/m²,该类型区域位于东部包括民和、乐都、循化、同仁、尖扎、共和、化隆等地。

4.3.2　改性沥青在青海各分区的适应性

1)各分区对沥青指标要求

根据4.3.1节各分区指标值,将各分区对沥青路面基本性能要求分为A～C三个等级,A级要求最高,C级要求最低。由于太阳辐射导致路面吸收能量,所以强太阳辐射区路面温度比气温高。近年来,强太阳辐射区,如柴达木盆地,夏季极端最高气温屡创新高,东部少部分地区年平均气温较高,属于青海省年平均温度最高的地方,所以热老化等级由不同地区紫外线强度、海拔及纬度、气温共同决定。各分区沥青路用性能见表4.3-5。

青海省各沥青路面气候分区对沥青混合料路用性能要求   表 4.3-5

分区	低温抗裂性	水稳定性	抗紫外老化	抗热老化
Ⅰ2B	A	B	B	B
Ⅰ3B	A	C	B	B
Ⅱ1C	B	A	C	A
Ⅱ2B	B	B	B	B
Ⅱ2C	B	B	C	B
Ⅱ3A	B	C	A	A
Ⅱ3B	B	C	B	B
Ⅱ3C	B	C	C	B
Ⅲ2B	C	B	B	A
Ⅲ3C	C	C	C	A

2）各分区适宜改性沥青推荐

由 4.3.1 节可知，青海省不同气候分区对沥青混合料性能要求不同，可分析各分区对改性沥青性能要求，并推荐改性沥青类型。青海省沥青路面气候分区与改性沥青选用参见表 4.3-6。

青海省各气候分区推荐沥青种类   表 4.3-6

分区编号	改性沥青性能要求	推荐沥青
Ⅰ2B	低温要求高、耐紫外要求稍强	SBS 改性沥青/复合改性沥青
Ⅰ3B	低温要求高、黏韧性要求稍大	SBR 改性沥青/复合改性沥青
Ⅱ1C	高温要求高、黏韧性要求大	SBS 改性沥青
Ⅱ2B	低温要求稍高、耐紫外要求稍强	SBS 改性沥青/复合改性沥青
Ⅱ2C	耐紫外要求低、高温要求稍高	SBR 改性沥青/复合改性沥青
Ⅱ3A	高温要求高、耐紫外要求高	复合改性沥青
Ⅱ3B	高温要求稍高、耐紫外要求稍高	SBS 改性沥青/复合改性沥青
Ⅱ3C	耐紫外要求低、低温要求稍高	SBR 改性沥青
Ⅲ2B	高温要求高、紫外要求稍高	SBS 改性沥青
Ⅲ3C	高温要求高、耐紫外要求低	SBS 改性沥青

青海省气候条件复杂，本节对此地区进行了沥青路面气候分区，但在实际条件下各气候分区内也都存在不同差异，而且变异性较大，所以针对某一地区沥青路面建设时，应及时调研具体情况，对改性沥青的选用应格外谨慎。

本章参考文献

［1］ 马矗.多年冻土地区沥青路面材料组成与结构设计研究［D］.西安:长安大学,2006.

［2］ 胡长顺,何子文,王秉纲,等.高原多年冻土地区路基路面典型结构研究［C］.土木工程与高新技术.北京:中国建筑工业出版社,2002:231-235.

［3］ 贾敬鹏.高性能沥青混合料低温抗裂性能研究［D］.重庆:重庆交通大学,2008.

［4］ LEWALLDOWSKI L H. Polymer Modification of Asphalt Binders［J］. Rubber chem. Techbol,

1994,67:477-480.

[5] 郑聿修. 利用废旧橡胶改善沥青技术性能的初步探讨[J]. 公路工程,1983(2):95-104.

[6] 沈金安. 改性沥青与 SMA 路面[M]. 北京:人民交通出版社,1999.

[7] 余叔薄. 性能分级沥青结合料规范和试验[M]. 重庆:交通部重庆公路科学研究所,1997.

[8] 臧恩穆. 我省赴加拿大公路考察团考察报告[J]. 青海交通科技,1994(1):5-9.

[9] 张毅. 多年冻土地区沥青混合料低温抗裂性能及配合比设计方法研究[D]. 西安:长安大学,2004.

[10] 周勇. 高寒地区道路沥青低温性能评价指标继光老化特性研究[D]. 西安:长安大学,2005.

[11] 丁兰. SBR 改性沥青在西藏地区路用性能研究[D]. 重庆:重庆交通大学,2009.

[12] STASTNA J,ZANZOTTO L. Viscosity functions in polymer-modified asphalts[J]. Journal of Colloid and Interface Science,2003,259(1):200-207.

[13] 房建宏. 硫化杜仲胶改性沥青在西部高寒地区的应用探讨[J]. 公路工程,2012,37(4):40-43.

[14] 王国安. 多年冻土地区硅藻土改性沥青性能研究[D]. 重庆:重庆交通大学,2010.

[15] 徐鸥明,韩森,李洪军. 紫外线对沥青特征官能团和玻璃化温度的影响[J]. 长安大学学报自然科学版,2007,27(2):16-20.

[16] 叶昌勇,许达俊. SBS 和 SBR 改性沥青混合料抗紫外线老化性能研究[J]. 武汉理工大学学报(交通科学与工程版),2014(4):883-886.

[17] 刘黎萍,董文龙,孙立军,等. SBS,SBR 改性沥青抗紫外线老化性能对比[J]. 建筑材料学报,2009,12(6):676-678.

[18] 董文龙,刘黎萍,江涛,等. 添加剂量对改善沥青紫外线老化作用的影响分析[J]. 山东交通学院学报,2006,14(4):58-62.

[19] 周雪艳,马矗,田宇翔,等. 青藏高寒地区沥青混合料低温抗裂性能的灰关联分析[J]. 江苏大学学报(自然科学版),2016,37(5):597-603。

[20] 杨光,申爱琴,陈志国,等. 季冻区橡胶粉/SBS 复合改性沥青工厂化参数分析与性能评价[J]. 公路交通科技,2015,32(12):29-37.

[21] 张涛,李东兴. 多聚磷酸与 SBR 复合改性沥青混合料性能及改性机理[J]. 公路工程,2016,41(3):216-222.

[22] 刘红瑛,张振兴,常睿,等. 多聚磷酸改性沥青流变特性及改性机理. 同济大学学报(自然科学版)[J]. 2016,44(12):1880-1888.

[23] 叶智刚,孔宪明,余剑英,等. 橡胶粉改性沥青的研究[J]. 武汉理工大学学报,2003,25(1):11-14.

[24] XIAO F N. AMIRKHANIAN S N,SHEN J,et al. Influences of crumb rubber size and type on reclaimed asphalt pavement(RAP)mixtures[J]. Construction and Building Materials,2009,23(2):1028-1034.

[25] 李雪,廖明义. 胶粉改性沥青的性能研究[J]. 橡胶工业,2005,52(5):283-287.

[26] BAHIA H U,DAVIES R. Factors controlling the effect of crumb rubber(CRM)on critical properties of asphalt binders[J]. Association of Asphalt Paving Technologists Annual Meeting

（Portland）. Proceedings of the Association of Asphalt Paving Technologists, 1995, 64: 130-162.

[27] 肖鹏,马爱群.废旧橡胶粉用于道路改性沥青的研究[J].交通环保,2005,26(3):56-58.

[28] BILLITER T C. The characterization of asphalt-rubber binder [J]. Science& Engineering, 1997,57(12):7624-B.

[29] 尹继明,肖鹏,仝小芳.活化废胶粉改性沥青制备工艺试验研究[J].中外公路,2009,29(1):216-219.

[30] 廖明义,倪阳.制备工艺对橡胶粉改性沥青流变特性及形态学的影响研究[J].石油沥青,2006,20(6):47-50.

[31] 廖明义,李雪.废橡胶粉改性沥青稳定性及其影响因素[J].石油化工高等学校学报,2004,17(4):38-41.

[32] ZHANG C, WANG H, YOU Z, et al. Performance Test on styrene-butadiene-styrene(SBS) modified asphalt based on the different evaluation methods[J]. Applied Sciences, 2019, 9(3):467-478.

[33] 张玉贞,王翠红,黄小胜.聚合物 SBS 改性沥青相容性研究[J].石油沥青,2000,14(2):1-5.

[34] AL-RABIAN A, ABDELAZIZ O, MONTERO E, et al. Effect of styrene-butadiene-styrene copolymer modification on properties of Saudi bitumen[J]. Petroleum Science and Technology, 2016,34(4):321-327.

[35] LIANG M, LIANG P, FAN W, et al. Thermo-rheological behavior and compatibility of modified asphalt with various styrene-butadiene structures in SBS copolymer[J]. Materials & Design, 2015,88:177-185.

[36] SCHAUR A, UNTERBERGER S, LACKER R, et al. Impact of molecular structure of SBS on thermomechanical properties of polymer modified bitumen[J]. European Polymer Journal, 2017,96:256-265.

[37] OUYANG C, WANG S, ZHANG Y, et al. Improving the aging resistance of styrene-butadiene-styrene tri-block copolymer modified asphalt by addition of antioxidants[J]. Polymer Degradation & Stability,2006,91(4):795-804.

[38] JIANG Z, HU C, EASA S, et al. Identifying optimal polymer type of modified asphalt based on damping characteristics[J]. Construction and Building Materials,2018,173:308-316.

[39] ZHU H, XU G, GONG M, et al. Recycling long-term-aged asphalts using bio-binder/plasticizer-based rejuvenator[J]. Construction and Building Materials,2017,147:117-129.

[40] 张玉贞,等.聚合物 SBS 和沥青的相容性研究[J].石油学报,2001(2):68-71.

第5章
高海拔地区
沥青混合料低温性能

由粗细集料、沥青胶浆和空隙多相增强体形成的沥青混合料,在施工过程中会形成原始缺陷,在严酷的环境和荷载条件下,微裂缝尖端可产生高达数倍的应力集中,从而使裂缝发展,导致路面结构的整体破坏。裂纹尖端的应力集中产生的塑性区对材料的影响不可忽略,需要充分考虑裂纹体的黏弹性行为,采用基于断裂能的 J 积分理论来描述弹塑性材料裂纹问题,可以避开分析裂纹尖端附近的弹塑性应力应变场。因此,采用带切口的半圆弯曲试件(SCB)评价所研发的沥青混合料低温抗裂性能,分析试件在荷载和温度共同作用下的断裂与裂缝扩展行为,同时对比研究结合料种类、级配类型、温度和切口深度对沥青混合料低温性能的影响。

采用低温应力约束试验(Thermal Stress Restrained Specimen Test,TSRST),也称冻断试验,评价高寒地区大幅降温下沥青混合料低温力学特性,直观地评价不同沥青结合料和级配类型的沥青混合料低温松弛能力;再结合 TSRST 数值模拟验证试验结果的可靠性,计算不同降温速率、不同初始温度等因素对试验结果的影响;低温松弛能力与材料的低温收缩特性相关,因此采用低温收缩系数评价沥青混合料的低温收缩行为。为进一步从松弛特性角度评价沥青混合料的低温性能,并利用时温等效原理和黏弹性理论将沥青的动态模量试验结果转换为松弛模量主曲线,研究基于松弛特性的沥青混合料温度力学特性。松弛模量主曲线随时间的变化规律,一方面可用来评价高寒地区沥青混合料低温应力松弛能力,另一方面可作为黏弹性参数的基本力学参数,是进行沥青路面结构黏弹性力学行为分析的基础。

5.1 低温半圆弯曲断裂性能

SCB 试验可以用来评价沥青混合料的低温抗裂性能,测得的抗弯拉强度等指标是沥青混合料的重要力学参数。车辆荷载作用下纯粹的受拉或者受剪模式,在道路结构中是极少存在的,而低温弯曲试验能较好地模拟车轮作用于路面的受力状态。因此,采用 SCB 试验分析沥青混合料的低温抗裂性能,从应力-应变曲线出发,重点研究沥青种类、混合料类型、切口深度和温度对 SCB 试验结果的影响,分析不同沥青混合料的抗裂性能。

5.1.1 试验原材料、试件制作与试验方法

1)试验原材料

(1)沥青。

沥青结合料的性能优劣在很大程度上决定了沥青混合料的强度、水稳定性和疲劳性能与低温抗裂性能,本章开展的沥青混合料试验所用沥青分别是 SK90、SBS 改性沥青和 SRA 复合改性沥青,基本性能指标见表 5.1-1。

沥青基本性能指标   表 5.1-1

沥青种类		延度(cm)		软化点(℃)	针入度(0.1mm)	135℃旋转黏度(mPa·s)	175℃旋转黏度(mPa·s)
		5℃	10℃				
原样	SK90	—	54.6	46.7	92.1	353	56
	SBS	34.6	—	73.9	74.2	1400	382
	SRA	30.5	—	82.1	70.8	4300	945
TFOT残留物	SK-90	—	8.0	52.6	49.5	507	101
	SBS	23.0	—	64.7	44.8	2440	460
	SRA	15.1	—	75.2	51.5	6110	1820
PAV残留物	SK-90	—	4.2	60.7	29.8	1010	207
	SBS	1.5	—	65.1	21.4	3567	670
	SRA	6.0	—	73.4	35.0	6700	1900

(2)集料及合成级配。

粗、细集料为玄武岩,来自陕西西安灞桥石料厂,矿粉为石灰岩。共有五档集料,分别为0~3mm、3~5mm、5~10mm、10~15mm、15~20mm,各档集料的基本技术性能均满足相应规范要求。选用高寒高海拔青海地区常用的三种混合料级配类型:AC-13、AC-16、SMA-13。其级配曲线分别如图 5.1-1 所示。各沥青混合料均在最佳沥青用量基础上对其基本体积指标和性能进行测试,各项指标均满足规范要求。

2)试件制作

圆形或半圆形试件都采用旋转压实方式成型,此种揉搓的压实方式能够很好地模拟工程实际状况,达到实际路面气候和荷载条件下的密实度,较容易控制试件的空隙率,试件尺寸为

直径150mm×高130mm。采用这种成型方式成型的试件主要用来进行半圆弯曲试验和动态模量测试,空隙率控制在(4.5±0.25)%。动态模量试件制作相对简单,直接采用旋转压实试验进行,钻芯成尺寸为直径100mm×高130mm的试件,然后用其制作半圆弯曲试件。下面详细介绍半圆弯曲试件的制作流程。

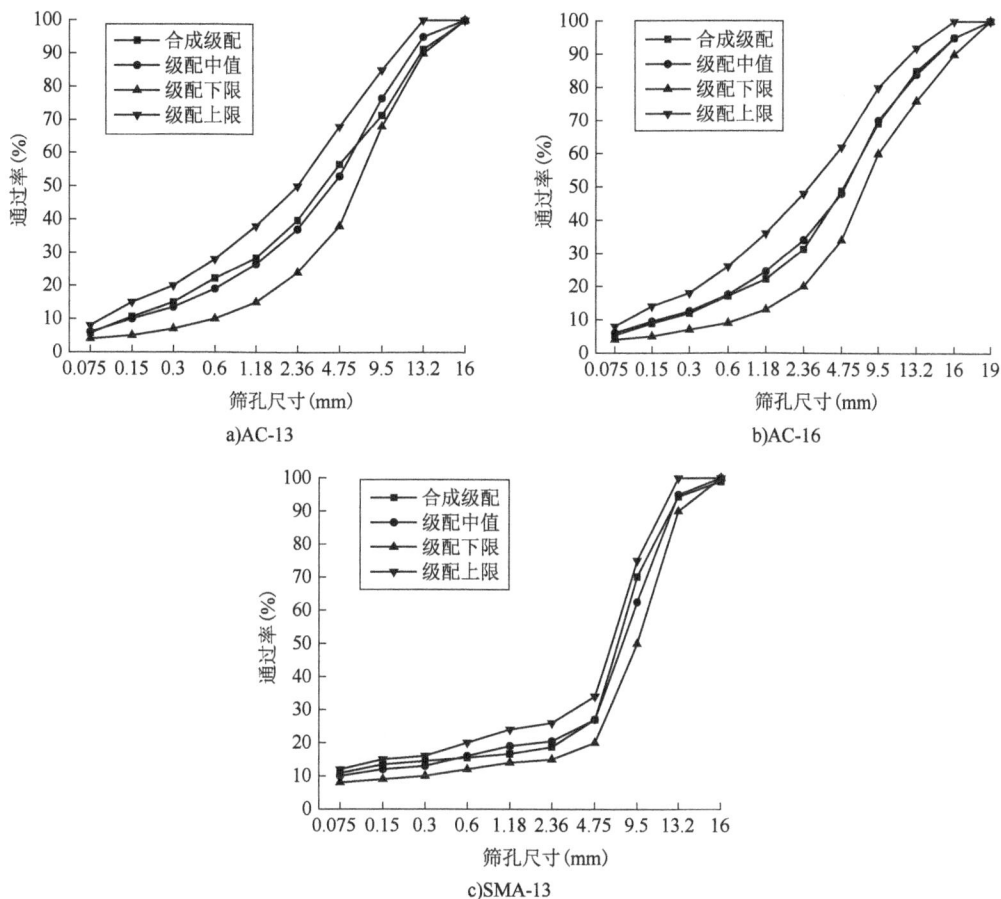

a)AC-13

b)AC-16

c)SMA-13

图5.1-1 级配曲线

受旋转压实模具周围桶壁的约束和装料高度的影响,旋转压实试件中部与周围、上部与下部的孔隙率差异较大,会直接影响试验结果(包括预切口的开裂路径和试件的强度等),切缝时受试件尺寸和切缝长度的影响,缝宽尽量控制在2mm以内,缝越宽,切缝厚度损失越严重。为了尽量避免试件制作对测试数据的影响,对成型的试件进行钻芯(直径100mm×高130mm的动态模量试验用试件),然后将钻芯后的试件两端各切割掉10mm(考虑切割厚度损失),剩余高度为100mm(需要扣除切缝厚度损失);然后,从中间将其切为两半,得到尺寸为直径100mm×高50mm的两个圆柱形试件,在此基础上分别将两个圆柱形试件切成半圆试件。需要特别注意的是,钻芯过程中确保钻芯机固定牢固且钻芯桶对准试件的中心,钻过芯样的试件在切割机上进行切割,切割时采用的是直径400mm的金刚石双面锯,切割过程中采用夹具牢牢夹住试件且连续切割,保证切割面平整且不倾斜。切割后的尺寸需要用尺子精确量取,尺寸偏差偏大的不应作为进一步试验用试件。

为了研究沥青混合料的低温断裂特性及裂缝的扩展过程,采用三点弯曲试验来评价。对直径 100mm × 高 50mm 的试件进行预切缝,切缝深度分别为 5mm、10mm 和 20mm 三种,由于切缝本身深度较浅且要求的精度较高,采用自行设计带有轨道约束、高度可调的小型切缝机进行切缝,如图 5.1-2 所示。为了保证不同切缝试件平行试验的可靠性,用同一个旋转压实试件切出的 4 个相同的试件作为一组平行试验,将 9 种沥青混合料同种切缝深度的 4 个试件捆绑在一起,以免混淆,共分 3 批成型试件。每一批采用一种沥青 3 种级配,4 个温度 3 种切口需要成型的试件数量为 3 × 4 × 3 = 36 个,共采用 3 种沥青。因此,做 SCB 试验共需要成型的试验个数为 36 × 3 = 108 个。

图 5.1-2 小型切缝机(左)和切缝后的半圆试件(右)

3)试验方法

考虑到高寒地区极端低温和平均气温,特确定了试验温度分别为 −35℃、−15℃、−5℃ 和 15℃,综合研究沥青结合料种类、级配类型、切口深度和试验温度对沥青混合料低温断裂性能的影响。

SCB 试验在电子万能试验机上进行,采用位移加载,加载速率为 5mm/min,试件跨径为 80mm,开口裂尖位移采用经标定的三晶牌子的引伸计测量。试验在环境箱内进行,但发现当

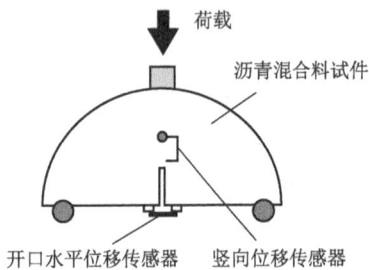

图 5.1-3 SCB 试验

试验温度过低时(比如 −35℃),随着试验进行,由于环境箱内外温差大且需要反复开关门放取试件,导致试件和夹具表面结白霜而荷载压头刚一接触试件时会前后滑移,很难将荷载稳步施加在试件上,测得的数据不准确。考虑到弯曲试验用时较短且试件经历充足的保温时间,在环境箱外部迅速测试。实践证明,对于切口试件这个跨径尺寸,可以避免试验过程中试件在支座接触部分产生受剪破坏,试件裂尖位移采用引伸计量测,SCB 试验如图 5.1-3 所示。

5.1.2 断裂力学性能参数

1)Ⅰ型裂缝应力强度因子

(1)三种断裂类型。

在断裂力学中,按照裂纹的受力情况,将裂纹分为三种基本开裂模式,分别为张开型(Ⅰ型)、剪切型(Ⅱ型)、撕裂型(Ⅲ型),如图 5.1-4 所示。在长期低温、骤然降温条件下的高寒地区,沥青路面产生的温缩开裂往往是温度应力过大导致的沥青面层结构拉裂破坏,即Ⅰ型裂缝。

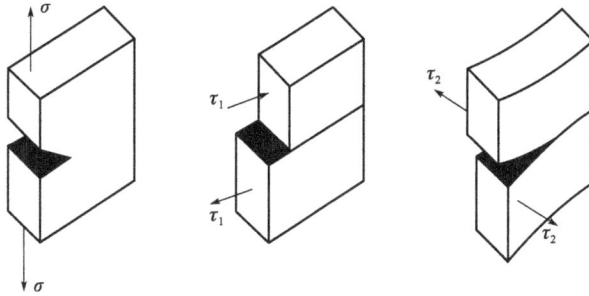

图 5.1-4　裂纹三种基本开裂模式

（2）Ⅰ型裂纹尖端的应力场。

带有预切口试件在弯曲时,裂纹扩展从其尖端开始向前进行,缺口根部处于复杂的应力状态(平面应力和平面应变),因此应该分析裂纹尖端的应力、应变状态,建立裂纹扩展的力学条件。假设有一无限大板,其中有 $2a$ 长的Ⅰ型裂纹,在无限远处作用有均匀拉应力 σ,应用弹性力学建立裂纹尖端附近的应力场、应变场,如图 5.1-5 所示,用极坐标表示,则各点(γ,θ)的应力应变分量和位移分量可以近似表述如下。

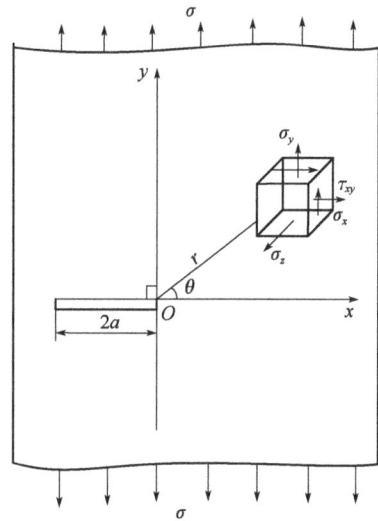

图 5.1-5　具有Ⅰ型穿透裂纹无限大板的应力分析

应力分量:

$$\left.\begin{aligned}
\sigma_x &= \frac{K_1}{\sqrt{2\pi r}}\cos\frac{\theta}{2}\left(1-\sin\frac{\theta}{2}\sin\frac{3\theta}{2}\right) \\
\sigma_y &= \frac{K_1}{\sqrt{2\pi r}}\cos\frac{\theta}{2}\left(1+\sin\frac{\theta}{2}\sin\frac{3\theta}{2}\right) \\
\sigma_z &= \mu(\sigma_x+\sigma_y)\quad(\text{平面应变}) \\
\sigma_z &= 0\quad(\text{平面应力}) \\
\tau_{xy} &= \frac{K_1}{\sqrt{2\pi r}}\sin\frac{\theta}{2}\cos\frac{\theta}{2}\cos\frac{3\theta}{2}
\end{aligned}\right\}\quad(5.1\text{-}1)$$

位移分量(平面应变状态):

$$\left.\begin{aligned}
u &= \frac{1+\mu}{E}K_1\sqrt{\frac{2r}{\pi}}\cos\frac{\theta}{2}\left(1-2\mu+\sin^2\frac{\theta}{2}\right) \\
\nu &= \frac{1+\mu}{E}K_1\sqrt{\frac{2r}{\pi}}\sin\frac{\theta}{2}\left[2(1-\mu)+\cos^2\frac{\theta}{2}\right]
\end{aligned}\right\}\quad(5.1\text{-}2)$$

应变分量(平面应变状态):

$$\left.\begin{aligned}
\varepsilon_x &= \frac{(1+\mu)K_1}{E\sqrt{2\pi r}}\cos\frac{\theta}{2}\left(1-2\mu-\sin\frac{\theta}{2}\sin\frac{3\theta}{2}\right) \\
\varepsilon_y &= \frac{(1+\mu)K_1}{E\sqrt{2\pi r}}\cos\frac{\theta}{2}\left(1-2\mu+\sin\frac{\theta}{2}\sin\frac{3\theta}{2}\right) \\
\gamma_{xy} &= \frac{2(1+\mu)K_1}{E\sqrt{2\pi r}}\cos\frac{\theta}{2}\sin\frac{\theta}{2}\cos\frac{3\theta}{2}
\end{aligned}\right\}\quad(5.1\text{-}3)$$

式中:μ——泊松比;

    E——拉伸弹性模量;

  u、v——x 和 y 方向的位移分量。

以上公式都是近似表达式,越接近裂纹尖端,其精度越高。所以,它们最适用于 $r \ll a$ 的情况。

由式(5.1-1)可知,在裂纹延长线上,$\theta = 0$,则:

$$\left.\begin{array}{c}\sigma_x = \sigma_y = \sqrt{\dfrac{K_1}{2\pi r}} \\ \tau_{xy} = 0\end{array}\right\} \tag{5.1-4}$$

可见,在 x 轴上裂纹尖端的切应力分量为0,拉应力分量最大,裂纹最易沿 x 轴方向扩展。

由式(5.1-1)可知,裂纹尖端的应力是一个变化复杂的多向应力,用它直接建立裂纹扩展的应力判据十分复杂且困难;而且当 $r \to 0$ 时,无论外加平均应力 σ 如何小,裂纹尖端各应力分量均趋于无限大,更无法用应力判据处理这一问题。应力强度因子 K_1 可以解决这个问题,式(5.1-1)表明,裂纹尖端区域各点的应力分量除了取决于其位置(r,θ)外,还与强度因子 K_1 有关,对于某一确定的点,其应力分量就由 K_1 确定。因此,K_1 的大小直接影响应力场的大小,K_1 越大,则应力场各应力分量也越大。这样 K_1 就可以表示应力场的强弱,称为应力强度因子。

试验证明,对同一材料的不同构件,若以同一种开裂模式加载,且处于同一种应力状态下,它们断裂时的 K 值是相同的,这一值是一种临界值,这一处于平面应变状态下的临界值被称为 K_{IC},平面应力状态下的临界值被称为 K_C。断裂准则可以表示为:当裂纹尖端应力强度因子 K 达到某一临界值 K_{IC}(平面应变)或 K_C(平面应力)时,裂纹发生失稳扩展,临界值 K_{IC} 或 K_C 称为材料的断裂韧度。它可以表征材料阻止裂纹失稳扩展的能力,是材料的一种韧性指标,是反映材料性能的一个参量。

K_1 作为评价裂纹尖端应力场强弱的力学度量,它建立在严格的线弹性断裂力学基础上,但是当裂纹尖端存在较大的塑性变形区时,线弹性断裂力学不一定是合适的,不过可以采用虚拟有效裂纹代替实际裂纹来对 K_1 进行修正后使用。

对于三点弯曲试样加载时,裂纹尖端的应力强度因子 K_1 表达式为:

$$K_1 = \frac{P \cdot S}{BW^{3/2}} \cdot Y_1\left(\frac{a}{W}\right) \tag{5.1-5}$$

式中:$Y_1\left(\dfrac{a}{W}\right)$——有关 $\dfrac{a}{W}$ 的函数,求出 $\dfrac{a}{W}$ 值后由下式确定,即:

$$Y_1\left(\frac{a}{W}\right) = \frac{3(a/W)^{1/2}[1.99 - (a/W)(1 - a/W) \times (2.15 - 3.93)(a/W) + 2.7(a^2/W^2)]}{2(-1 + 2a/W)(1 - a/W)^{3/2}}$$

因此,将裂纹失稳扩展的临界载荷 P 及试件断裂后所测的裂纹长度 a、板的厚度 W、跨径 S 代入式(5.1-5)即可得出 K_1。但是,在实际工程中准确测量断口裂纹长度 a 是比较困难的,通常采用显微镜测量裂纹的不同规定宽度下所对应的 a 值进行平均。

2)J 积分

一般小范围的屈服,可采用线弹性断裂力学解决断裂问题,但是对于塑性区域较大的情况,线弹性力学的方法已经不适用,一般是将线弹性的原理进行延伸,并在试验的基础上提出新的断裂韧性和断裂判据,目前常用的方法是 J 积分和 COD 法,采用 J 积分的方法来评价弹塑性材料的裂纹扩展能力。

(1)J积分理论。

J积分理论可定量地描述裂纹体的应力应变场强度,有严格的理论依据。设有一均质板,板上含一条贯穿裂纹,裂纹表面无外力作用,均质板所受的外力使裂纹周围产生二维应力应变场。围绕裂纹尖端取回路Γ,由裂纹下表面任一点开始,按逆时针方向(弧长S的正向)沿Γ环绕裂纹尖端行进,终止于裂纹上表面任一点,如图5.1-6所示。定义积分为:

$$J = \int_{\Gamma}\left(W\mathrm{d}y - \overrightarrow{T}\frac{\overrightarrow{U}}{\partial x}\mathrm{d}s\right) \tag{5.1-6}$$

式中:W——板的应变能密度;

$\overrightarrow{T}$——作用在积分回路Γ弧元$\mathrm{d}s$上的外力矢量;

$\overrightarrow{U}$——回路Γ上的位移矢量。

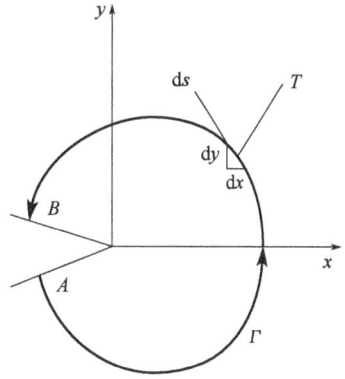

图5.1-6 J积分示意图

Rice证明了J是与Γ路径选择无关的常量,认为只要从裂纹下表面上任意一点出发,绕过裂纹尖端,终止于裂纹上表面的任意一点即可,这一特点被称为J积分的守恒特性,并且Rice认为这一常数的数值就反映了裂纹尖端应力应变场的强度,这一特性对于线弹性问题只要通过弹性理论平衡方程、小变形条件就可以得到证明,对于弹塑性问题,当单调加载,即无卸载时,J积分也与路径无关。

而在弹塑性的情况下,利用全量理论,附加不卸载的条件,可以对J积分作这样的物理解释:在相同的边界条件下,比较两块几何相同但裂纹长相差极小的势能,J积分的负值等于裂纹表面相差单位面积时两块板势能的差,即:

$$J = -\frac{1}{B}\frac{\partial V}{\partial a} \tag{5.1-7}$$

Bagley和Landes依据大量试验,认为J积分作为衡量裂纹开裂的参量是适宜的,从而建立了J积分准则:当围绕裂纹尖端的J积分达到临界值J_C(平面应力)或J_{IC}(平面应变)时,裂纹开始扩展。J_C或J_{IC}被称为J积分断裂韧度,代表材料的抗裂性能。

(2)半圆弯曲试件断裂能与断裂韧度计算方法。

断裂韧度常用小梁试件获得,因为三点弯曲小梁试件存在断裂韧度单试件标定公式,试验数量少,试验方便,而半圆试件目前还没有单试件表达式,由于韧度J_{IC}可以用势能公式表达出来,根据文献,沥青混合料的J积分断裂韧度可以根据下面的公式获得:

$$J_C = \left(\frac{U_1}{b_1} - \frac{U_2}{b_2}\right)\frac{1}{a_1 - a_2} \tag{5.1-8}$$

式中:U_1、U_2——两种切口深度下试件破坏时吸收的能量;

b_1、b_2——试件的厚度;

a_1、a_2——试件的两种切口深度。

通过试验过程中记录的荷载-位移曲线,计算荷载达到最大值时曲线下方的面积,即可得到试件破坏时所吸收的能量,也叫断裂能,可用下式表示:

$$U = \frac{W}{A} \tag{5.1-9}$$

式中:W——试件破坏时荷载位移曲线下方的面积;

　　A——断裂截面面积。

计算 J_c 时采用 3 种不同切口深度的裂纹试件进行断裂韧度计算,每组试验进行 3 次平行试验,半圆形试件来源于同一个旋转压实试件。

有研究发现,不同切口的断裂能不同,切口越大,断裂能越小,切口已经破坏了试件的整体性,测得的断裂能只是剩下未切口部分的能量,不能代表试件的断裂性能。所以,采用断裂能不能统一评价沥青混合料的断裂性能;J 积分断裂韧度是由两种以上切口深度的试件,通过断裂能与切口深度拟合求斜率得到的。不同沥青混合料求得的断裂韧度可能斜率相同,J 积分韧度也存在一定的局限性。因此,提出采用断裂能与切口深度拟合直线的延长线与坐标 y 轴交点,表达的物理意义很明确,指的是试件没有切口时断裂所需要的能量,称作基准断裂能。这个指标可以综合考虑沥青混合料的松弛、变形和强度特性,不受切口深度的影响。

5.1.3　断裂形态分析

选取三种沥青,分别为 SK90、SBS 和 SRA,级配类型 SMA-13,切口深度为 10mm、试验温度为 $-35℃$、$-15℃$、$-5℃$ 和 $15℃$,分析基于 SCB 试验的破坏形态和荷载-位移曲线。

1)断裂试件外观分析

在相同的加载速率下,不同沥青结合料类型试件的断裂状态相差不大,以具有代表性的试件分析其断裂状态。在裂缝扩展过程中,没有切口的试件不在预想的试件跨中位置断裂,大致从试件底部最薄弱、受力最集中的地方起裂,如图 5.1-7 所示。无预切缝的试件破坏状态,其起裂位置大致在支座内侧粗集料边缘断裂,一般情况下无切缝试件由于尺寸的特殊性,起裂位置很容易发生在下方支座处,由于剪应力过大,加上竖直外力综合作用导致剪切破坏,违背了试验受力破坏模式,不能作为有效试验。目前,对于没有切口的 SCB 试件其应力、应变还没有精确的数值解,当试件底部的跨径为试件直径的 0.8 倍时,通常采用有限元数值模拟的方法得到近似解,可以采用下式表示:

$$\sigma_t = \frac{4.888F}{WD} \qquad (5.1\text{-}10)$$

式中:σ_t——试件底部拉应力值(MPa);

　　F——竖直方向荷载(N/mm);

　　W——试件宽度(mm);

　　D——试件直径(mm)。

不带切口试件的破坏形态如图 5.1-7 所示,可以发现其破坏路径绕过了粗集料大致呈直线断裂,在应力集中处没有超过粗集料的破坏强度时从试件底部粗集料附近最薄弱的位置起裂。因此,试件的开裂路径与粗集料的形状及在混合料中的分布有一定关系,一般裂缝会避开粗集料扩展,所以在施工中要拌和均匀,防止运输和施工离析,减缓裂纹的发生和扩展。如图 5.1-8 所示的带预切口的破坏试件,破坏路径一般在荷载作用下沿着预切口方向向上扩展,扩展过程中遇到较大粗集料时会绕行并沿切缝方向继续扩展;如果正对切口上方存在较大粗集料,由于裂缝尖端应力集中、强度破坏因子较大,破坏路径将此粗集料破坏向上扩展,但是继续向上扩展的能量会大大减少。由此可见,粗集料的分布特征对试件开裂路径影响较大。

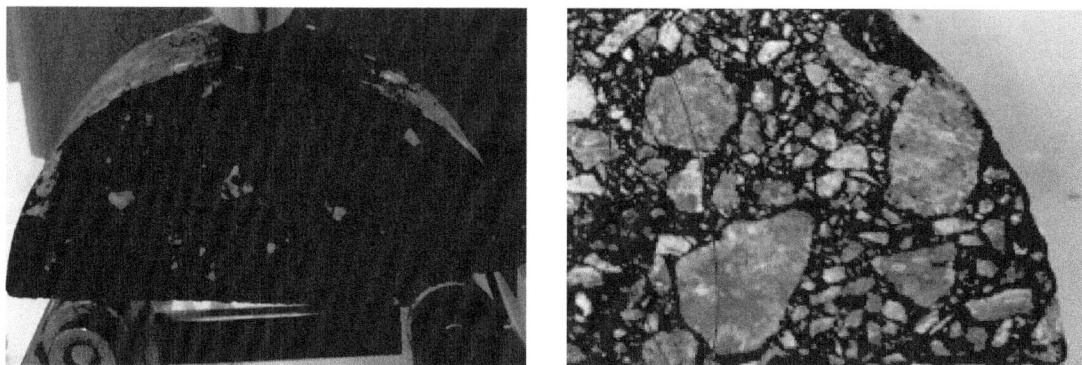

图 5.1-7　无切口试件的破坏形态

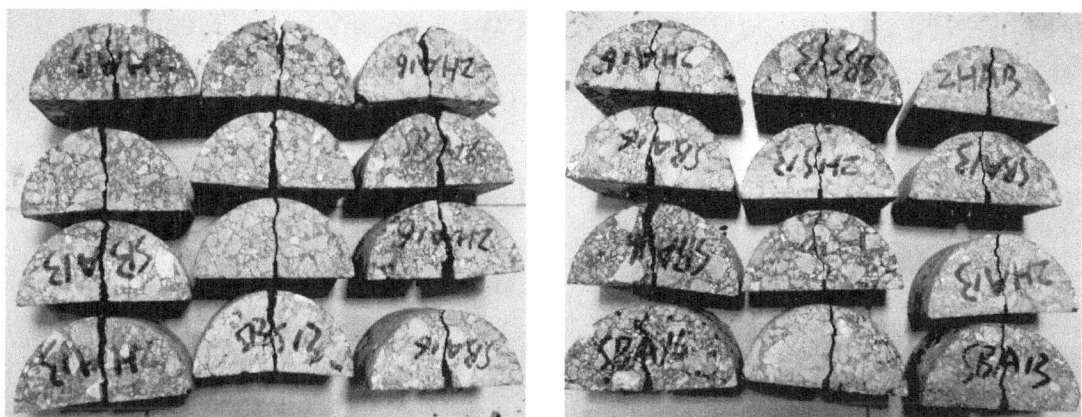

图 5.1-8　带切口试件的破坏形态

2)断裂曲线形态分析

SCB 试验的沥青混合料试件荷载-位移曲线,如图 5.1-9 所示。图 5.1-9a)为典型的应力应变曲线,图 5.1-9b)~d)为不同温度下的荷载位移曲线。

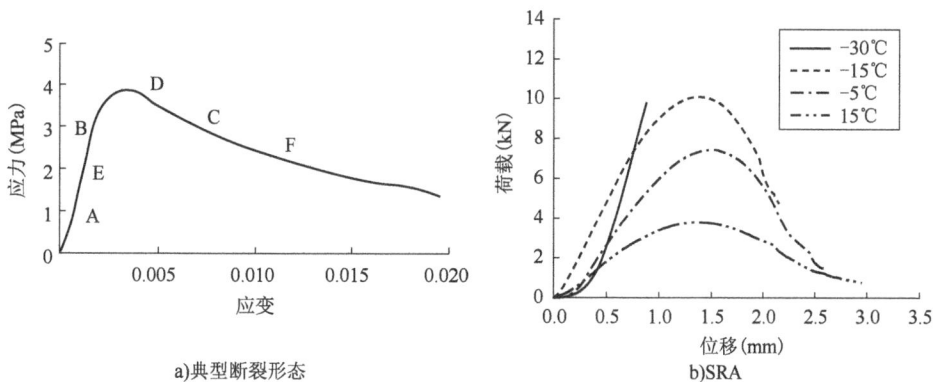

a)典型断裂形态

b)SRA

图　5.1-9

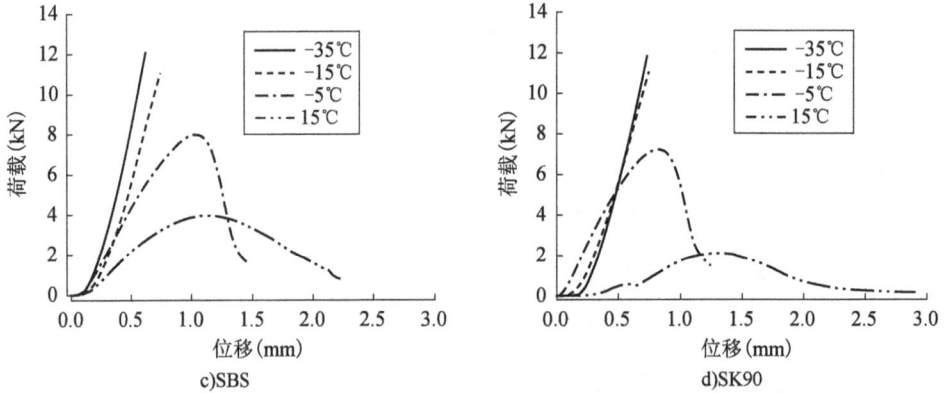

c)SBS

d)SK90

图 5.1-9　不同沥青结合料下的荷载-位移曲线

由图 5.1-9a) 可以发现,典型的应力应变曲线分为三个阶段:在加载初期,试件产生缓慢的变形出现反弯段 OA、应力应变线性增长直线段 AE,双曲线段 EBD 和破坏段 DCF。形成三阶段的主要原因是,沥青混合料试件本身压实后含有空隙率,经初期受压,空隙被压缩,随着加载应变增加迅速,而形成反弯段;之后应力应变同步线性增长,这与沥青混合料中沥青含量、沥青种类、试验温度和围压有关,当沥青含量较小时,反弯段和线性段范围都较大,沥青含量较大时,反弯段和线性段都趋于消失;图 5.1-9b) ~ d) 中不同沥青结合料反弯段和线性段的比例不同,SRA 沥青的直线段比例较 SBS 和 SK90 的小,说明在相同的低温环境和荷载作用下,SRA 具有更强的蠕变变形能力,当温度较高时,SK90 沥青混合料很显著变软,模量变小,在相同荷载作用下,产生较大的位移;当荷载达到最大值 D 点时,应力应变呈应力软化型发展,直至破坏。

三阶段典型曲线往往在温度稍高时出现。如图 5.1-9b) ~ d) 所示, −35℃ 和 −15℃ 试验温度下得到的荷载-位移曲线,荷载均随着位移增长而提高,直至达到最大值发生断裂,B 点曲线迅速消失,没有残余强度,整个过程仅有反弯段和线性段阶段,沥青混合料接近线弹性体,可以采用应力强度因子 K_1 评价其断裂韧性。但是高于材料的临界温度后,荷载-位移曲线出现了较大的非线性,材料发生了塑性变形。此时,不能采用应力强度因子 K_1 评价沥青混合料的断裂性能。因此,统一采用 J_c 评价不同沥青混合料的断裂韧性。

为了进一步分析同一温度下沥青种类对沥青混合料试件断裂曲线的影响,荷载位移曲线如图 5.1-10 所示。

从图 5.1-10 可以看出,不同沥青混合料试件在不同温度下其荷载-位移曲线有显著差异,随温度升高沥青混合料的破坏荷载减小,产生的变形增大;温度越低,曲线越陡,破坏荷载越大,产生的变形越小。

试验温度为 −35℃ 时,荷载-位移曲线呈直线。可以得出结论:沥青混合料表现为硬而脆,极限弯拉强度较高,断裂时产生变形较小,试件在断裂之前只发生弹性变形,没有塑性变形消耗能量,因而有利于裂纹的扩展,荷载达到最大值时试件迅速崩裂,属脆性断裂。另外,由于这一试验温度较低,很可能会出现荷载达几千牛顿、位移为零的特殊变化,主要原因总结为:温度过低,试件被白霜覆盖,表面较光滑,荷载施加初期试件表面不容易接触,导致荷载接触点滑动;当试验温度为 −15℃ 时,SRA 沥青混合料试件的荷载-位移曲线斜率明显变缓,展示出一定的柔性变形,在较低温度时具备一定的松弛能力,说明此温度下的沥青混合料对弹性变形的抗力减小,但 SBS 和 SK90 沥青混合料试件的破坏仍属于脆性断裂。

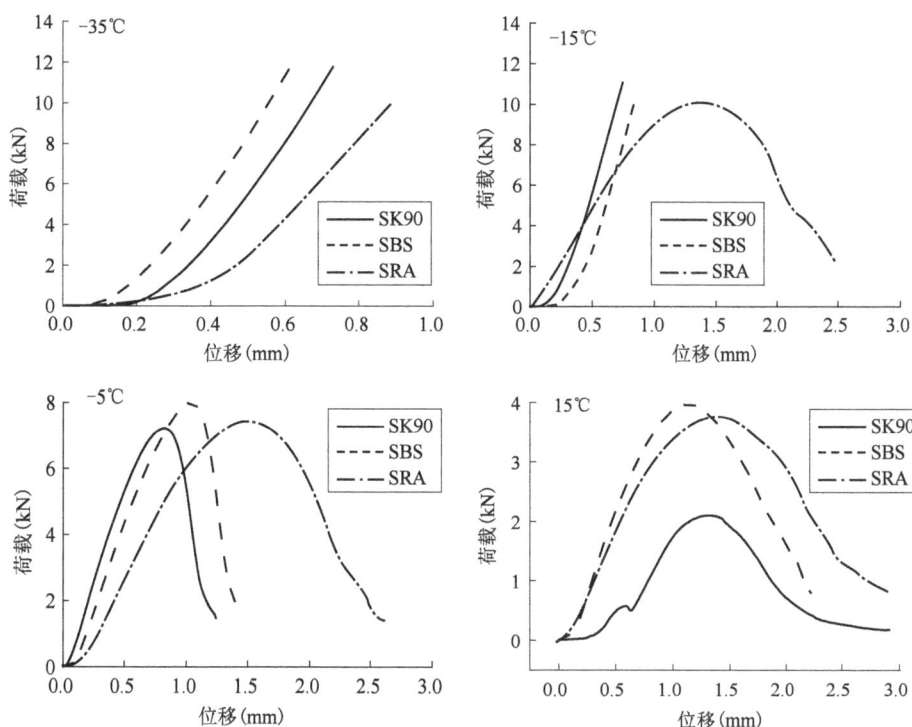

图 5.1-10　不同温度下三种沥青混合料试件的荷载-位移曲线对比

当试验温度为 −5℃时,荷载-位移曲线类似中等塑性材料的典型曲线,此温度下的沥青混合料既有弹性变形也有黏塑性变形,从变形到开裂破坏呈现明显的阶段性特征,由于试件初期内部空隙率较大,混合料内部初始缺陷(空隙)调整,因而荷载增长缓慢,随着荷载继续增加,位移也近似线性增加,这段属于线弹性阶段,也就是反弯段和线性段。此后,随着荷载的继续增加,沥青结合料承受的应力增加不明显,但是粗集料的接触开始增多,并可能出现滑动,这段称为临界破坏期,在此期间,荷载增加较缓慢,混合料内部既有张开型微裂纹产生,又有微裂纹闭合,当过了临界破坏区域后,微裂纹扩展速率增加,并最终导致微裂纹累积发展成为宏观裂纹。但是,即使宏观裂纹出现,试件的承载能力也并未立刻消失,从曲线可以看出,试件承载能力是逐渐减低的。由此可见,沥青混合料的开裂,是在外力作用下,由内部微裂纹形成、汇集并扩展、贯通而导致的。

当试验温度为 15℃时,试件的破坏荷载降低很显著,沥青混合料的劲度模量也迅速下降,此时的混合料延展性很好,导致变形较大,破坏荷载在 4kN 以下,破坏前后曲线基本呈对称分布。

由以上分析可以得出,试验温度不同,曲线变化有差异,温度较低时材料接近弹性体,可能只会出现反弯段和直线段,达到最大破坏强度时曲线消失,SRA 沥青在低温时表现出一定柔性,具有较好的变形能力,而 SBS 和 SK90 从破坏形态观察,抗低温性能差别不明显;高温时,断裂曲线均出现完整的三个阶段变化形态,应力松弛特性表现得十分明显,SK90混合料试件在15℃时表现出较差的抗变形能力,而SRA和SBS混合料试件相差不大。

5.1.4 沥青种类对断裂特性的影响

为了综合评价结合料类型对沥青混合料低温抗裂性的影响,对试验结果的基本力学指标和断裂韧性进行分析。

1)最大破坏荷载

最大破坏荷载与温度密切相关,图5.1-11是以SMA-13、10mm的切缝深度的试件在不同温度下测得的最大破坏荷载。

由图5.1-11看出,最大破坏荷载随温度升高而减小,-35℃和-15℃时,SRA沥青混合料试件的破坏荷载均小于SK90和SBS沥青混合料;在-5℃时,三种沥青混合料的最大破坏荷载相差不大;15℃时,SBS沥青混合料的破坏荷载最大。说明SK90沥青混合料的温度敏感性很强,温度稍高立即软化,抵抗变形能力很差,温度稍低就变硬变脆,应力松弛能力很差。相反,SRA沥青混合料在低温时表现出良好的变形能力,高温时抵抗荷载作用与SBS相差不大。

2)破坏位移

破坏应变和温度关系如图5.1-12所示,由图5.1-12可以看出,应变值随温度降低而减小,三种沥青混合料达到破坏时,SRA沥青试件产生的位移最大,-35℃、-15℃和-5℃时,尤其-15℃时,增大更显著;在15℃时,三种沥青混合料均有较强的变形能力;高温下,沥青混合料产生过大的变形对路面使用性能不利,不仅需要较强的弹性恢复能力,还需要兼顾其强度、中温下的疲劳破坏作用。

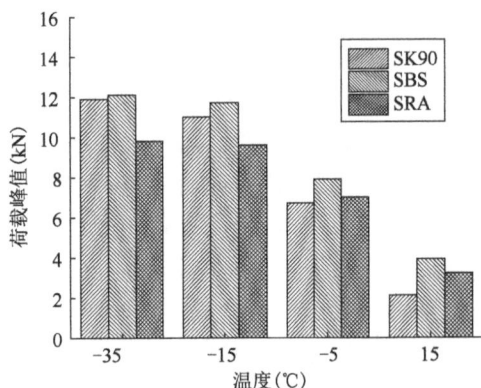

图5.1-11 不同温度下的破坏荷载

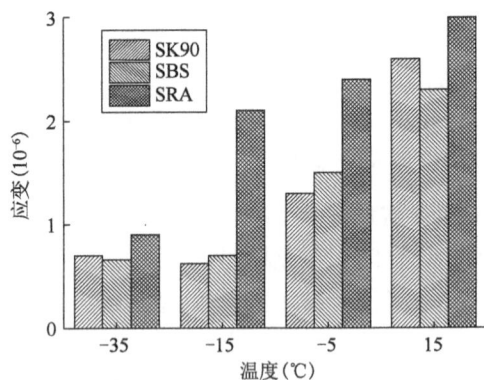

图5.1-12 不同温度下的破坏应变

3)断裂能、断裂韧度与基准断裂能计算

以温度-15℃为例,计算断裂韧度与基准断裂能,分析不同沥青结合料对SCB试验的影响。计算步骤及方法如图5.1-13所示,左图为试件破坏前荷载达到最大值下方与x轴包围的面积,即断裂能,但是断裂能与试件尺寸有关,可以采用单位面积断裂能表示。右图是不同沥青混合料试件单位厚度断裂能与切口深度的线性拟合,其斜率即为断裂韧度,断裂韧度越大,表明该材料的断裂韧性越好,裂缝扩展需要的能量越大。计算结果见表5.1-2。

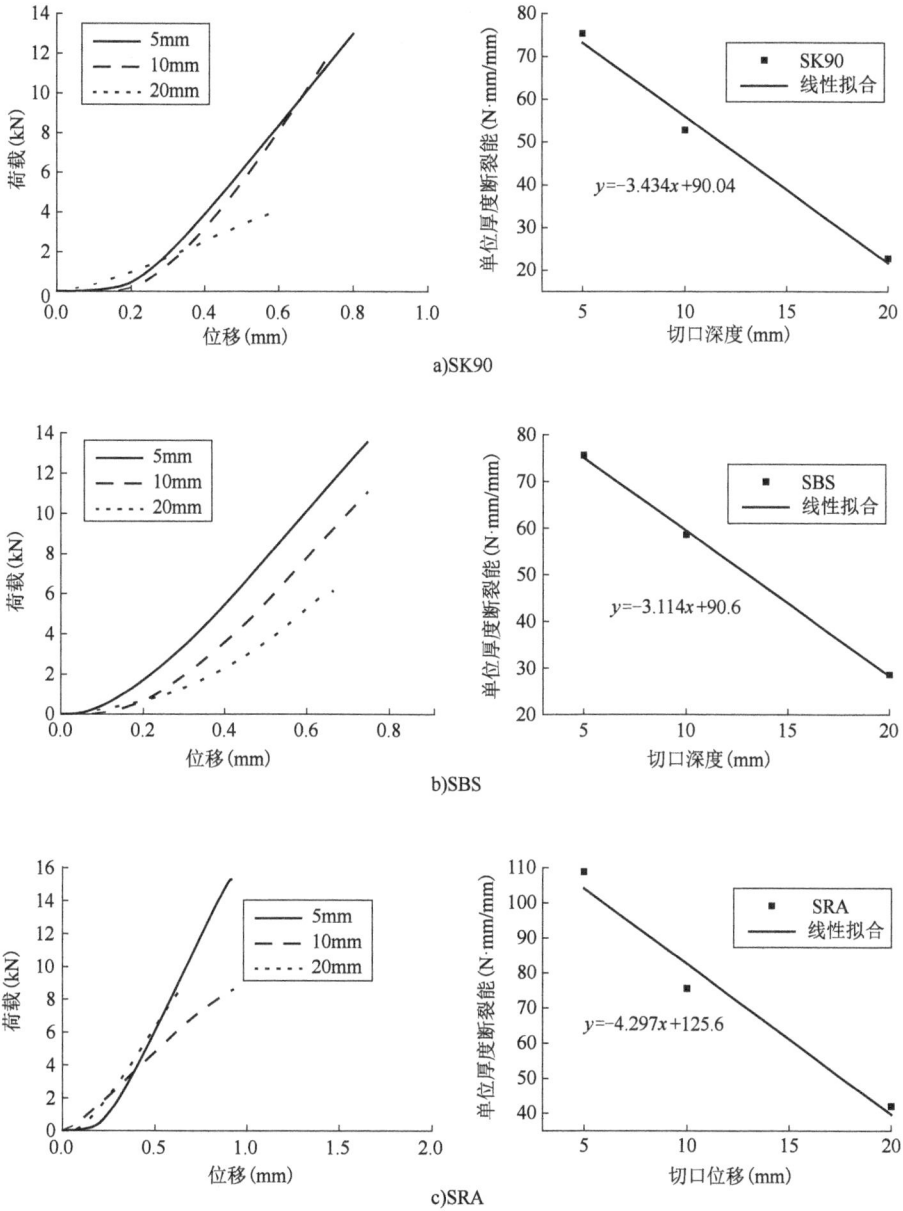

a)SK90

b)SBS

c)SRA

图 5.1-13　断裂能与断裂韧度

–15℃时断裂能与断裂韧度计算结果　　　　　表 5.1-2

结合料类型	切口深度（mm）	破坏荷载下所做的功（kN·mm）	破坏截面面积（mm²）	单位面积断裂能（kJ/m²）	单位厚度断裂能（N·mm/mm）	断裂韧度（kJ/m²）	单位基准厚度断裂能（N·mm/mm）
SK90	5	1.14	1750	0.65	22.8	3.11	90.6
	10	3.78	2250	1.69	75.6		
	20	2.93	2000	1.46	58.6		

结合料类型	切口深度 （mm）	破坏荷载下 所做的功 （kN·mm）	破坏截面 面积（mm²）	单位面积 断裂能 （kJ/m²）	单位厚度 断裂能 （N·mm/mm）	断裂韧度 （kJ/m²）	单位基准厚度 断裂能 （N·mm/mm）
SBS	5	3.77	2250	1.68	75.4	3.43	90.4
	10	2.64	2000	1.32	52.8		
	20	1.14	1750	0.65	22.8		
SRA	5	5.44	2250	2.42	108.8	4.28	125.6
	10	3.78	2000	1.89	75.6		
	20	2.1	1750	1.2	42.0		

由图 5.1-13 可以看出，断裂能由最大破坏荷载和产生的位移共同决定，断裂能大的材料需具备较高的强度和较大的变形能力，往往强度高的材料变形能力就差，基于能量指标的考虑可以兼顾强度和变形两个指标反映材料的抗裂性能。

由表 5.1-2 可以看出，W 值和单位面积断裂能随着切口深度增大而减小，且呈良好的线性关系。由断裂韧度可以判断，SRA 沥青混合料试件的断裂韧性最好，SK90 的最差。由单位基准断裂能判断的结果出现不一致的情况，这与文献研究的结果一致。主要原因是断裂韧度反映的是带切口试件抵抗裂缝扩展的能力，切口尖端集料分布的随机性会影响裂缝扩展中能量的耗散，切口试件不能代表整个试件抗裂性能，可以基于断裂韧度来预测整个试件的抗裂能力（未切口试件的断裂能），即采用单位基准断裂能作为统一评价不同试件的整体抗裂性能具有更明确的物理意义。由单位基准断裂能计算结果可以发现，SBS 和 SK90 沥青混合料试件的抗裂性能差别不大，SRA 沥青混合料试件的抗裂性能最好，大约是前两者的 1.4 倍。由此可见，SRA 具有较好的低温抗裂性能。

5.1.5 级配类型对断裂特性的影响

选取 SRA 沥青结合料，切口深度为 10mm，研究级配类型对沥青混合料抗裂性能的影响，选择常用的连续型级配 AC-13、AC-16 和间断级配 SMA-13，计算断裂韧度和单位基准断裂能在不同温度下的变化规律，如图 5.1-14 所示。

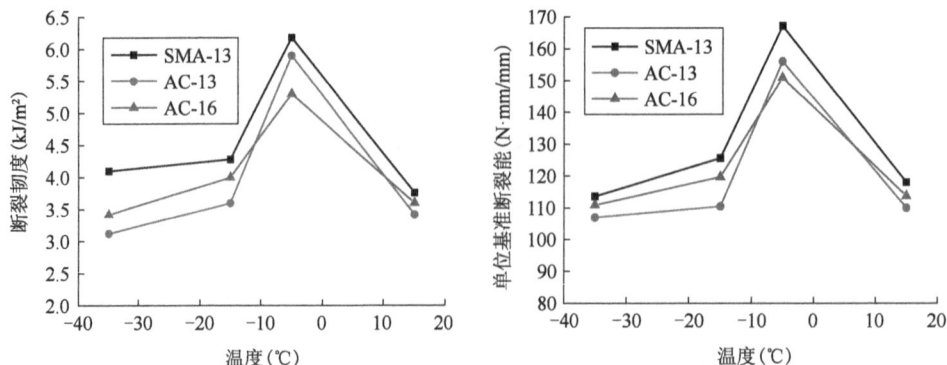

图 5.1-14 断裂韧度和单位基准断裂能随温度的变化曲线

由图 5.1-14 可知,断裂韧度和单位基准断裂能与温度有很大关系,随着温度降低,断裂韧度和单位基准断裂能均先增大后减小,在 -5℃ 时三种级配的混合料均具有最强的抗裂性能,整体来看,SMA-13 的断裂韧度和单位基准断裂能最大,AC-16 次之,AC-13 的均最小;在 15℃时,三种混合料的抗裂性能相差不大,-5℃ 时三种级配的单位基准断裂能差异最显著,-15℃和 -35℃ 时对沥青混合料的影响较小(此时沥青混合料接近线弹性体)。主要原因有两个方面:一是本身的级配构成差异,AC 系列属于连续型悬浮密实结构,主要依靠基质体(沥青、矿粉和细集料)之间的黏结力和粗集料之间的嵌挤力形成抗裂强度,AC-16 粗集料较 AC-13 的多,在空隙率和沥青与集料直接的黏结力相同的情况下,粗集料本身的强度较高,需要更大的断裂能裂缝才会扩展;而 SMA-13 属于间断级配型骨架密实结构,矿料的骨架结构起主导作用,提供了嵌挤能力,而且沥青含量偏高,所以抗裂能力要好于 AC 系列。

5.1.6 温度对断裂特性的影响

不同温度下,选取三种沥青的 SMA-13 级配类型,重点研究温度对断裂特性的影响,断裂参数的计算过程与 -15℃ 时的方法相同,变化规律相似,-35℃、-5℃ 和 25℃ 时的计算结果见表 5.1-3 ~ 表 5.1-5。

-35℃时的断裂能与断裂韧度计算结果 表 5.1-3

结合料类型	切口深度(mm)	破坏荷载下所做的功(kN·mm)	破坏截面面积(mm²)	单位面积断裂能(kJ/m²)	单位厚度断裂能(N·mm/mm)	断裂韧度(kJ/m²)	单位基准厚度断裂能(N·mm/mm)
SK90	5	3.64	2250	1.61	72.8	2.99	87.9
	10	2.89	2000	1.44	57.8		
	20	1.39	1750	0.80	27.9		
SBS	5	2.78	2000	1.39	55.6	3.23	87.9
	10	1.16	1750	0.66	23.3		
	20	1.39	1750	0.80	27.9		
SRA	5	4.93	2250	2.18	98.5	4.10	119.0
	10	3.90	2000	1.95	78.0		
	20	1.85	1750	1.06	37.0		

-5℃下的断裂能与断裂韧度计算结果 表 5.1-4

结合料类型	切口深度(mm)	破坏荷载下所做的功(kN·mm)	破坏截面面积(mm²)	单位面积断裂能(kJ/m²)	单位厚度断裂能(N·mm/mm)	断裂韧度(kJ/m²)	单位基准厚度断裂能(N·mm/mm)
SK90	5	4.47	2250	1.98	89.3	3.98	109.2
	10	3.47	2000	1.73	69.3		
	20	1.47	1750	0.84	29.5		
SBS	5	4.11	2250	1.82	82.2	4.10	102.7
	10	3.09	2000	1.54	61.7		
	20	1.04	1750	0.59	20.7		

续上表

结合料类型	切口深度 （mm）	破坏荷载下 所做的功 （kN·mm）	破坏截面面积 （mm²）	单位面积 断裂能 （kJ/m²）	单位厚度 断裂能 （N·mm/mm）	断裂韧度 （kJ/m²）	单位基准厚度 断裂能 （N·mm/mm）
SRA	5	6.76	2250	3.00	135.2	6.18	166.1
	10	5.22	2000	2.61	104.3		
	20	2.13	1750	1.21	42.5		

15℃下的断裂能与断裂韧度计算结果　　　　　　　　　　表 5.1-5

温度（℃）	切口深度 （mm）	破坏荷载下 所做的功 （kN·mm）	破坏截面面积 （mm²）	单位面积 断裂能 （kJ/m²）	单位厚度 断裂能 （N·mm/mm）	断裂韧度 （kJ/m²）	单位基准厚度 断裂能 （N·mm/mm）
SK90	5	3.30	2250	1.46	65.9	2.11	76.5
	10	2.77	2000	1.38	55.4		
	20	1.71	1750	0.98	34.2		
SBS	5	3.42	2250	1.52	68.4	2.17	79.3
	10	2.88	2000	1.44	57.6		
	20	1.79	1750	1.02	35.9		
SRA	5	4.86	2250	2.16	97.2	3.27	113.6
	10	4.04	2000	2.02	80.9		
	20	2.41	1750	1.38	48.2		

　　提取表中的断裂韧度和单位基准断裂能，绘制图5.1-15。可以发现，沥青混合料作为一种黏弹性材料，其断裂韧度和单位基准断裂能不是一个常数，而是一个随温度和加载速率变化的条件参数。采用的静态加载，未考虑加载速度影响，断裂韧度和单位基准断裂能具有相似的温度相关性，-5℃时材料的断裂参数发生明显转折，这个温度可能是材料的脆化点温度，脆化点温度随加载速度而变化。-35℃和-15℃时，断裂参数基本无变化，主要是在这一温度下沥青混合料接近线弹性状态；SBS和SK90沥青混合料试件在中低温下表现出相似的断裂特征，SRA沥青混合料试件抗裂性能表现出明显优势。

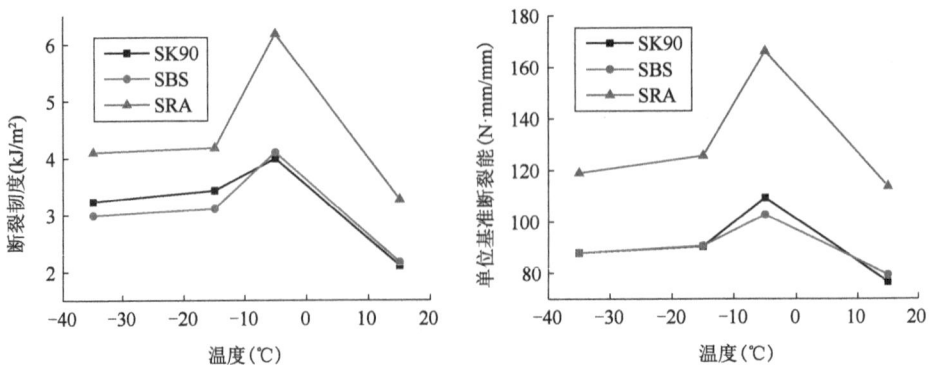

图 5.1-15　温度对断裂韧度和单位基准断裂能的影响

由于脆化点的存在,温度与沥青混合料的强度直接相关,将沥青混合料试件的强度随温度变化曲线,绘制为图 5.1-16。可以发现,温度较高时沥青表现为黏弹性,随着温度降低沥青变脆,在脆化点之前,沥青混合料的强度随着温度的降低而升高;在脆化点之后,沥青混合料的强度随着温度的降低而降低,材料的断裂参数和强度指标与温度影响规律具有内在一致性。

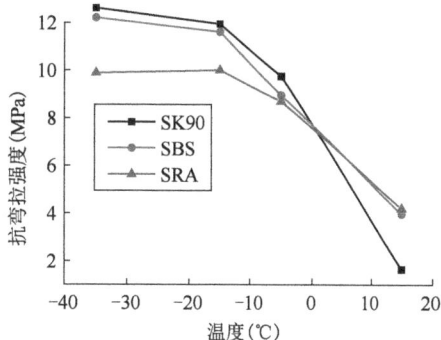

图 5.1-16 最大破坏荷载随温度的变化曲线

5.1.7 切口深度断裂基本参数的影响

选取 AC-13、AC-16 和 SMA-13 级配,SK90 沥青结合料,按设定的加载速率分别对不同切口深度的试件进行加载,荷载-位移曲线如图 5.1-17 ~ 图 5.1-19所示。

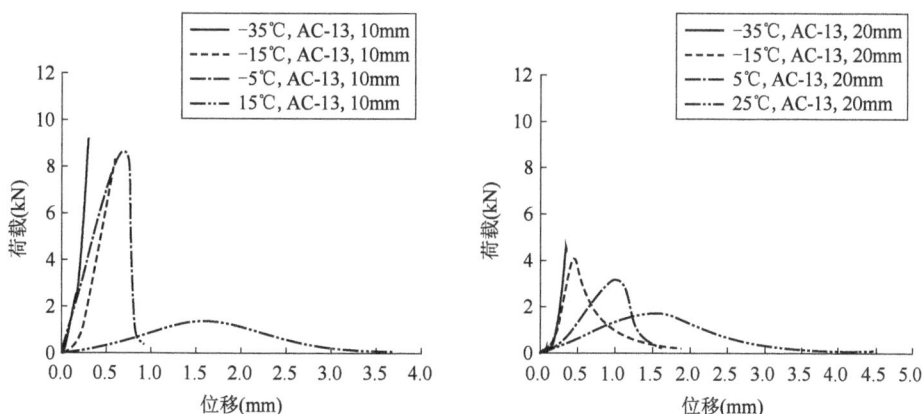

图 5.1-17 AC-13 不同切口荷载-位移曲线

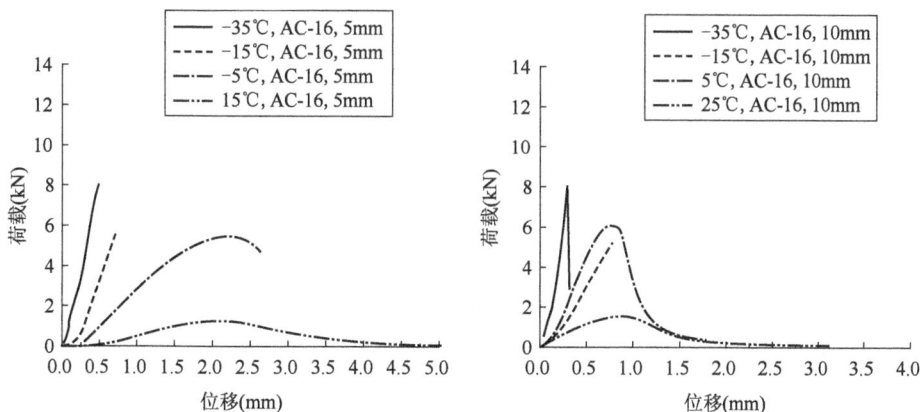

图 5.1-18

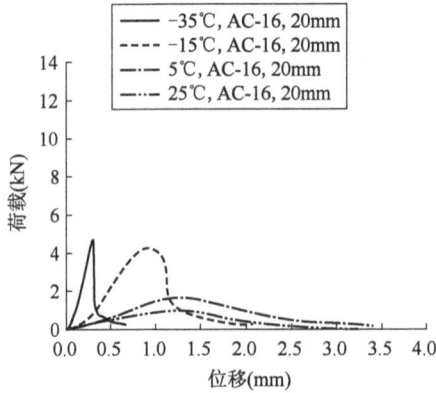

图 5.1-18　AC-16 不同切口荷载-位移曲线

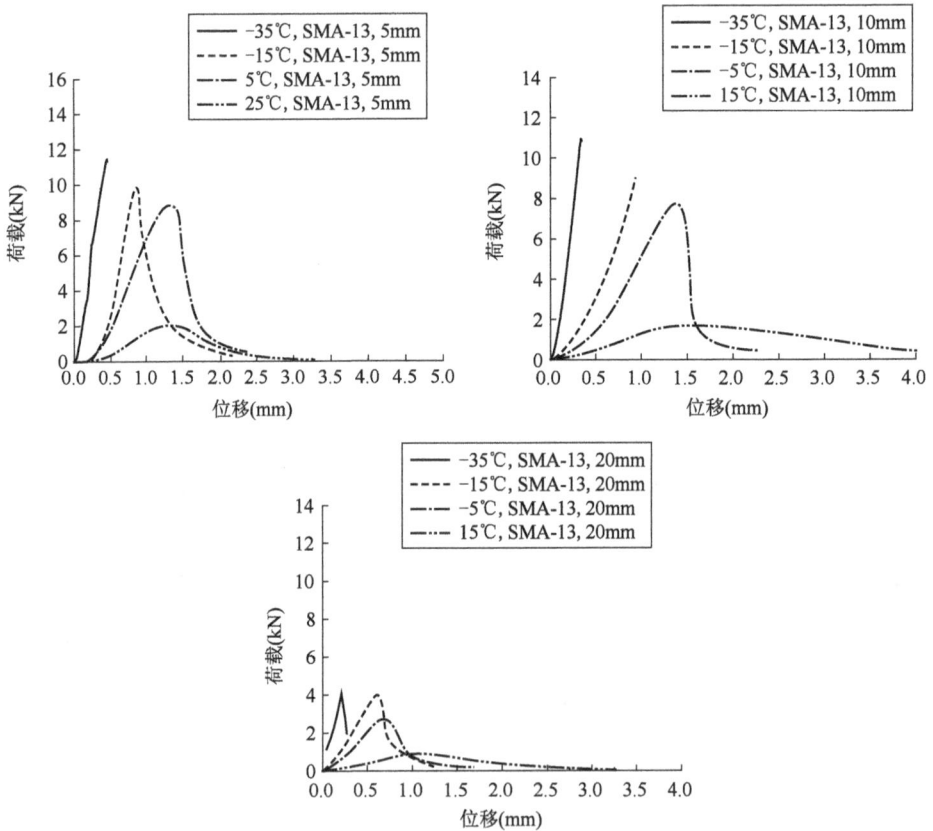

图 5.1-19　SMA-13 不同切口荷载-位移曲线

　　由图 5.1-17～图 5.1-19 可以看出,三种级配沥青混合料试件随切口深度加深,破坏荷载均减小,对位移影响不明显。因此,对不同切口的试件其断裂参数不能单纯从强度或变形方面来评价,本书 4.1.4 中表明切口深度与单位厚度断裂能有很好的线性相关性,5mm 和 10mm 切口深度的试件,在较低温度下,破坏荷载变化不大,随着试验温度升高,破坏荷载明显减小;切口深度为 20mm 时,破坏荷载急剧减小,说明合理的切口深度对于研究沥青混合料的断裂性能至关重要,有研究表明,切口深度与试件宽度的比值在 0.4～0.6 之间时,得到的断裂参数误差小于 0.5%。另外发现,同种切口深度,级配对竖向位移的影响大于破坏荷载的影响。

5.2 沥青混合料收缩系数

5.2.1 试验方法

沥青混合料的收缩系数对其低温性能影响重大,有研究表明,沥青含量、沥青种类与级配对沥青混合料收缩系数影响较大。沥青混合料收缩系数的测定相对简单,主要是在设定的降温温度范围内测出试件的变形量或应变,即可计算出收缩系数。

对沥青混合料的收缩系数进行测试时,试件由车辙板切割而成,试件制作所用原材料同4.2.1,采用的试件尺寸为 40mm × 40mm × 200mm,温度区间为 + 20 ~ - 40℃,降温速率为5℃/h,设置 6 个降温阶段,温度间隔为 10℃,每降到一个温度节点时保持恒温 1h,测量方便迅速,每种试件做 3 个平行试验,取平均值作为试验结果。

5.2.2 收缩系数试验结果与分析

不同沥青混合料的收缩系数结果见表 5.2-1,进一步将不同温度段收缩系数的涨幅列于表 5.2-2。

不同沥青混合料的收缩系数试验结果　　　　　　表 5.2-1

沥青类型	级配类型	收缩系数(10^{-6}/℃)					
		温度区间(℃)					
		20 ~ 10	10 ~ 0	0 ~ - 10	- 10 ~ - 20	- 20 ~ - 30	- 30 ~ - 40
SK-90	SMA-13	27.85	24.69	19.35	16.81	14.52	13.45
	AC-13	28.8	25.31	18.25	17.19	15.38	14.73
	AC-16	27.79	24.16	18.77	16.86	15.09	14.8
SBS	SMA-13	21.68	16.96	14.9	12.7	11.01	10.66
	AC-13	22.85	17.3	15.56	13.32	11.78	11.2
	AC-16	20.07	16.71	14.31	13.22	11.61	11.17
SRA	SMA-13	17.97	15.78	13.9	12.02	11.19	10.53
	AC-13	18.65	16.23	13.27	12.05	11.26	11.09
	AC-16	18.05	16.56	13.35	12.36	11.09	10.46

不同温度区间的收缩系数涨幅　　　　　　表 5.2-2

沥青类型	级配类型	每个温度区间的收缩系数涨幅(%)						标准差
		温度区间(℃)						
		20 ~ 10	10 ~ 0	0 ~ - 10	- 10 ~ - 20	- 20 ~ - 30	- 30 ~ - 40	
SK-90	SMA-13	—	- 11.35	- 21.63	- 13.13	- 13.62	- 7.37	5.21
	AC-13	—	- 12.12	- 27.89	- 5.81	- 10.53	- 4.23	9.40
	AC-16	—	- 13.06	- 22.31	- 10.18	- 10.50	- 1.92	7.31

续上表

沥青类型	级配类型	每个温度区间的收缩系数涨幅(%)						标准差
		温度区间(℃)						
		20~10	10~0	0~-10	-10~-20	-20~-30	-30~-40	
SBS	SMA-13	—	-17.16	-17.04	-14.77	-13.31	-3.18	5.77
	AC-13	—	-17.07	-17.89	-14.40	-11.56	-4.92	5.23
	AC-16	—	-11.76	-19.20	-7.62	-12.18	-3.79	5.76
SRA	SMA-13	—	-12.19	-17.55	-7.61	-6.91	-5.90	4.85
	AC-13	—	-12.98	-18.24	-9.19	-6.56	-1.51	6.34
	AC-16	—	-8.25	-19.38	-7.42	-10.28	-5.68	5.39

由表 5.2-2 可知，不同级配类型的沥青混合料其收缩系数随温度降低而减小，不同温度段内的收缩系数减小幅度存在差异，尤其是 0~-10℃ 由正温向负温转变的温度区段过渡时，收缩系数降低最显著，当稳定在负温温度段时，收缩系数减小不明显，高温温度段减小幅度较大；同一温度段内，整体上 SMA-13 级配的收缩系数最小。主要原因是沥青属于黏弹性材料，温度敏感性强，相同降温速率下，当温度较高时，沥青的黏性成分比较明显，温度敏感性较强，高分子之间的力较弱，运动阻力小，造成收缩明显；低温温度段，沥青材料弹性特征明显，高分子之间的链段被冻结，运动受阻，收缩困难，导致收缩系数变化相对较小。

由表 5.2-1 可知，纵向来看，AC-16 和 SMA-13 收缩系数差异不明显，AC-13 收缩系数最小。而且 SRA 沥青掺有橡胶粉，增加了沥青的黏度，阻碍了分子运动。

将 20~10℃ 作为基准，计算 10~0℃ 的温度涨幅，再以 10~0℃ 作为基准，计算 -10~-20 的温度涨幅，依次按同样的方法计算相邻温度区间的收缩系数涨幅。可以发现，AC 级配的标准差较 SMA 的大，基质沥青混合料的收缩系数的标准差比改性沥青混合料的大，而且 SRA 沥青的 SMA 级配标准差最小。说明 SRA 沥青 SMA 级配的沥青混合料在不同温度区间的收缩系数值波动小，温度敏感性较低，低温抗裂性能好。

由图 5.2-1 发现，所测得的沥青混合料面层材料其收缩系数为 $10.46 \sim 27.85 \times 10^{-6}/℃$，随着温度变化，收缩系数变化幅度不大，不同温度下的沥青混合料收缩系数呈指数变化规律。

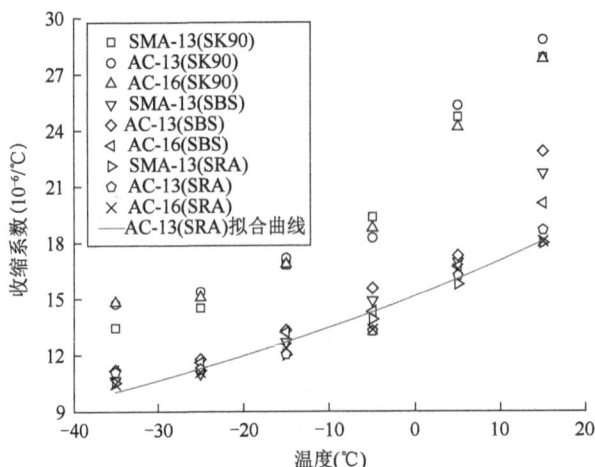

图 5.2-1 收缩系数随温度变化规律

5.3　沥青混合料约束试件温度应力试验

5.3.1　试件制作与试验方法

1)试件成型

小梁试件制作所用原材料与5.1节相同,采用轮碾法成型切割成需要尺寸的冻断试验试件。冻断试验可以采用两种规格的尺寸进行,受车辙板厚度限制,采用的试件尺寸为220mm×40mm×40mm。采用针管装的胶水,容易控制 A 和 B 的掺配比例及用量,使用方便且黏结牢固,能够防止试验过程中试件在夹具界面断开。冻断试验试件如图5.3-1所示。

图5.3-1　冻断试验试件

2)TSRST 试验方法

沥青混合料在温度骤降或者温差较大时,会由于温度应力受到固定端的约束产生应力累积,当温度应力大于材料本身的抗拉强度时就会开裂破坏。SHRP 研究成果中的冻断试验可以较好地模拟高寒地区沥青混合料的开裂行为,试验系统如图5.3-2所示,该试验可以较为全面地反映沥青混合料的强度特性、变形特性和松弛能力,可直接输出沥青混合料试件的温度-应力曲线图,得到温度应力曲线斜率、冻断温度、转化点温度,其中冻断温度和冻断强度可以作为评价沥青混合料低温抗裂性能的指标,转化点温度和曲线斜率在评价沥青混合料的流变行为时起重要作用。

进行 TSRST 试验前,用胶水将试件黏结在夹具上,在黏结过程中胶水最好向试件上涂刷一定高度,以免试件在夹具接触面处开裂;另外,保证夹具上部的套环处于垂直位置,保持试件处于稳定状态。固定试件与环境箱中冻断的试件如图5.3-3所示。共开展了3种沥青(SK90、SBS 和 SRA)3种级配类型(SMA-13、AC-13 和 AC-16)的沥青混合料冻断试验,每组试件个数为3个平行试验,试验初始温度为3℃左右,降温速率为10℃/h。

图5.3-2　TSRST试验系统

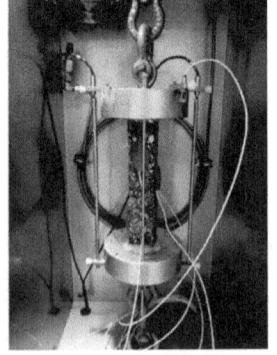

图5.3-3　固定试件(左)与环境箱中冻断的试件(右)

5.3.2　约束试件温度应力试验结果分析

图5.3-4a)是以基质沥青 SMA-13 为代表绘制的温度-温度应力曲线,为了对比分析同种沥青不同混合料类型的冻断曲线,将基质沥青的 3 种混合料试验结果绘于图5.3-4b)。

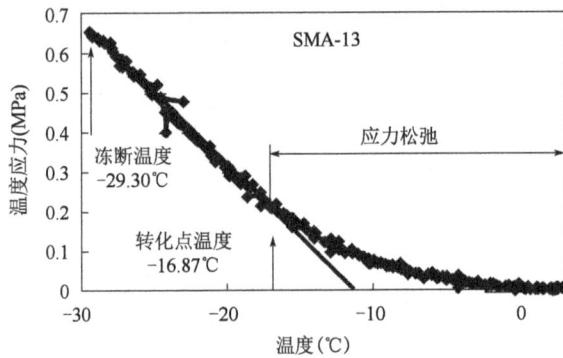

a)沥青混合料的典型温度-温度应力曲线

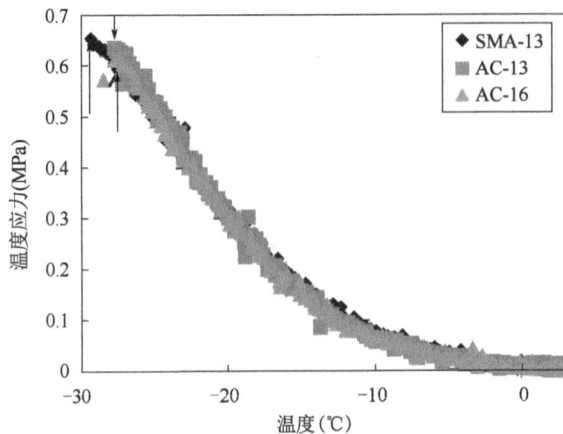

b)三种沥青混合料温度应力曲线对比图

图5.3-4　基质沥青三种沥青混合料温度应力曲线

由图 5.3-4a)可以发现,温度-温度应力曲线随着温度的降低温度应力逐渐增加,转折点温度将曲线分为有应力松弛和无应力松弛两部分,在降温初期,温度应力随温度降低其增加比较缓慢,反映了沥青混合料的应力松弛性能,即应力松弛阶段;随后曲线出现明显的转折,当温度超过转化点温度后,由降温所产生的温度应力基本不松弛,曲线的斜率反映了温度应力的增长速度,图中曲线的左侧即表示无应力松弛阶段,该阶段的曲线斜率接近常数,温度应力曲线接近于直线。这一阶段由于沥青黏度大、接近弹性体,温度应力迅速增长,直到试件破坏,破坏的瞬间属于脆断。

由图 5.3-4b),对比三种级配的基质沥青混合料温度应力曲线可以发现,在应力松弛阶段,AC-16 混合料在曲线的最下方,AC-13 在曲线中间,SMA-13 在曲线最上方,SMA-13、AC-13 和 AC-16 的沥青混合料的转化点温度相差不大,分别为 $16.87℃$、$17.23℃$ 和 $17.65℃$,三者通过转化点温度后,温度应力迅速增长,增长的斜率比较接近;三种沥青混合料的冻断温度高低排序为:SMA-13 > AC-13 > AC-16。可见,随着矿料粒径的增加和沥青含量的降低,沥青混合料的冻断温度在降低。

改性沥青不同类型的混合料温度-温度应力曲线具有相同的规律,三种沥青三种级配的冻断试验结果见表 5.3-1。

不同沥青混合料的冻断试验结果　　　　　　　　　　表 5.3-1

沥青类型	混合料类型	冻断温度应力(MPa)	冻断温度(℃)	转化点(℃)	斜率(MPa/℃)
SK90	SMA-13	0.66	−29.30	−16.87	−0.036
	AC-13	0.64	−27.68	−17.23	−0.041
	AC-16	0.62	−27.27	−17.65	−0.039
SBS	SMA-13	0.96	−30.96	−20.06	−0.061
	AC-13	0.89	−28.97	−21.85	−0.065
	AC-16	0.90	−29.03	−20.79	−0.059
SRA	SMA-13	1.29	−38.85	−23.56	−0.060
	AC-13	1.16	−34.68	−22.17	−0.057
	AC-16	1.20	−35.87	−22.59	−0.055

由表 5.3-1 对比三种沥青三种级配的沥青混合料冻断试验结果发现,改性沥青的混合料的冻断温度和转化点温度均低于基质沥青混合料,但是温度应力增长速度相对较快;SRA 改性沥青混合料的冻断温度和转化点温度低于 SBS 改性沥青;同种沥青 SMA-13 级配类型的混合料抗裂性能最优。SRA 改性 SMA-13 级配的沥青混合料冻断温度可达 $-35.65℃$,由于降温速率为 $10℃/h$,降温速率较实际情况更加严酷,在实际工程中同样的温度沥青混合料不会一次冻断。同种沥青混合料的冻断温度受初始温度和降温速率的影响,其冻断温度往往是一个范围。

5.3.3　冻断试验数值模拟

进行冻断试验模拟时考虑沥青混合料的黏弹性性质,其中黏弹性参数在 ABAQUS 中的实现是关键,其数值化过程见 5.3 节。经过大量计算和试验发现,同种沥青不同级配类型的混合料温度应力曲线变化差异很小。因此,仅对 SRA 沥青的 SMA-13 型混合料进行试验模拟。

模拟非周期性大幅度降温过程,初始温度为 −10℃,沥青混合料收缩系数随温度变化,泊松比为 0.25,瞬时模量 E_0 为 21.193GPa。初始温度为 3℃,最终温度为 −40℃,降温幅度为 10℃/h,分析步类型采用 Visio 分析步,时间为 10800s,黏弹性应变允许变化参数(CETOL)设为 1E-6。边界条件为上下两面完全固定。降温变化采用幅值描述,在初始分析步中创建一预定义场来定义初始温度,在黏性分析步中创建另一预定义场,定义大小并选择幅值,来定义最终温度和降温幅度,预定义场范围均不包括沥青混合料试件的上下面,不考虑梁自重。试验数值模拟结果如图 5.3-5 所示。

温度应力计算点选择图 5.3-5 中的试件中点,结果如图 5.3-6 所示。

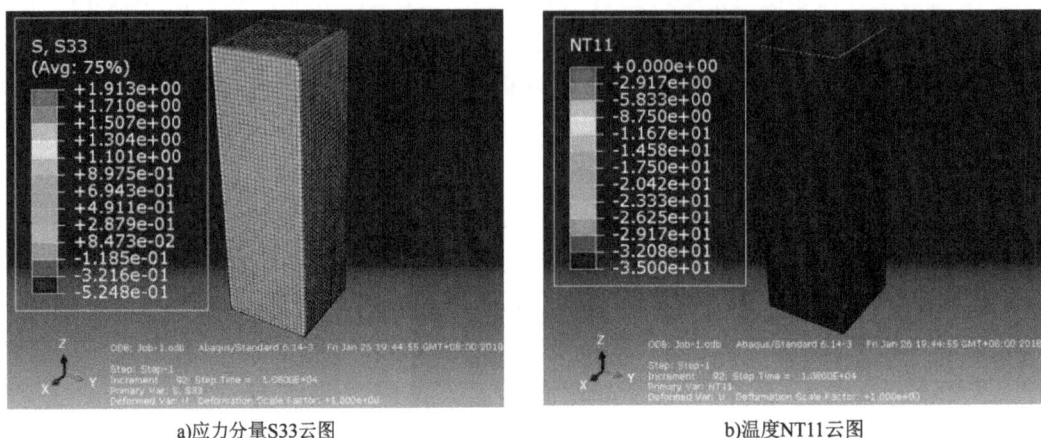

| a)应力分量S33云图 | b)温度NT11云图

图 5.3-5　试验数值模拟结果云图

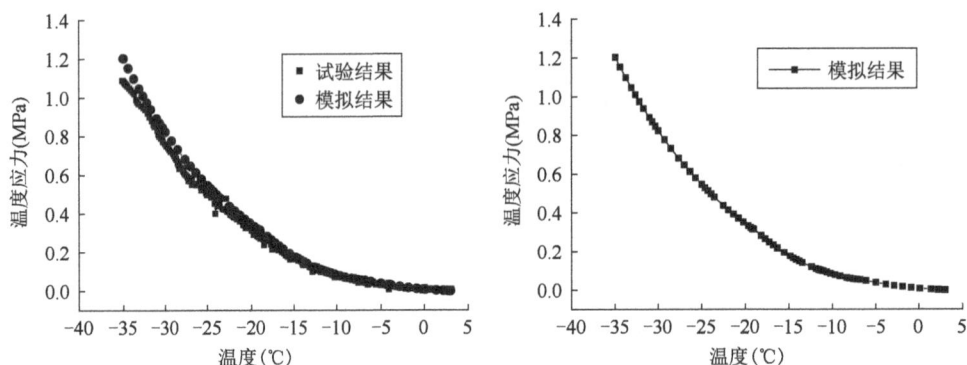

图 5.3-6　SRA 沥青的 SMA-13 试验结果与数值结果对比

由图 5.3-6 可以看出,模拟结果与试验结果吻合较好,尤其是 −25℃之前与试验结果完全吻合,并且在大幅降温过程中都表现出了材料的黏弹性性质,可见所采用的黏弹性参数换算方法是可靠的,也验证了在 ABAQUS 中采用基于 Maxwell 模型的 Prony 级数描述材料黏弹性的可靠性。

由于试验条件限制,未全面考虑初始温度和不同降温速率对沥青混合料温度应力的影响。通过数值分析方法,基于高寒地区低温期长、温差大的气候环境,以 SMA-13 级配为研究对象,计算两种极端工况下的受约束试件温度应力。长期低温加小幅降温工况,设置初始温度为 −20℃,降温速率为 5℃/h;大幅降温工况,设置初始温度 5℃,降温速率为 20℃/h,计算结果如图 5.3-7 所示。

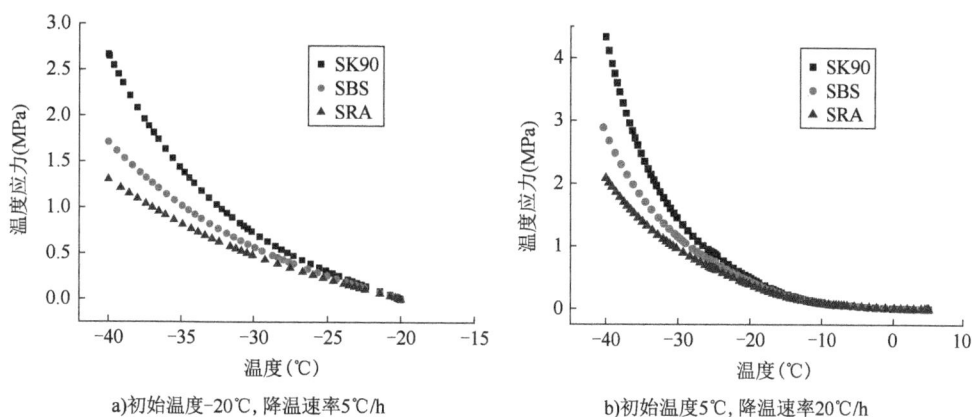

a)初始温度-20℃,降温速率5℃/h b)初始温度5℃,降温速率20℃/h

图 5.3-7 极端气温下的温度应力

由图 5.3-7a)可以发现,同一温度下 SRA 复合改性沥青的温度应力最小,转化点温度最低,应力松弛能力最强;SK90 的温度应力最大, -40℃时其最大值 2.71MPa,应力松弛能力最差;SBS 的松弛能力居中。由图 5.3-7b)可以发现,大幅降温工况下的温度应力急剧增加,5℃以前温度应力为 0MPa,说明此温度下的沥青混合料试件具备较强的松弛能力,温度应力可全部被松弛掉。随着温度继续降低,SK90 的温度-温度应力曲线斜率增长最快,温度应力最大, -40℃时其最大值为 4.19MPa,此时 SRA 沥青混合料试件温度应力为 2.07MPa。

5.4 沥青混合料低温松弛特性研究

5.4.1 沥青混合料松弛特性的表达

1)典型本构方程

沥青混合料的黏弹性本构关系是研究宏观力学性能与破坏形态的关键,主要通过试验手段获取。蠕变和松弛是黏弹性材料力学性能的基本表现形式,描述了应力、应变与时间的关系,对蠕变和松弛性能的表达可以通过基本的变形元件及其组合来表达。

Kelvin [K]元件和 Maxwell [M]元件是描述沥青混合料黏弹性力学行为的重要部件,但是沥青混合料本身内部结构复杂,各单一元件不能有效地表征沥青混合料的力学行为:[K]元件只适合描述材料的蠕变行为而无法表达松弛过程;[M]元件仅适合描述应力松弛行为而无法表征材料的延迟弹性。因此,针对以上单一元件的局限性,通过各元件的合理组合,可以较好地模拟黏弹性材料的力学行为,其中 Burgers 模型和广义 Maxwell 模型在沥青混合料本构关系研究领域广泛应用,这两种模型是研究沥青混合料黏弹性力学行为的基础。

(1)Burgers 模型。

Burgers 模型是由[K]元件和[M]元件串联而成,可以描述弹性变形、黏弹性变形和黏性变形,如图 5.4-1 所示。其本构方程为:

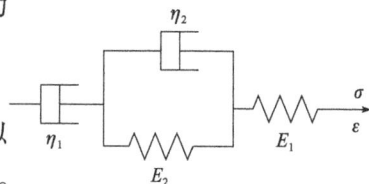

图 5.4-1 Burgers 模型元件

$$\sigma + p_1 \frac{\mathrm{d}\sigma}{\mathrm{d}t} + p_2 \frac{\mathrm{d}\sigma}{\mathrm{d}t} = q_1 \frac{\mathrm{d}\varepsilon}{\mathrm{d}t} + q_2 \frac{\mathrm{d}\varepsilon}{\mathrm{d}t} \tag{5.4-1}$$

其中，$p_1 = \dfrac{\eta_1}{E_1} + \dfrac{\eta_1 + \eta_2}{E_2}$；$p_2 = \dfrac{\eta_1 \eta_2}{E_1 E_2}$；$q_1 = \eta_1$；$q_2 = \dfrac{\eta_1 \eta_2}{E_2}$；$p_2 = \dfrac{\eta_1 \eta_2}{E_1 E_2}$。

蠕变方程为：

$$\varepsilon(t) = \sigma_0 \left[\frac{1}{E_1} + \frac{1}{\eta_1}t + \frac{1}{E_2}(1 - e^{-E_2 t/\eta_2}) \right] \tag{5.4-2}$$

松弛方程为：

$$\sigma(t) = \frac{\varepsilon_0}{\sqrt{q_1 - 4p_2}} \left[(-q_1 + fq_2\alpha)e^{-\alpha t} + (q_1 + q_2\beta)e^{-\beta t} \right] \tag{5.4-3}$$

其中，$\alpha = \dfrac{1}{2p_2}(p_1 + \sqrt{p_1^2 - 4p_2})$；$\beta = \dfrac{1}{2p_2}(p_1 - \sqrt{p_1^2 - 4p_2})$。

在 Burgers 模型中，Maxwell 元件中的 E_1 为瞬时弹性模量，表征了沥青混合料在高速荷载作用下抵抗变形的能力，产生的变形在卸载后可完全恢复，因此在荷载作用时间特别短或者处于低温时，沥青混合料可近似看作弹性材料。黏性参数 η_1 反映了材料抵抗产生永久变形的能力，其值越大，产生的永久变形越小。Kelvin 元件的弹性模量 E_2 和 η_2 表征了卸载后随时间推移能逐渐恢复的变形。Burgers 模型具备了瞬时弹性和无限远时间内的黏性流动性质。

（2）广义 Maxwell 模型。

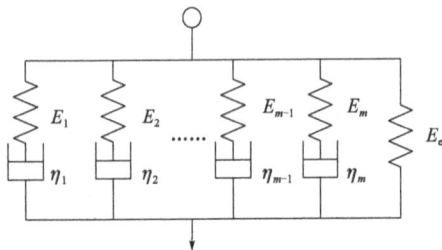

广义 Maxwell 模型是由一个弹簧［H］和若干个［M］元件并联而成，可以用来描述较为复杂的松弛行为，如图 5.4-2 所示。

广义 Maxwell 模型中弹簧［H］和 Maxwell［M］模型的本构方程分别为：

$$\sigma_e = E_e \varepsilon \tag{5.4-4}$$

$$\frac{\mathrm{d}\varepsilon}{\mathrm{d}t} = \frac{\mathrm{d}\sigma_m}{\mathrm{d}t}\frac{1}{E_m} + \frac{\sigma_m}{\eta_m} \tag{5.4-5}$$

图 5.4-2　广义的 Maxwell 模型

2）松弛简化理论

沥青路面由于温度的降低而产生温度应力，由于沥青混合料的黏性特征，同时又伴随着应力松弛，这一松弛现象实质上是高分子材料之间的重组。将沥青混合料看作是黏弹性体时，一般用沥青混合料的劲度模量表征其强度，劲度模量与混合料的黏弹特性、荷载时间及温度等紧密相关。为简化温度应力的黏弹性计算，将沥青混合料看作是黏弹性与塑性的综合体，根据莫尼史密斯提出的沥青混合料应变值 <0.1% 时属于线性黏弹性，采用离散化方法按玻尔兹曼叠加原理（Boltzmann Superposition Principle）进行松弛应力叠加近似计算。研究的沥青路面无裂缝存在、各个结构层连续，将温度降低的过程划分为微小时间单元，在时间单元内部认为沥青混合料为黏弹性变形，在单元与单元之间认为沥青混合料是塑性变形。松弛简化理论示意图如图 5.4-3 所示。

3)松弛模量的获取方法

沥青面层具有黏弹性力学行为,给沥青混合料施加一个恒定应变,作为其响应的应力将随时间减小,这一现象称为"松弛",描述松弛过程的函数称为"松弛函数",松弛函数是松弛模量随时间的变化曲线。

本章所有松弛模量是通过其他黏弹性参数进行转换而来的,其中动态模量能够反映车辆荷载作用下沥青路面的实际力学响应状态,且新沥青路面设计规范也将其作为材料设计参数。通过动态模量试验得到动态模量,由动态模量转换为松弛模量,松弛模量主曲线采用广义 Maxwell 模型进行拟合,并确定各模型参数。

广义 Maxwell 模型的应力计算公式为:

$$\sigma = \sigma_e + \sum_{i-1}^{m} \sigma_i \qquad (5.4\text{-}6)$$

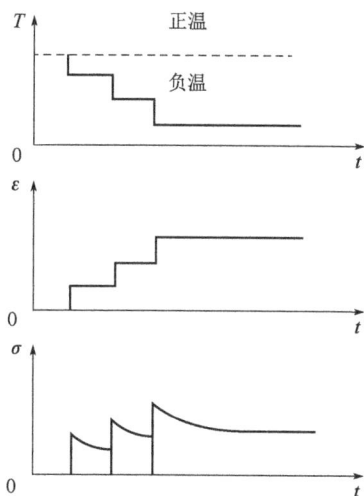

图 5.4-3 简化松弛理论

应用积分变换理论对式(5.4-4)和式(5.4-5)进行 Fourier 变换,或者将复数应力 $\sigma = \sigma^* e^{i\omega t}$ 和应变 $\varepsilon = \varepsilon^* e^{i\omega t}$ 代入式(5.4-5),并将其计算结果代入式(5.4-7),利用松弛时间 $\rho_i = \eta_i / E_i$,可以得到复数模量的表达式为:

$$E^*(\omega) = E_e + \sum_{i=1}^{m} E_i \frac{i\omega\rho_i}{1 + i\omega\rho_i} \qquad (5.4\text{-}7)$$

由式(5.4-7)可获得存储模量的 Prony 级数表达式:

$$E'(\omega) = E_e + \sum_{i=1}^{m} E_i \frac{\omega^2 \rho_i^2}{1 + \omega^2 \rho_i^2} \qquad (5.4\text{-}8)$$

式中:$E'(\omega)$——存储模量(MPa);

$\quad\quad\omega$——角频率(rad/s);

$\quad\quad\rho_i$——松弛时间。

动态模量与存储模量之间的关系式如下:

$$E' = |E^*|\cos\varphi \qquad (5.4\text{-}9)$$

式中:E'——存储模量(MPa);

E^*——复数模量(MPa);

$|E^*|$——动态模量(MPa);

$\quad\varphi$——相位角(°)。

因此,由动态模量经过一系列的黏弹性理论换算可以转换为基于广义 Maxwell 模型的应力计算方法。应用广义 Maxwell 模型可以获得时域内松弛模量 $E(t)$ 的 Prony 级数表达式:

$$E(t) = E_e + \sum_{i=1}^{m} E_i e^{-(t/\rho_i)} \qquad (5.4\text{-}10)$$

利用式(5.4-10)确定松弛模量主曲线,进一步采用广义 Maxwell 模型进行拟合,确定 Maxwell 元件个数,可用来评价沥青混合料的松弛性能,但是利用 ABAQUS 进行基于 Prony 表达沥青混合料黏弹特性的参数输入时,需要在式(5.4-10)的基础上进行归一化,具体过程如下:

当 $t = 0$ 时:

$$E_0 = E_e + \sum_{i=1}^{m} E_i \tag{5.4-11}$$

式中:E_0——初始松弛模量。

将式(5.4-10)和式(5.4-11)两边同时除以 E_0,然后两式联立,可以得到无量纲形式的表达式:

$$e(t) = 1 - \sum_{i=1}^{m} e_i \left[1 - e^{-(t/\rho_i)} \right] \tag{5.4-12}$$

$$1 = e_e + \sum_{i=1}^{m} e_i \tag{5.4-13}$$

式中:$e(t)$——无量纲后对应的松弛模量;

e_i——无量纲后第 i 个 Maxwell 单元的松弛模量,这里由于 e_e 为非负,故 $\sum_{i=1}^{m} e_i < 1$。

在 ABAQUS 软件中,用来定义材料黏弹性性质的 Prony 级数表达式为:

$$g(t) = 1 - \sum_{i=1}^{m} g_i \left[1 - e^{-(t/\tau_i)} \right] \tag{5.4-14}$$

式中:$g(t)$——归一化后的松弛模量,$g(t) = \dfrac{E(t)}{E_0}$;

g_i、τ_i——待定常数,通过对比式(5.4-12)和式(5.4-14)发现,$g_i = e_i$,$\tau_i = \rho_i$。因此,只需对松弛模量进行无量纲归一化处理,即可得到 e_i 和 ρ_i,进而得到 Prony 级数的参数 g_i 和 τ_i,直接输入 ABAQUS 软件的材料属性中,通过松弛模量对沥青混合料赋予黏弹性性质,为沥青路面结构力学行为研究奠定基础。

5.4.2 动态模量试验结果分析

1)沥青混合料动态模量试验

开展沥青混合料的动态模量试验,主要目的不仅是分析动态模量与温度和频率的关系,更重要的是绘制黏弹性参数主曲线,进而用于沥青路面结构黏弹性力学行为计算。为了保证主曲线的精度,确定试验方案时最好温度范围覆盖低、中、高温温度,频率范围采用全频率。采用 SPT 简单性能试验机进行沥青混合料动态模量的测试,如图 5.4-4 所示。

动态模量试验所用试件采用旋转压实成型后钻芯得到,沥青胶结料分别为 SK-90、SBS 改性沥青和 SRA 复合改性沥青,混合料级配类型为 AC-13、SMA-13 和 AC-16,空隙率控制在 $(4.25 \pm 0.5)\%$,每个试件做 3 个平行试件,测试结果取 3 个试件的平均值。试验温度分别为 $-25℃$、$-10℃$、$5℃$、$20℃$、$40℃$ 5 个温度,每种温度下测定频率为 0.1Hz、0.5Hz、1Hz、5Hz、10Hz、20Hz、25Hz 的动态模量和相位角。由于试验温度相对偏低,侧向变形较小,故没有考虑围压的影响和体积松弛。

2)沥青混合料动态模量和相位角结果分析

图 5.4-5 ~ 图 5.4-7 为针对 SK90 基质沥青、SBS 改性沥青和 SRA 复合改性沥青,三种级配 SMA-13、AC-13 和 AC-16 的沥青混合料动态模量、相位角与频率和温度的试验结果。根据试验结果可知,沥青混合料的动态特性受加载频率和温度影响较大。

图 5.4-4 钻芯试件粘钉子并固结(左)和 SPT 试验机(右)

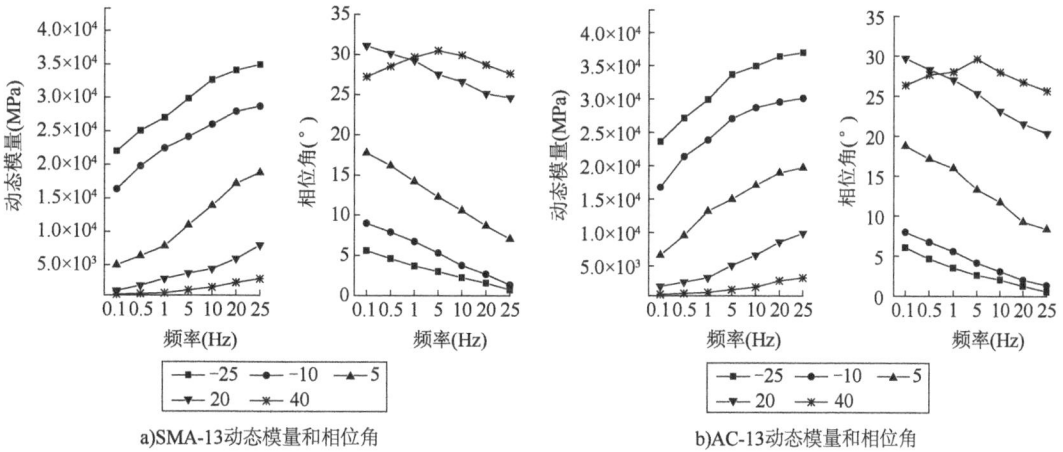

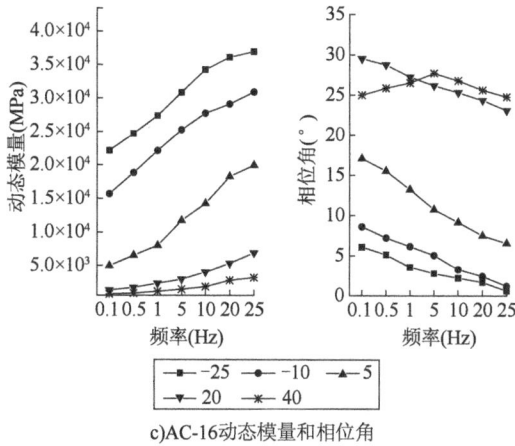

a)SMA-13动态模量和相位角

b)AC-13动态模量和相位角

c)AC-16动态模量和相位角

图 5.4-5 基质沥青混合料动态模量与相位角

a)SMA-13动态模量和相位角

b)AC-13动态模量和相位角

c)AC-16动态模量和相位角

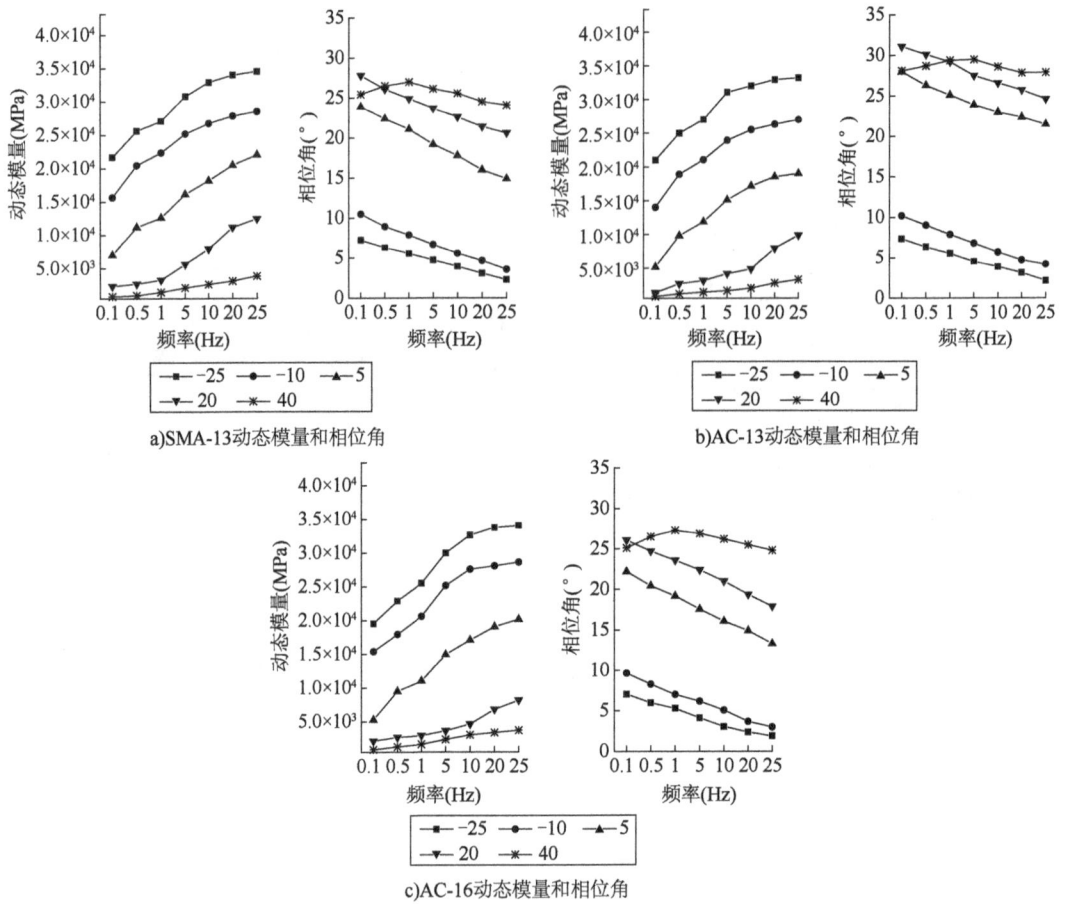

图 5.4-6　SBS 沥青混合料动态模量与相位角

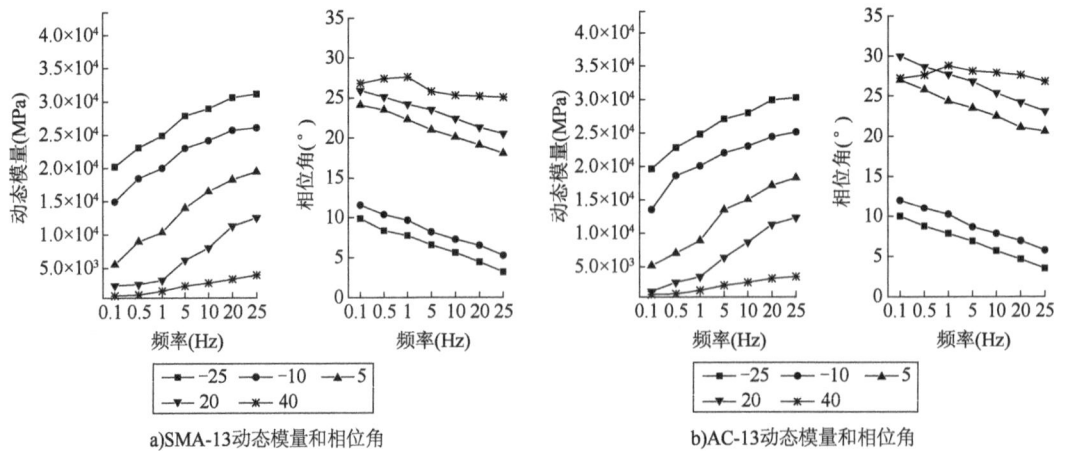

a)SMA-13动态模量和相位角

b)AC-13动态模量和相位角

图　5.4-7

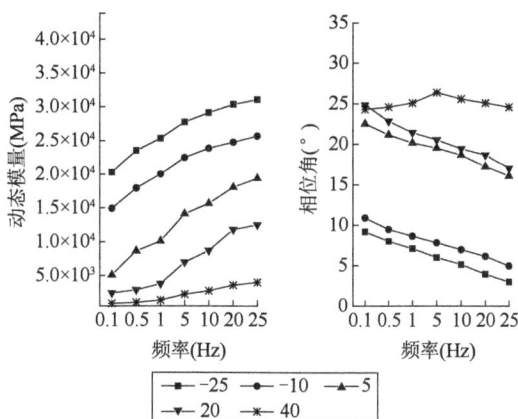

c)AC-16动态模量和相位角

图5.4-7 SRA 沥青混合料动态模量与相位角

（1）加载频率与动态模量、相位角。

由图5.4-5～图5.4-7可以看出，随着频率的增加和温度的降低，三种沥青混合料的动态模量均一直增大，而相位角的变化有所不同。一般来讲，随着温度升高或荷载频率减小，沥青混合料的黏性性质更加明显，相位角增加，同时发现当温度小于–40℃时符合这一规律。而当温度升高至40℃时，相位角呈现先增加后减小的趋势。这是由于黏弹性材料中，延迟弹性变形与恢复时间成正比，也即荷载频率越高（温度越低）变形恢复时间越短，黏弹性变形恢复的幅值就越小，动态模量随之增大。也可以理解为，频率越高，材料积蓄的能力越多，弹性特征越明显，进而表现为动态模量的增加。这种相位角变化异常的原因，低温高频时混合料的性能受沥青胶结料性能的影响更大，但在高温低频作用下，沥青胶结料变软，沥青的黏聚力减小、矿料的骨架作用影响超过了沥青黏性的影响，由于矿料是弹性材料，相位角为零，所以相位角会下降。

整体来看，当三种沥青胶结料所制备的混合料级配相同时，在低温高频作用下，SRA 沥青混合料动态模量＜SBS 沥青混合料动态模量＜SK90 沥青混合料动态模量；在高温低频作用下，SRA 沥青混合料动态模量＞SBS 沥青混合料动态模量＞SK90 沥青混合料动态模量；当所制备的混合料级配不同、胶结料相同时，SMA-13 值最大，AC-16 次之，AC-13 最小，但是最大值和最小值差别不大，尤其在低温情况下差距会进一步缩小。从本质上讲，动态模量的大小是由材料本身的黏弹性能决定的。

（2）温度与动态模量、相位角。

随着温度的升高，沥青材料变软，动态模量减小；频率较高时，相位角增加，频率较低时，温度在 –10℃～–25℃，相位角增加，40℃时相位角减小；另外，同样的温度区间，低温段模量变化较小，且随着频率增加动态模量呈凸形增加，动态模量的斜率先正后负，在 –10℃和 –25℃时动态模量变化幅度较小，低温沥青混合料接近弹性体；温度越高动态模量变化幅度越大，在25℃和40℃时动态模量变化幅度较大，随着频率增加，动态模量呈凹形增加，动态模量先负后正，高频段增加幅度较低频段快。主要原因是沥青混合料的温度依赖性和频率敏感性较强，高温时动态模量对高频区域最敏感，低温时动态模量对低频影响敏感。

沥青混合料的黏弹性主要体现在沥青胶结料的黏弹性，最理想的沥青胶结料应是低温下柔性较好，变形能力强，有一定强度，低温抗裂能力强；高温时有一定的刚度，模量比较高，具备较强的高温抗车辙能力；中温时能抵抗温度和荷载疲劳。

5.4.3 沥青混合料松弛模量主曲线

1）时温等效

为了求得其他温度下沥青混合料的黏弹性参数，可采用时温等效原理进行换算。在某个特定应变下松弛到某一特定的应力水平，既可以在较高温度下、较短时间内达到，也可以在较低温度下、较长时间内达到。因此，升高温度和延长时间对沥青混合料的应力松弛是等效的，这一特性可以采用移位因子表示。

移位因子是任意温度下的松弛时间与基准温度下的松弛时间的比值。在基准温度下松弛性能相当的混合料，移位因子越大，表明任意温度下松弛时间越长，松弛性能越差。

求解移位因子常用的计算公式是 WLF 方程：

$$\lg \alpha_T = \lg \frac{f_r}{f} = \frac{-C_1(T - T_r)}{C_2 + T - T_r} \tag{5.4-15}$$

式中：α_T——移位因子；

$\quad f_r$——缩减频率（Hz）；

$\quad f$——试验下的频率（Hz）；

$\quad C_1 、C_2$——经验参数，可以通过试验数据拟合得到；

$\quad T$——试验温度（℃）；

$\quad T_r$——试验中选用的一个参考温度（℃）。

在 ABAQUS 有限元中，温度依赖性也是通过 WLF 方程体现的，具体需要在软件里输入参考温度和 $C_1 、C_2$ 的值，其具体求解可参照以下公式。

对式（5.4-15）两边取倒数，可得：

$$-\frac{1}{\lg \alpha_T} = \frac{C_2}{C_1} \cdot \frac{1}{T - T_r} + \frac{1}{C_1} \tag{5.4-16}$$

通过 $-\dfrac{1}{\lg \alpha_T}$ 对 $\dfrac{1}{T - T_r}$ 作图，采用直线拟合，通过直线斜率 $\dfrac{C_2}{C_1}$ 和截距 $\dfrac{1}{C_1}$ 可以得出 $C_1 、C_2$，这种方法较常用。

也可将式（5.4-16）变形为

$$-\frac{T - T_r}{\lg \alpha_T} = \frac{T - T_r}{C_1} + \frac{C_2}{C_1} \tag{5.4-17}$$

以 $-\dfrac{T - T_r}{\lg \alpha_T}$ 对 $T - T_r$ 作图，采用直线拟合，通过直线的斜率 $\dfrac{1}{C_1}$ 和截距 $\dfrac{C_2}{C_1}$，也可求出 $C_1 、C_2$。

求出的 $C_1 、C_2$ 进行灵敏度分析发现，第二种方法[式（5.4-17）]的计算结果更接近真实值。

2）主曲线建立

主曲线就是在具有时温等效力学性能的试验材料基础上，将一种有限的试验结果扩展到无线范畴的方法。本书测试了 4 个温度条件下的动态模量及相位角，动态模量试验结果见上节。为了方便下一节沥青混合料黏弹性参数的数值化，首先将动态模量转换为存储模量，绘制存储模量主曲线。

采用西格摩德（Sigmoidal）函数拟合存储模量主曲线，Sigmoidal 函数如下式所示：

$$\lg |E^*| = \delta + \alpha / (1 + e^{\beta + \gamma \lg f_r}) \tag{5.4-18}$$

式中：$|E^*|$——动态模量（MPa）；

　　　δ——动态模量最小值的对数；

　　$\delta+\alpha$——动态模量最大值的对数；

　　β、γ——描述西格摩德函数形状的参数，与沥青混合料的特性及δ、α值的大小有关。

选取关注的温度 -10℃作为参考温度，不同沥青混合料在不同温度下相对于参考温度的移位因子见表5.4-1和表5.4-2。温度与移位因子之间的关系，可采用二次多项式函数进行拟合，这与王端宜建议的方法得到的结果一致，在此不再赘述。

不同沥青混合料的移位因子　　　　　　　　　　　　　　　表5.4-1

混合料类型		温度（℃）				
		-25	-10	5	20	40
SK90	SMA-13	2.393	0.000	-2.025	-3.683	-5.322
	AC-13	2.579	0.000	-2.066	-3.618	-4.890
	AC-16	3.014	0.000	-2.305	-3.900	-4.924
SBS	SMA-13	1.856	0.000	-1.673	-3.164	-4.867
	AC-13	2.390	0.000	-1.958	-3.484	-4.848
	AC-16	3.142	0.000	-2.411	-4.090	-5.192
SRA	SMA-13	1.666	0.000	-1.510	-2.865	-4.428
	AC-13	1.558	0.000	-1.395	-2.628	-4.019
	AC-16	3.126	0.000	-2.401	-4.077	-5.183

以 -10℃作为参考温度下不同沥青混合料的 C_1、C_2　　　　表5.4-2

混合料类型	SK90			SBS			SRA		
	SMA-13	AC-13	AC-16	SMA-13	AC-13	AC-16	SMA-13	AC-13	AC-16
C_1	21.05	15.15	12.98	30.3	16.39	13.89	28.57	23.26	17.73
C_2	144.29	99.49	75.51	258.51	114.64	76.82	270.00	237	98.5

采用西格摩德S形函数拟合得出，三种沥青（SK90、SBS和SRA）三种级配（SMA-13、AC-13和AC-16）存储模量主曲线如图5.4-8~图5.4-10所示，各参数值见主曲线图示中的公式，相关系数达到0.98以上。

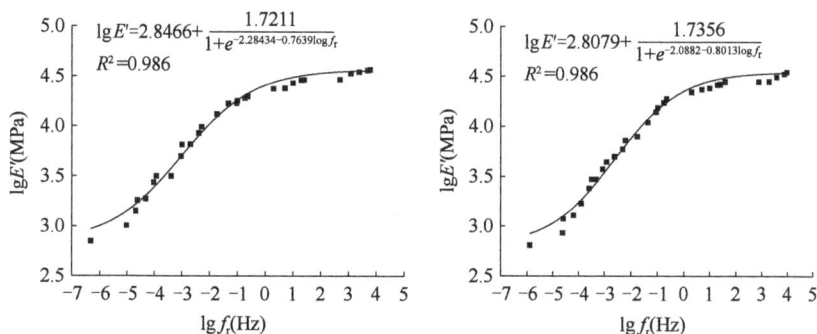

a)参考温度为-10℃的SMA-13(左)与AC-13(右)存储模量主曲线

图 5.4-8

$$\lg E' = 2.8446 + \frac{1.7227}{1 + e^{-2.1765 - 0.8115\log f_r}}$$

$$R^2 = 0.988$$

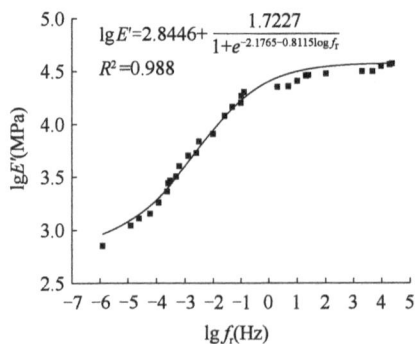

b)参考温度为-10℃的AC-16存储模量主曲线

图5.4-8 基质沥青混合料存储模量主曲线

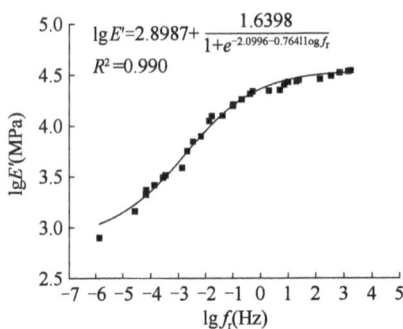

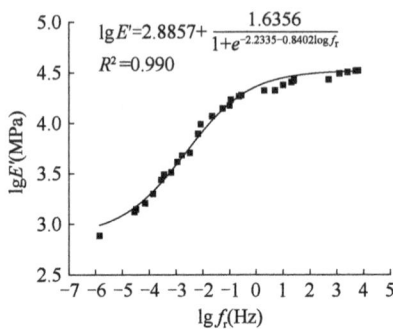

$$\lg E' = 2.8987 + \frac{1.6398}{1 + e^{-2.0996 - 0.76411\log f_r}}$$

$$R^2 = 0.990$$

$$\lg E' = 2.8857 + \frac{1.6356}{1 + e^{-2.2335 - 0.8402\log f_r}}$$

$$R^2 = 0.990$$

a)参考温度为-10℃的SMA-13(左)与AC-13(右)存储模量主曲线

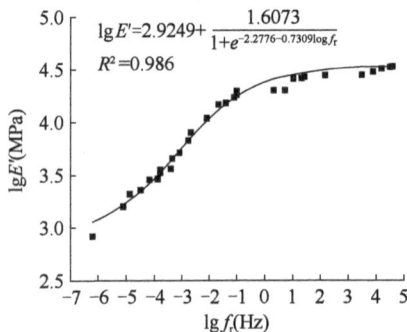

$$\lg E' = 2.9249 + \frac{1.6073}{1 + e^{-2.2776 - 0.7309\log f_r}}$$

$$R^2 = 0.986$$

b)参考温度为-10℃的AC-16存储模量主曲线

图5.4-9 SBS改性沥青混合料存储模量主曲线

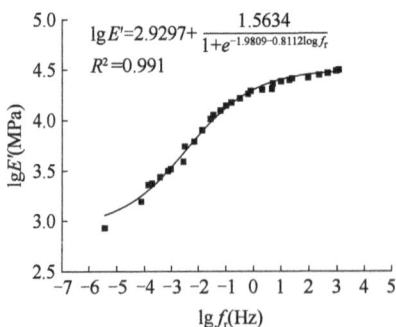

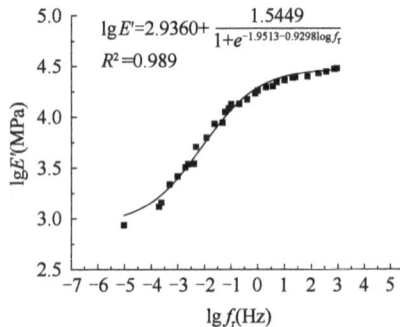

$$\lg E' = 2.9297 + \frac{1.5634}{1 + e^{-1.9809 - 0.8112\log f_r}}$$

$$R^2 = 0.991$$

$$\lg E' = 2.9360 + \frac{1.5449}{1 + e^{-1.9513 - 0.9298\log f_r}}$$

$$R^2 = 0.989$$

a)参考温度为-10℃的SMA-13(左)与AC-13(右)存储模量主曲线

图 5.4-10

$$\lg E' = 2.9252 + \frac{1.6070}{1 + e^{-2.2649 - 0.7297\lg f_t}}$$
$$R^2 = 0.985$$

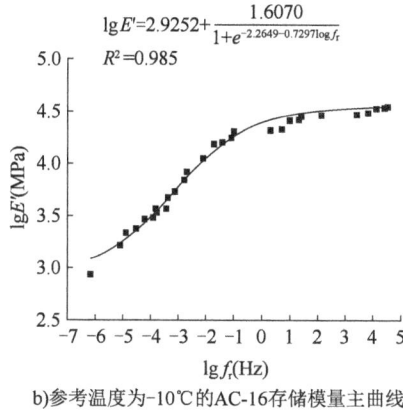

b)参考温度为-10℃的AC-16存储模量主曲线

图5.4-10　SRA改性沥青混合料存储模量主曲线

由图5.4-8～图5.4-10的存储模量主曲线可知,SK90沥青混合料δ值<SBS沥青混合料δ值<SRA沥青混合料δ值,SK90沥青混合料$\delta+\alpha$值>SBS沥青混合料$\delta+\alpha$值>SRA沥青混合料$\delta+\alpha$值,δ值决定了S形曲线的最低端位置,反映的是高温下沥青混合料的性质,高温下沥青混合料模量高,具有较高的抗变形能力,说明SRA相对SBS和SK90沥青混合料的高温性能优越;$\delta+\alpha$值表征了沥青混合料主曲线最大模量和最小模量的差别,决定了S形曲线的最高位置,反映了低温下沥青混合料的低温性质,说明SRA相对SBS和SK90沥青混合料的低温性能优越。S形曲线中间段的斜率反映了存储模量对频率的敏感性,单从主曲线来看,同种沥青不同级配的沥青混合料高低温性能差别不明显。另外,从主曲线上还可以看出,西格摩德函数对高温段的拟合度差异较大,当频率趋向无穷小时,预测的模量值不太符合实际。

3)黏弹性力学参数数值化

沥青混合料属于典型的黏弹性材料,黏弹性性质可以更加真实地反映沥青路面结构在外部因素作用下的力学行为,它不仅与时间有关,还与温度有关。为了准确模拟沥青路面温度场和温度应力,需要对沥青混合料的黏弹特性进行一定的分析,并通过合适的抽象化的数学语言来表达,即选取正确的本构关系并确定模型参数。

Prony表达形式与广义Maxwell模型有相同的数学描述,能很好地反映沥青混合料的黏弹特性,故采用广义Prony级数模型进行沥青混合料黏弹性的数值模拟。Prony算法是用一组指数项的线性组合来拟合 $x(t) = \sum_{i=1}^{i=k} B_i e^{\sigma_i t} \cos(2\pi f_i t + \beta_i)$,Prony算法实质是对采样数据求拟合公式。

较宽的频率范围能计算更加精确的Prony级数参数,因此,假定沥青混合料在黏弹性范围内始终符合S形曲线,利用材黏弹性料的时温等效原理,可以将图5.4-8～图5.4-10的主曲线荷载频率扩展到 $10^{-8}\sim10^8$ Hz。再采用上一节的存储模量主曲线和式(5.4-13)确定Prony级数的相应参数,为了简化求解,采用配置法预先确定若干个松弛时间点,配置点的间距一般在对数坐标轴上相差1,并包含全部松弛时间点(试验采用的频率点)。为了方便计算,令 $\rho_i = 1/\omega_i$,涵盖本研究的频率配置点可以表达为 $\omega_i = 10^{i-9}$ ($i = 1,2,3,\cdots,17$),因此配置的松弛时间点为 $\rho_i = 10^{9-i}$ ($i = 1,2,3,\cdots,17$),得出存储模量Prony级数参数见表5.4-3。

Prony 级数参数（ -10℃ ） 表 5.4-3

i	松弛时间（s）	E_i（MPa）								
		基质沥青			SBS			SRA		
		SMA-13	AC-13	AC-16	SMA-13	AC-13	AC-16	SMA-13	AC-13	AC-16
0	1×10^9	857.78	646.1647	703.0282	798.3375	771.7025	852.5798	854.0375	863.921	853.1698
1	1×10^8	147.22	8.933847	9.615204	14.70368	8.190581	24.6644	8.740098	2.893321	24.62581
2	1×10^7	26.29	20.01871	21.76499	31.78228	19.05398	51.74065	19.74272	7.341157	51.59624
3	1×10^6	59.64	45.15482	49.59628	69.21052	44.56015	109.6476	44.79638	18.66318	109.201
4	1×10^5	136.99	103.2976	114.6453	152.9933	105.4402	236.8577	102.6314	47.67944	235.5615
5	1×10^4	322.74	243.1085	272.8158	347.8539	255.7022	528.5425	239.8436	123.2601	524.8064
6	1×10^3	793.70	601.5831	683.357	827.0028	648.7965	1230.643	580.9746	327.2853	1219.784
7	1×10^2	2043.78	1586.082	1822.952	2055.458	1743.383	2925.482	1474.651	913.419	2895.697
8	1×10	5142.74	4228.716	4875.35	4993.441	4678.934	6447.465	3768.591	2676.269	6383.967
9	1	10551.46	9579.535	10848.5	10080.38	10352.77	11245.56	8345.773	7237.423	11168.01
10	1×10^{-1}	14673.17	14979.67	16319.7	14334.07	15192.61	13842.01	13083.55	13637.72	13813.54
11	1×10^{-2}	13332.49	15067.71	15695.72	13770.53	14011.49	12070.98	13303.22	14885.33	12107.51
12	1×10^{-3}	8749.70	10607.42	10636.98	9679.075	9056.547	8136.19	9414.959	10073.82	8195.239
13	1×10^{-4}	4721.68	5972.652	5824.565	5581.721	4745.429	4675.894	5289.613	5089.051	4724.681
14	1×10^{-5}	2301.87	2985.335	2853.559	2887.879	2236.63	2461.399	2626.025	2228.704	2492.899
15	1×10^{-6}	1068.84	1407.916	1325.337	1414.409	1003.619	1238.343	1227.532	917.4675	1256.483
16	1×10^{-7}	485.29	646.2223	600.6145	674.5792	440.5832	609.1259	558.0237	368.2175	618.9983
17	1×10^{-8}	218.11	292.9587	269.184	317.6989	191.5673	296.3327	250.4878	146.2848	301.55

注: $i=0$ 时,计算的 E_i 代表 E_e。

4)应力松弛模型的确定

由存储模量可以绘制出松弛模量主曲线,可直接应用广义 Maxwell 模型的 Prony 级数参数结果代入式(5.4-10),实现频域向时域的转换,最终还可以得到松弛模量主曲线 $E(t)$。

松弛模量主曲线采用适应的广义 Maxwell 模型的单元个数(即确定 Prony 级数的项数)来表达,最终将黏弹性参数输入 ABAQUS 软件,准确地预测沥青路面的黏弹性力学行为。本书选取了 AC-13(SK90)沥青混合料并将数据点加密后,将计算的松弛模量主曲线分别采用 Origin 软件对四单元、六单元和八单元的广义 Maxwell 模型进行拟合,拟合结果如图 5.4-11 和图 5.4-12 所示,并将六单元和八单元的拟合参数列于表 5.4-4 和表 5.4-5。

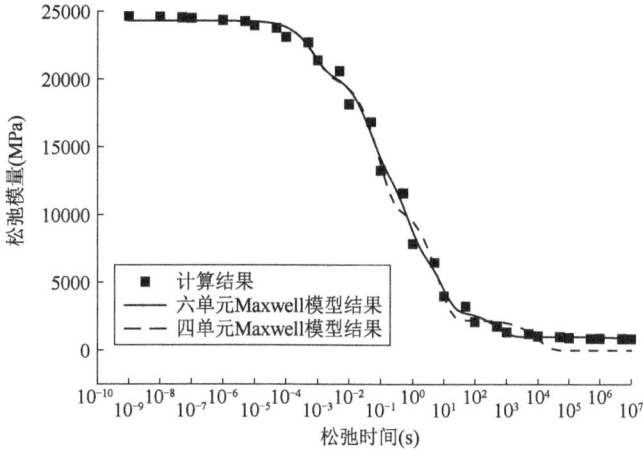

图 5.4-11　六单元的 Maxwell 模型拟合结果

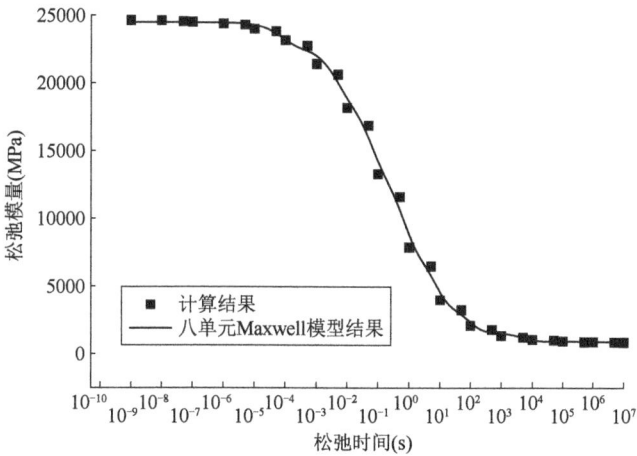

图 5.4-12　八单元的 Maxwell 模型拟合结果

六单元的 Maxwell 模型拟合参数

表 5.4-4

	弹簧模量(MPa)	拟合标准差		黏壶黏度(MPa·s)	拟合标准差
E_1	1887.4512	651.58122	η_1	992595.25	80430.034
E_2	3737.1194	786.27833	η_2	2.76902	1.72981
E_3	55984.8162	2370.08753	η_3	261.87469	36.03522
E_4	5333.34	2748.05964	η_4	44651.708	1863.0879
E_5	6372.3628	2856.56194	η_5	3735.1617	1119.02527
E_6	1001.2489	258.18511	η_6	4.46578	1.47406
拟合系数:0.99636					

八单元的 Maxwell 模型拟合参数

表 5.4-5

	弹簧模量(MPa)	拟合标准差		黏壶黏度(MPa·s)	拟合标准差
E_1	1724.41693	865.40603	η_1	0.13874	0.09916
E_2	3216.07231	1731.49463	η_2	13.43992	4.02271
E_3	720.68571	196.12153	η_3	3.71808×10^6	8.74487×10^3

弹簧模量（MPa）		拟合标准差	黏壶黏度（MPa·s）		拟合标准差
E_4	4421.72493	1924.43108	η_4	28588.8495	4898.3186
E_5	6268.40222	2954.91344	η_5	3683.94725	609.5862
E_6	4984.80519	1622.42127	η_6	261.45493	55.85483
E_7	2231.9262	1058.72687	η_7	192809.292	26419.013
E_8	923.49431	326.74137	η_8	8.37027×10^{10}	6.17451×10^4
拟合系数：0.99613					

由图5.4-11可知，四单元的广义Maxwell模型拟合的曲线波动较大，而且松弛时间趋于无穷大时的拟合结果差距较大，不能准确表征长时间的应力松弛计算结果；相比之下，采用六单元Maxwell模型拟合的曲线相关系数为0.99636，而且标准差都较小；采用八单元Maxwell模型拟合的曲线相关系数为0.99613，但是拟合的标准差过大，不符合实际。因此，采用六单元的广义Maxwell模型进行拟合是合适的。

5）松弛模量主曲线及松弛特性分析

通过存储模量转化为松弛模量得到以－10℃为参考温度下的不同沥青混合料的松弛模量主曲线，从而获取更广时间域范围内的松弛性质，如图5.4-13所示。由图5.4-13可知，低温和加载时间短时沥青混合料松弛模量较大，而且随着温度继续降低，加载时间进一步缩短，松弛模量达到上限值，松弛曲线上的任何一点的斜率即为松弛速率，可以表征材料的松弛能力。得到极限值对于讨论和分析黏弹性材料的力学性质是有意义的，九种沥青混合料均在松弛时间大约10^{-8}s时松弛模量达到高限平衡，此时可以把混合料视为完全弹性体；在$10^{-8} \sim 10^2$s时沥青混合料松弛模量随加载时间变化较快，斜率先增加后减小，说明在－10℃这一加载时间段内沥青混合料松弛能力先增加后减小，而且在整个时间域内松弛能力最强；当松弛时间大于1000s时，几种沥青混合料的松弛模量基本都趋于稳定，松弛模量在800MPa左右，应力很容易松弛掉，一般不会因应力积累过大导致开裂等问题，但此时开裂问题已不是主要问题，很可能由于松弛模量过小、黏度过低，导致沥青路面在重载车辆下产生永久变形。

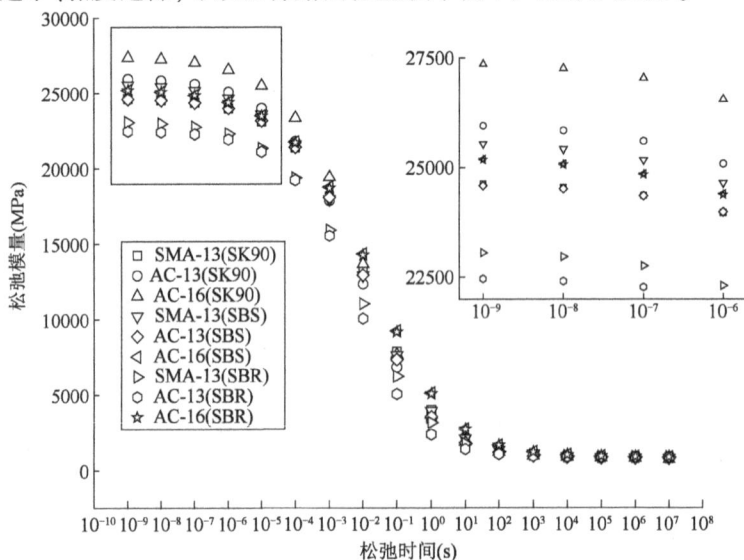

图5.4-13　松弛模量主曲线

从图5.4-13放大部分可以看出,SK90沥青混合料松弛模量曲线在最上方,中间部分为SBS改性沥青混合料,最下方为SRA沥青混合料。即松弛模量相同时,SK90类的沥青混合料需要的松弛时间最长,松弛能力最差,相比同一种沥青不同级配的沥青混合料,AC-13和SMA-13差异不明显,对沥青混合料松弛性能影响最显著的当属沥青种类。由此可以得出,SRA沥青混合料的低温性能最优。因此,服役过程中的沥青路面松弛模量宜保持在一定的范围内,这样不仅可以有效地释放由于温度降低产生的温度应力,还可以抵抗温度过高产生的永久变形。

本章参考文献

[1] 田小革,应荣华,郑健龙.沥青混凝土温度应力试验及其计算方法研究[J].中国公路学报,2001(4):15-19.

[2] 王端宜,刘敬辉,刘宇.沥青混合料粘弹塑性断裂参数的研究[J].华南理工大学学报(自然科学版),2009,37(11):7-11.

[3] 王端宜.沥青路面一维温度应力的理论计算[J].哈尔滨建筑工程学院学报,1990,23(4):124-130.

第6章
高海拔地区
沥青路面基层性能优化

高海拔地区的气温远低于内陆地区,特别是在冬季,可能出现严寒和低温冻结现象。由于高海拔寒冷地区蒸发量大、日较差大、全年低温期长,沥青路面基层在低温条件和反复冻融下会变得脆硬,失去弹性,易发生龟裂和断裂,严重影响路面的平整度和稳定性。此外,高海拔寒冷地区持续低温作用以及高低温循环变化使得半刚性基层普遍出现了冻融、冻胀破坏,稳定性大幅度下降,承载力不断降低,整体性能受到严重影响。抗裂性好的半刚性基层路面能延长使用寿命,降低维修成本,提高行车舒适性。在高海拔山区道路建设中,由于建设维修成本大,更应该保障路面质量和使用寿命。因此,如何提高半刚性基层的抗裂性是我国道路建设中的重要问题。

半刚性基层是指用无机结合料(即水泥、石灰、粉煤灰及其他工业废料)铺筑的基层。半刚性基层在我国运用最为广泛,据统计占所有路面结构的90%以上。相比传统柔性路面,半刚性基层具有如下优点。

(1)强度高:一般来说,半刚性基层材料具有较高的强度,且它们都具有强度随龄期不断增长的特性,因此半刚性基层沥青路面通常具有较小的弯沉和较强的荷载分布能力。

(2)稳定性好:半刚性基层材料具有较高的水稳性和冰冻稳定性,因此在水的作用以及多次冻融反复作用下不影响半刚性材料基层的承载能力。

（3）刚性大：半刚性基层抗压回弹模量值可高达1800MPa,使得沥青面层弯拉应力相对减小,从而提高了沥青面层抵抗行车疲劳破坏能力,也就是说半刚性基层可以达到减薄沥青面层的目的。

（4）半刚性基层材料板体性好,利于机械化施工且工程造价低,能适应重型交通发展需要。半刚性基层沥青路面结构正是以其优良的工程性能和显著的经济效益,在我国公路建设中得到广泛的应用,已成为高等级公路路面主要结构形式。

6.1　水泥稳定碎石基层早强低收缩外加剂

我国分布广泛的高海拔寒冷地区,具有干燥寒冷、日温差大等不良气候特性,这种恶劣的自然环境会导致水泥水化缓慢甚至停止,造成基层难以形成强度,进而严重影响面层的铺筑。《公路路面基层施工技术细则》(JTG/T F20—2015)中指出:水泥稳定结构层宜在春末和气温较高季节组织施工。施工期的日最低气温应在5℃以上,在有冰冻的地区,并应在第1次重冰冻(−3 ~ −5℃)到来之前半个月到一个月完成。研究表明,水泥稳定碎石中掺入早强剂,可以有效提高其早期强度,使得基层能够在低温条件下达到工程强度要求,从而延长冬季可施工期。虽然半刚性基层在高海拔寒冷地区的应用中出现了诸多问题,而在水泥稳定碎石中适当添加外加剂无疑是解决上述问题最有效快速的方法。

6.1.1　高海拔地区水泥稳定碎石基层收缩机理

干寒地区水泥稳定碎石基层材料的干燥收缩与温度收缩,简称干缩和温缩,其实并不是单独分别进行的,这是由于基层材料实际上处于干寒地区低降雨量高蒸发量、昼夜温差大的气候环境下的相对湿度和温度不断变化的环境中。因此,水泥稳定碎石基层的温度收缩与干燥收缩是同时发生的,而且往往在干旱寒冷地区效果更加明显。所以,实际工程中基层材料收缩其实是温度与湿度相互作用的综合效应。

1)高海拔地区水泥稳定碎石基层材料早期干缩机理

水泥稳定碎石材料的干燥收缩是由于其内部含水率的变化而引起整体宏观体积收缩的现象。由于水泥稳定碎石材料为多孔结构的材料,水以各种形式存在于其内部,这些水的蒸发会引起材料宏观上的干燥收缩。下面将分别论述干燥收缩的三个作用过程,即毛细管张力作用、吸附水和分子间力作用及层间水作用。

（1）毛细管压力作用。

水泥稳定碎石基层散失了大孔隙中的重力水,接着就是毛细水的散失。水泥稳定碎石混合料中的毛细管水液面处于曲面,当水分蒸发时,毛细管水面下降,弯液面的曲率半径变小,致使毛细管压力增大,从而产生收缩。因此,相对湿度越小,毛细管张力也就越大。同时,干寒地区日蒸发量远大于降雨量、昼夜温差大的环境特点,也要求人们花大力气控制水泥稳定碎石基层在施工结束的初期干燥收缩的发生和发展。

据开尔文方程及拉普拉斯方程,毛细管压力 Δp 可用式(6.1-1)计算:

$$\Delta p = \frac{2\sigma}{r} = \frac{RT\rho}{M}\ln\frac{p}{p_0} \tag{6.1-1}$$

式中: Δp ——弯曲液面内外力差,凸面为负,面为正,方向指向液面外(Pa);

σ——弯液面表面张力(N/m);

　r——毛细管水面曲率半径,指向水面外为负(m);

R——气体常数,$R = 8.314[J/(mol \cdot K)]$;

T——绝对温度(K);

ρ——水的密度(g/m^3);

M——水的摩尔质量(18g/mol);

$\dfrac{p}{p_0}$——相对湿度。

(2)吸附水和分子间力作用。

在毛细管张力作用的后期,随着相对湿度的继续降低,吸附水开始流失。这时,随着固相物质表面吸附水的逐渐解附,颗粒表面的吸附水膜变薄,颗粒间距离进一步变小,分子引力逐渐增大,从而引起水泥稳定碎石材料宏观体积进一步缩小。吸附水作用是指:物体的固相存在表面层分子和内部分子受力不同的特性,表面层分子存在不饱和力场,对周围有吸引作用。在表面积不变的情况下,固相表面层分子的不饱和力场可以吸引气体分子,使气体分子在固体表面上聚集。

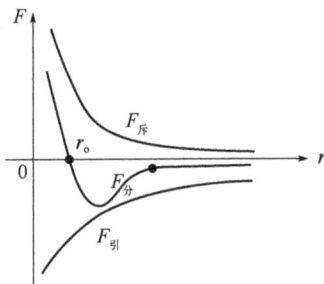

图6.1-1　分子间力的作用与颗粒间距离的关系

由土质学理论可知:胶粒聚结与分散的两种倾向性是由颗粒间的分子引力与反离子的斥力和溶剂化作用所决定的。胶粒间的吸附力与斥力均随其距离的增大而减小,其中吸附力减小的速率较快。因此当两胶粒相距较近时,一旦吸附力大于斥力则胶体就发生聚结。分子间力的作用与颗粒间距离的关系如图6.1-1所示。

从图6.1-1可以看出,分子间力的作用是有规律的,在含水率降低、颗粒间距缩短的过程中,吸附水作用和分子间力的作用是同时进行的。颗粒间分子力为斥力,而吸附水作用也在使颗粒靠拢效应逐渐增加。另外,刚度的增加又对收缩有着逐渐增加的效应,使颗粒进一步靠拢。当颗粒间距缩小时,分子间力的作用为引力,使得吸附水、分子间力的作用和强度作用起到了共同的加速效果,促使颗粒间距迅速变小。

(3)层间水作用。

毛细水、吸附水大部分蒸发后,对材料收缩起作用的是层间水,因为水泥稳定碎石材料中含有大量层状结构的晶体或非晶体。层状晶体,特别是晶体层间为范德华键连接的层状晶体,晶胞间含有大量层间水及水化离子,随着相对湿度下降,层间水蒸发,晶胞间距变小,故层间水作用会引起材料收缩,但是层间水的作用会随含水率的减少而逐渐削弱或消失。随着相对温度的进一步下降,层间水蒸发,致使晶格间距减小,从而引起整体材料的收缩。

对于含水率较高的水泥稳定碎石材料,干燥收缩形式总是从毛细管张力作用开始,然后是吸附水和分子间力作用到层间水作用。要控制水泥稳定碎石的干燥收缩,就必须控制这三个过程的收缩量。

(4)其他收缩作用。

由上述分析可知,材料的类型、物理化学性质、矿物成分、配合比、材料强度、含水率、龄期等,都无疑是影响水泥稳定类材料干燥收缩的因素。总结后发现,凡是影响水泥稳定类材料的最佳含水率、含水率散失速率以及混合料中各种形式水分体积比例的因素,都是影响干燥收缩的重要因素。在干寒地区半刚性基层的实际施工过程中,存在水资源严重缺乏的情况,确定能够保证良好的水化反应与强度形成的最佳含水率就显得尤为重要。另外,干寒地区的半刚性基层养护情况直接决定着前期工作的最终效果。

2)高海拔地区水泥稳定碎石基层材料温度收缩机理

根据物理化学理论,温度是描述组成物体的大量微观粒子热运动的杂乱程度的物理量。所以,温度的升高标志着微观粒子热运动的杂乱程度的加剧,从而物体的内能和物体内部质点的热振幅增加,宏观表现为整体体积的膨胀;温度的下降则标志着微观粒子热运动杂乱程度的减弱,从而物体的内能和物体内部质点的热振幅减小,宏观表现为物体整体体积的收缩。

半刚性基层材料是由固相(组成其空间骨架结构的原材料的颗粒和其间的胶结构)、液相(存在于固相表面与空隙中的水和水溶液)和气相(存在于空隙中的气体)组成。所以,半刚性基层材料的外观胀缩性是其基本体的固、液、气相的不同温度收缩性的综合效应。一般气相大部分与大气贯通,在综合效应中影响较小,可以忽略。

水泥稳定碎石基层材料中的液相自由水存在于混合料内部广泛分布的大孔隙、毛细孔和胶凝孔里。水对水泥稳定碎石基层材料的温缩性影响极大,特别是在非饱水状态时影响较大。当温度高于冰点,且环境有利于水分蒸发时,水的存在会使其收缩系数显著增大;当温度低于冰点时,在含水率较大的情况下,水的冻结会引起整体材料膨胀,对基层强度产生破坏作用。

半刚性基层材料中的固相颗粒较大部分为结晶体及部分非结晶体,其热学性质由质点间的键性和热运动以及结构组成所决定。组成晶体的质点(原子、分子、离子)间的键性一般较强,质点的热运动只是在其平衡位置附近的热振荡。

水泥稳定碎石基层材料中矿物组成非常复杂,但主要可分为原材料矿物和新生胶结结构矿物两大类。就组成水泥稳定碎石基层材料的原材料矿物颗粒而言,集料的温度收缩系数较小。火山灰反应及水泥水化反应的生成物中,C-S-H 凝胶体是其主要成分,它是由微小晶体组成的,在微观上无序而宏观上有序的层状体。C-A-H 和 C-A-S-H 都为三方晶系晶体,但前者为层状结构,后者为柱状结构。这些晶体均具有相对较大的热胀缩性,一般情况下 $\alpha = 10 \sim 20 \times 10^{-6}/℃$。

一般可以认为,就组成固相的矿物颗粒而言,原材料各矿物一般有较小的胀缩性,而新生胶结物则具有较大的温度胀缩性。由于组成固相复合材料的各矿物有不同的热胀缩性,但又是胶结为整体的材料,所以,其热胀缩性是各组成单元体间相互作用的综合效应,它可通过下式近似估算:

$$\beta_r = \sum_{i=1}^{n} \frac{\beta_i E_i V_i}{E_i V_i} \tag{6.1-2}$$

$$\alpha_r = \sum_{i=1}^{n} \frac{\alpha_i E_i V_i}{E_i V_i} \tag{6.1-3}$$

式中:β_r——平均体积膨胀系数;

α_r——平均线膨胀系数;

β_i——颗粒单元 i 的体积膨胀系数;

α_i——颗粒单元 i 的线膨胀系数;

E_i——各单元的弹性模量;

V_i——各单元的体积率。

6.1.2 早强低收缩外加剂对水泥碎石基层性能影响

早强剂是一种可以通过调节水泥的凝结和硬化速度来改变混凝土早期强度的外加剂。早强剂大致可分为 3 类:

第 1 类为无机盐类,包括氯化物、硫酸盐等;第 2 类为有机盐类,包括三乙醇胺(TEA)、尿素、三异丙醇胺等;第 3 类为化合物类,包括有机物和无机物组成的化合物。

其中,无机盐是最早研发的一类早强剂,具有良好的早强效果,但其腐蚀钢筋、与水泥适应性差的特点,致其使用范围受到极大的限制。有机盐类早强剂虽然不会对混凝土等材料造成损害,但由于其具有反应机理复杂、早强作用与规律难以把握、价格昂贵等特点,在实际应用中也未得到广泛应用。由于无机盐类和有机盐类早强剂均存在缺陷和不足,因此开发新型的高效早强剂一直是研究热点。将无机盐早强剂和有机盐早强剂复配,往往比单一组分的早强剂具有更好的效果,并且能够改善单一组分的不足,减小各组分的不良影响。

1)三乙醇胺与硫酸钠复掺早强收缩剂

三乙醇胺(TEA)作为无碱速凝剂的重要组成部分,已广泛应用于混凝土工程中,国内外学者对此有较多的研究。硫酸钠(NS)早强剂在较低环境温度条件下和早期强度发展较缓慢的混凝土中的使用效果是明显的,且使混凝土后期的强度有较大幅度的提高,不仅在常温及低温环境下能加快强度的增长,在蒸汽养护条件下也可提高混凝土的强度。

选取 0.25%、0.50%、0.75%、1.00% 4 种掺量的三乙醇胺及 1%、1.5%、2.0%、2.5% 4 种掺量的无水硫酸钠进行复配,每组试件的数目为 13 个,在养护龄期 1d 下测得无侧限抗压强度值并进行分析,利用绘图软件拟合出其三维曲面图,如图 6.1-2 所示。

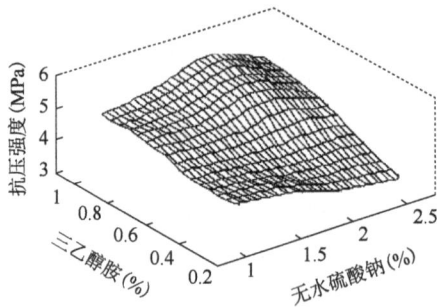

图 6.1-2　无侧限抗压强度

与不添加早强剂的水泥稳定碎石相比,掺入各比例掺量复合早强剂后材料的强度显著提高,其中 2.0% 无水硫酸钠与 0.75% 三乙醇胺复配、2.0% 无水硫酸钠与 1.00% 三乙醇胺复配、1.5% 无水硫酸钠与 1.00% 三乙醇胺复配、2.5% 无水硫酸钠与 1.00% 三乙醇胺复配 4 种情况下,强度大于 5MPa。当 2.0% 无水硫酸钠与 1.00% 三乙醇胺复配对应时,强度达到最大值;当 2.5% 无水硫酸钠与 0.25% 三乙醇胺复配时,强度为最小值。

如图 6.1-3、图 6.1-4 所示,复合添加无水硫酸钠及三乙醇胺时,对水泥稳定碎石材料的 1d 强度提升效果明显,其中 2.0% 无水硫酸钠与 1.0% 三乙醇胺复配时强度增长最为明显,与不掺早强剂的试件相比强度增长 66.2%。复合添加无水硫酸钠及三乙醇胺时,无水硫酸钠在

1.0%、1.5%、2.0%、2.5%掺量水平下,1d抗压强度随着三乙醇胺掺量的增加而提高,规律相似。三乙醇胺在0.25%、0.50%掺量水平下,1d抗压强度随着无水硫酸钠掺量的增加而降低,在0.75%、1.00%掺量水平下,1d抗压强度随着无水硫酸钠掺量的增加而先增长后降低。由此可见,掺入复合早强剂不仅能明显提高水泥稳定碎石的早期抗压强度,也能较大程度地提高中期抗压强度。

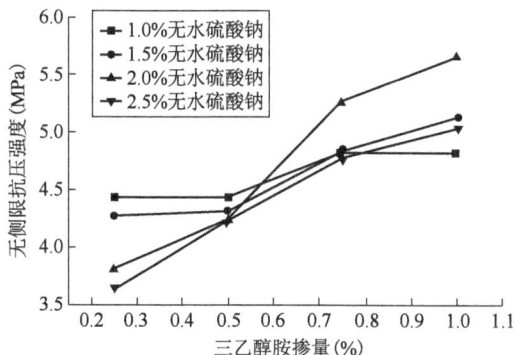

图6.1-3 无水硫酸钠各掺量水平下无侧限抗压强度

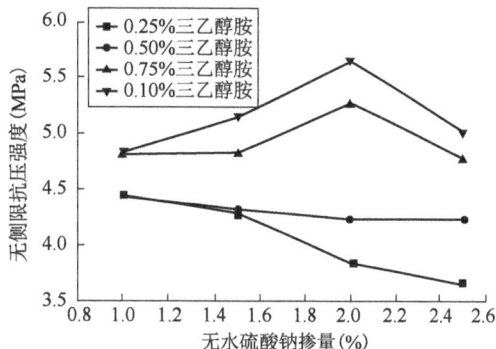

图6.1-4 三乙醇胺各掺量水平下无侧限抗压强度

由图6.1-5、图6.1-6可以看出,复掺组和空白组的累积干缩应变曲线趋势相同,说明NS与TEA复掺并未改变水泥稳定碎石发生干缩应变的时间,且在各时间段内,复掺组的累积干缩应变均小于空白组,其中以复掺组1在各龄期段的累积干缩应变均最小。这说明早强剂虽不能改变水稳碎石材料干缩应变随时间的变化规律,但可以减小试件的累积干缩应变,进而减少干缩裂缝的产生,其中复掺组1的减缩效果最佳。

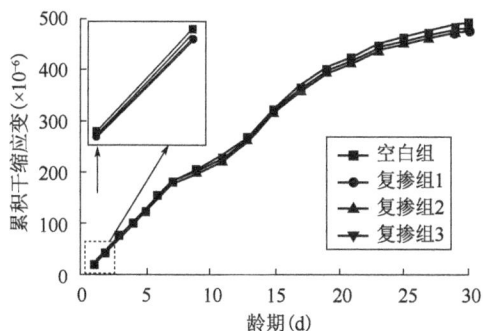

图6.1-5 复掺试验组水泥稳定碎石干缩应变随时间的变化
注:掺早强剂的为试验组,复掺组1为2.0%NS+1.0%
TEA,复掺组2为2.0%NS+0.75%TEA,复掺组3为
15%NS+1.0%TEA,未掺早强剂的为空白组,下同。

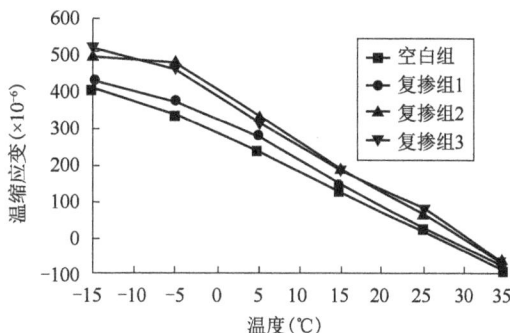

图6.1-6 复掺试验组水泥稳定碎石温缩应变随时间的变化

由图6.1-7可以看出,在水泥稳定碎石中掺加3组复掺早强剂均能在不同程度上改善材料的抗冻性能,并且随着冻融循环次数的增加,改善效果越来越明显。复掺组1在1~5次冻融循环时的质量损失率均相对最小。经1次冻融循环后,复掺组1的质量损失率比空白组减小6%;经5次冻融循环后,复掺组1的质量损失率比空白组减小61%。这表明复合早强剂在水泥稳定碎石材料的反复冻融过程中持续发挥着正向作用。其原因是,在冻融循环过程中,自由水会侵入试件裂缝结冰,破坏整体结构,导致试件发生冻融破坏,而掺入早强剂可减少试件

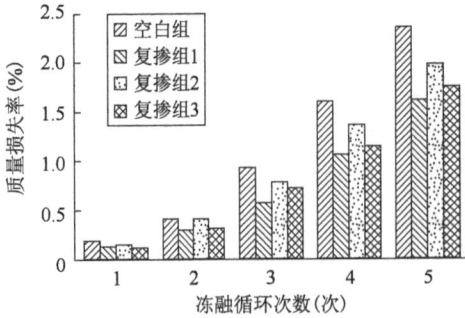

图 6.1-7 不同复掺组水泥稳定碎石的耐冻融循环性能

中微裂缝的形成,在强度形成过程中起到了细化孔隙结构的作用,提高集料与水泥之间的黏结力,从而提高水泥稳定碎石的抗冻性能。

2)SES 型超早强剂

为了有效减少基层裂缝的产生,国内外学者进行了大量的研究。早在 2005 年,陈拴发等研发出第一代 CS 型早强剂,将其应用到水泥稳定碎石中。随后,继续研发出第二代早强 SES 型,进行了试验段的铺筑后取得了一定的效果,得出 SES 型超早强剂可以有效改善基层的抗裂和抗冻性能的结论。

该型早强剂为无毒、无腐蚀性、不含氯盐与水泥的适应性强的淡黄色粉末状,其主要成分为硅酸钙、硫铝酸钙、铝酸,部分单结晶体(表 6.1-1)。其使用方法是在水泥稳定碎石材料拌和过程中直接投入拌和锅中进行搅拌,早强剂的合理掺量为混合料中水泥质量的 8% ~ 16% 。

SES 型超早强水稳基层外加剂的主要化学成分 表 6.1-1

成分	SiO$_2$	Fe$_2$O$_3$	Al$_2$O$_3$	CaO	MgO	SO$_3$
含量(%)	11.81	7.44	14.69	44.02	2.30	14.48

为对比不同水泥剂量时外加剂的加入对其路用性能的影响,选用 3 种水泥剂量进行对比,分别为 4% 、5% 和 6% ;外加剂掺量选为 8% (以水泥重量为基准),与未掺外加剂时作比较。此外,本书着重研究了水泥剂量为 5% 时,4 种外加剂掺量(4% 、8% 、12% 、16%)与未掺外加剂的力学性能对比。为方便研究,对各水泥剂量及加外加剂掺量进行编号,见表 6.1-2。编号是由水泥剂量编号与外加剂掺量编号共同组成的,如:AW8 代表水泥剂量 4% ,外加剂掺量 8% 。

编号与混合料组成对照表 表 6.1-2

混合料组成		编号
水泥剂量	4%	A
	5%	B
	6%	C
外加剂掺量	0	W0
	4%	W4
	8%	W8
	12%	W12
	16%	W16

(1)无侧限抗压强度。

水泥稳定碎石混合料 7d 无侧限抗压强度,对于分析基层的受力特性来说是必要的,而且也是必需的指标。同时,水泥稳定碎石的抗压强度是路面结构分析中的一个重要参数,不但要了解其早期的强度,还需要了解其长期性能,从而充分发挥水泥稳定碎石的优点。

从表6.1-3可知,各种水泥稳定碎石的抗压强度均随龄期的增长而增大。在各龄期时,都是水泥剂量6%的抗压强度最大,水泥剂量4%的抗压强度最小,水泥剂量5%的居中。各种水泥剂量的水泥稳定碎石,在掺加外加剂以后早期强度都有大幅度的提高,规律也很相似。外加剂的掺入对超短龄期(3d以前)的强度提高作用比较明显。从0.5d(12h)的抗压强度看,在3种水泥剂量中,水泥5%和6%的抗压强度均达到未掺外加剂的2倍多;水泥剂量4%的,掺加外加剂后抗压强度也提高了93.6%。随着龄期的增长,掺与不掺外加剂的强度差距在逐渐缩小。到3d龄期时,掺加外加剂后抗压强度提高最多的水泥剂量是6%,约提高36.2%,提高幅度最小的水泥剂量是4%,约提高14.6%。到7d时,除了水泥剂量6%的强度差别稍大外,水泥剂量4%及5%的掺与不掺外加剂的无侧限抗压强度都已经非常接近。试验结果表明,外加剂的掺入可以大幅度提高水泥稳定碎石的超早期强度,龄期越短强度提高作用越明显。虽然外加剂的掺入对不同水泥剂量时的强度提高幅度不尽相同,但是变化规律是很相似的。

不同外加剂剂量混合料的抗压强度(MPa)　　　　表6.1-3

龄期		12h	1d	2d	3d	7d
抗压强度	AW0	0.514	1.494	2.581	3.394	4.411
	AW8	0.995	2.001	3.259	3.888	4.584
	BW0	0.675	1.765	3.426	4.249	5.478
	BW8	1.451	2.553	4.441	5.398	5.947
	CW0	0.845	2.030	3.769	4.509	5.893
	CW8	1.699	3.678	4.957	6.142	6.475

(2)劈裂强度。

劈裂强度即间接抗拉强度,反映了混合料抵抗拉应力的能力。有关研究表明,劈裂强度与抗压强度存在着一定的比例关系,我国沙庆林院士通过多次试验计算得到间接抗拉强度和抗压强度的比值平均为0.084。也有资料介绍,对于水泥稳定集料,在抗压强度为3.4~137MPa的范围内,间接抗拉强度与抗压强度之比从0.14增加到0.16。不同外加剂90d龄期的间接抗拉强度见表6.1-4,其他龄期的间接抗拉强度可根据间接抗拉强度与抗压强度的关系计算。

90d龄期不同外加剂掺量水泥稳定碎石的劈裂强度(MPa)　　　　表6.1-4

编号	BW0	BW4	BW8	BW12	BW16
劈裂强度	1.07	1.142	1.12	1.168	1.075

从表6.1-4中可知,掺加外加剂后的间接抗拉强度有所提高,但是提高幅度不大;不同外加剂掺量之间的间接抗拉强度相差不大,其中BW12的间接抗拉强度是最高的,比BW0提高了9.2%;BW4次之,提高了6.7%;BW16提高作用最小,只提高了0.5%。从以上试验可以看出,外加剂的掺入对90d间接抗拉强度的提高作用不明显。掺量与强度之间的关系也不明显。分析其原因,可能是由于外加剂的掺入对其后期强度改善不明显,强度提高幅度很小,加上试验误差的影响,外加剂的掺量与强度的相关关系不明显。但是可以肯定的是,外加剂的掺入不会降低水稳基层材料的间接抗拉强度。

(3)收缩特性。

水泥稳定碎石的收缩主要分为干燥收缩和温度收缩,简称干缩和温缩。其干缩主要发生在竣工后初期阶段,当基层上铺筑沥青或水泥混凝土面层后,基层的含水率一般变化不大,此时,收缩转化为以温缩为主。在早期的干缩阶段可能会出现一些宏观的裂缝,同时有更多的微观裂缝或其他形式的损伤产生。这些微观损伤,随着以后车辆荷载作用和温度交替作用,就会表现出来。

目前,测定半刚性基层的干燥收缩特性还没有统一的试验规程,常用方法主要有两种:一种是在恒温箱中用表贴式电阻应变计测定材料的干燥收缩,这种方法测量精度较高,适合测试表面平整、干燥的试件,而水泥稳定碎石表面空隙多、试件含水率高,这些都不利于粘贴应变计;另一种是在恒温箱中用智能弦式数码应变计测定材料的干燥收缩,虽可以克服表贴式电阻应变计的一些缺点,但是这种方法只适用于测试具有一定强度的材料,而水泥稳定碎石的干燥收缩主要发生在基层铺筑后到沥青面层摊铺前,此时材料的强度还很低,所以智能弦式应变计也不适合测量水泥稳定碎石的干燥收缩情况。为此,参照混凝土的干缩试验方法,利用混凝土的测长仪器(精度为0.01mm)测量中梁失水收缩变形。按照上述方法进行干缩试验,所得试验结果见表6.1-5。

水泥稳定碎石干缩试验结果　　　　　　表6.1-5

项目	代号	龄期(d)						
		4	5	6	7	14	21	28
干缩应变 (×10⁻⁶)	BW0	121.36	145.63	213.59	257.28	276.6	349.7	368.93
	BW8	111.65	142.72	165.05	189.32	233.01	307.77	325.24
	BW16	77.67	90.17	97.09	111.65	126.21	194.17	218.44
失水量(%)	BW0	1.016	1.717	1.883	2.105	2.668	2.761	2.949
	BW8	1.068	1.551	1.772	1.867	2.282	2.567	2.643
	BW16	0.837	1.010	1.210	1.356	1.666	1.906	1.989
平均干缩系数 (×10⁻⁶)	BW0	119.4	108.8	113.4	122.2	117.0	126.5	125.1
	BW8	104.5	92.0	93.1	101.4	102.1	119.9	123.1
	BW16	92.8	89.3	80.2	82.3	75.8	101.9	109.8

从以上的试验结果可以看出,掺加外加剂后能够显著减小水泥稳定碎石的干燥收缩应变、失水量,改善水泥稳定碎石基层材料的干燥收缩特性。其原因在于,掺加外加剂后首先能显著改善水泥稳定碎石的孔结构,使大孔减少、小孔增多,这样就提高了水泥稳定碎石的保水能力,使其内部水分较普通水泥稳定碎石不容易蒸发。因此,在相同的条件下,掺加外加剂的水泥稳定碎石或者是外加剂掺量高的水泥稳定碎石的失水量就较普通的水泥稳定碎石小得多。其次,由于外加剂的组分含有膨胀阻裂的成分,能够提高水泥稳定碎石的密实程度,减少水泥与集料界面缺陷,减少微裂缝的出现,就相应地减少了水泥稳定碎石的干缩应变和干缩系数。

利用振弦应变传感器测定半刚性材料的温度收缩系数。进行试验时,是用两个钢夹将传感器固定在梁式试件的表面,然后将试件连同钢夹和传感器一起放入环境箱中,用专用电缆把传感器与测频仪相连。试件在温度变化或含水率发生变化时发生变形,带动试件表面的钢夹也产生相对位移。传感器测定两钢夹之间的位移后,将此物理量转化成频率信号传递给测频仪,测频仪再将输入的信号转变成相应的应变值并将其显示出来。

从表6.1-6和图6.1-8可以看出:在每个温度段,掺加外加剂后的温缩系数均比未掺外加剂的温缩系数低,BW16比BW8的降低幅度更大一些。也就是外加剂掺量越大,材料的温缩系数越小。说明掺加外加剂后温度收缩有所减少,材料抵抗温度应力作用能力增强。对于BW0,在试验温度区间0~10℃内出现一峰值;10℃以上,温缩系数随温度的升高而降低;在试验温度区间-20~0℃,温缩系数随温度的降低而降低;在试验温度区间-30~-20℃内出现最小值;温度低于-30℃时,温缩系数随温度的降低而增大。对这一规律的解释是:水泥稳定碎石三相组成中,液相水尽管量少,但是具有较大的体积膨胀系数,其线膨胀系数约为固相的4~6倍。所用试件虽然经过了一定的风干,但是试件中仍含有一定量的重力水和毛细水,另外密实试件内还含有内部毛细水、浓度差渗透水等弱结合水。而重力水的冰点在4℃附近,弱结合水的冰点在0~10℃附近,冰化成水后体积要缩小,所以温缩系数在0℃附近出现一个最大值,随着温度的进一步升高,这种作用逐渐减弱,使温缩系数降低。与BW0相比,BW8和BW16的温缩系数变化起伏小得多。说明掺加外加剂后,水泥稳定碎石的温度收缩对温度的敏感性降低。在试验温度范围内,温缩系数的变化很小。

不同外加剂掺量水泥稳定碎石混合料温度收缩系数 表6.1-6

龄期	不同温度区间的温度收缩系数($\times 10^{-6}$/℃)	混合料类型		
		BW0	BW8	BW16
90d	-40~-30	7.017	6.092	5.689
	-30~-20	5.418	5.348	4.541
	-20~-10	6.155	4.878	4.638
	-10~5	6.546	6.072	4.049
	5~10	10.886	6.387	4.809
	10~20	9.936	6.638	5.340
	20~30	6.666	4.741	4.553
	高温段平均值	6.284	5.597	4.729
	低温段平均值	9.163	5.922	4.901
	平均值	7.518	5.736	4.803
	最大值	10.886	6.638	5.689

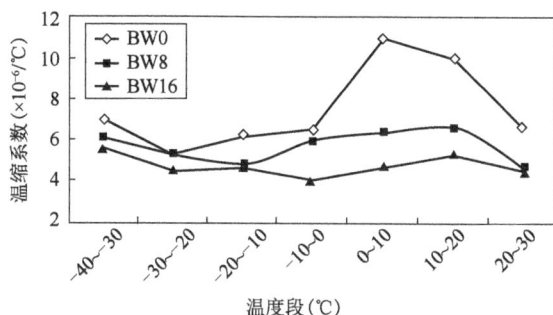

图6.1-8　温度收缩系数随温度变化示意图

从以上试验结果可以看出,外加剂的掺入能显著改善水泥稳定碎石材料的温度收缩特性,提高水泥稳定碎石材料抵抗温度收缩的能力。分析其原因,主要是由于外加剂的掺入改善水泥石的微观结构,加上外加剂组分中的膨胀阻裂成分,使水泥石内部较普通水泥稳定碎石内部更密实,减少材料的收缩应变,提高材料的抗裂性能。

6.1.3 高海拔地区外加剂作用机理

干寒地区掺加早强剂的水泥稳定粒料基层的强度形成受到拌和、养护过程中水资源缺乏、早晚温差作用下的养护温度不足等因素的影响,但是其强度形成机理基本是确定的,只是在早强剂和温度循环变化作用下,所达到的效果不同。掺加外加剂提高水泥稳定碎石的早期强度,实质上一方面提高水泥石的早期强度,另一方面改善水泥石-集料界面强度,减少界面缺陷,从而全面提高水泥稳定碎石的早期强度。

1)外加剂对水泥石强度的影响

掺有外加剂的水泥水化是一个循序、深化和强化的过程。水泥中掺入了外加剂,由于水化反应迅速形成钙矾石,它在 C_3A 表面形成包覆层,并逐渐在 C_3A 表面形成较厚的钙矾石晶体,并产生一定的晶体压力,使得水泥在水化初期并未因水化加速而出现较早的初凝。随着水化的进行,在 C-S-H 凝胶体形成的同时,大量的钙矾石晶体穿插在凝胶体内,并不断发育,彼此交叉搭接,使水泥浆体内形成一个初始骨架。随着水化的快速进行,C-S-H 凝胶和其他水化产物逐渐填充孔隙,这些微细纤维状胶体相互交织成网络结构,起到不断加固初始骨架的作用,使水泥石的早期强度明显提高,如图 6.1-9 所示。由于外加剂的加入,增加了较多的晶体,提高了水泥水化产物之间的原子间力,同时加快了反应速度,使硅酸盐水化更为彻底,形成较多的C-S-H 凝胶,使晶体与品体颗粒与胶体之间的黏结力大为增加,水泥稳定碎石的早期强度得到了较好的发展。

a)×1000　　　　　　b)×2000　　　　　　c)×5000

图 6.1-9　复掺外加剂后水泥稳定碎石的 SEM 照片

2)水泥石-集料界面强度的提高

大量的研究表明,水泥浆体与粗集料的黏结界面是水泥稳定碎石的最薄弱区域。对于普通水泥稳定碎石基层材料,水泥浆体硬化及干燥过程将产生较大收缩,占90%以上比例的集料的收缩量可以忽略不计。实际上是集料约束了水泥浆体的收缩并使得混合料内部形成拉应力,而此拉应力会在水泥浆体与集料界面处形成应力集中。

T. C. Hsu 认为,水泥浆体产生 0.3% 的体积变化,可使界面处产生 13MPa 的拉应力。而事实上,水泥浆体的体积变化往往超过0.3%。但对早强水泥稳定碎石基层而言,由于掺入的外加剂中含有适量的阻裂及膨胀组分,能够消除或减少部分水泥石收缩所产生的内应力,改善了水泥石-集料界面处的状态。

另外,研究结果还表明,当水泥稳定碎石中掺入外加剂后,可明显地改善水泥稳定碎石中界面过渡区的状况,水膜层厚度减小,结构致密,氢氧化钙晶体的趋向度减小,早期的晶体成分增多并无序分布,强度发展较快。

6.2　高海拔地区开级配大粒径沥青碎石缓裂层

在高海拔地区,由于气候条件的变化和温度梯度的影响,道路路面容易发生开裂和变形。鉴于半刚性基层材料自身存在干缩、温缩等弱点的制约,国内外道路工作者转向研究柔性基层材料,开展了大量工作,并取得了一定的成果。例如,国外采用空隙率较大的开级配沥青碎石混合料作为排水式沥青稳定基层,以及采用空隙率较小的密级配沥青碎石混合料的柔性基层沥青路面,均已得到推广应用。

开级配大粒径沥青碎石(Open-graded Large Stone Asphalt Mixes,OLSM)是一种缓裂结构层,定义为公称最大集料粒径尺寸在 25～63mm 之间,属于嵌挤骨架-空隙型结构的热拌沥青混合料,主要适用于沥青面层的下面层,以起到抗裂、排水的作用。通过使用大粒径的沥青碎石和合适的配比,来分散和承担路面的应力,减少温度和湿度引起的热胀冷缩差异,从而减少路面开裂和变形的风险。

OLSM 具有集料粒径大、模量较小、变形能力强的特点,作为裂缝缓解层,可有效减缓沥青面层反射裂缝的产生。OLSM 通过增大混合料的粒径和粗集料骨架之间的摩阻力来提高沥青路面的承载力。与半刚性基层材料相比,大粒径沥青碎石基层路面具备较好的抗性和抗能力,其抗车辙性能和高温稳定性也好;大粒径青碎石基层沥青路面对水分变化不敏感,不会因为干缩裂缝而导致面层出现反射裂缝;大粒径沥青碎石混合料的孔率为13%～18%,结构层内的水分能够顺畅地通过基层排出,不会滞留在路面结构中造成水损害;由于面层和基层材料都为沥青混合料,使得大粒径沥青碎石基层与面层之间的连接更加紧密,从而使结构受力、变形更为协调;与半刚性基层相比,大粒径沥青碎石混合料基层施工时并不需要养护,施工较为方便,大大缩短了工期。

6.2.1　大粒径沥青碎石混合料强度设计理论

OLSM 与普通沥青混合料的最大不同之处在于采用大粒径的骨架结构,最粗一级的粗集料含量通常在50%以上,以确保其具有良好的抵抗车辙能力。OLSM 压实以后空隙率一般控制在15%～20%,与欧洲的透水路面排水基层材料相似。因此,OLSM 在级配组成上区别于普通的沥青混凝土和沥青碎石,大粒径沥青混合料的配合比设计包括矿料级配设计和确定沥青用量两部分。良好的矿料级配组成,应该具备足够的矿料比表面积,从而形成足够的结构沥青,裹覆矿料颗粒,为矿料和沥青之间的作用创造良好条件,充分发挥沥青混合料的结构强度。

用于表征沥青混合料组成结构的强度理论分为两种:表面理论和胶浆理论。在表面理论中,沥青混合料的强度是由存在于矿料表面的两种类型的力形成的,即集料颗粒材料表面的摩擦阻力和沥青的内聚力,并且摩擦阻力与内聚力相比要占优势。因此,改善沥青混合料路用性能应主要改善集料的骨架特性。在沥青胶浆理论中,沥青混合料胶凝结构是由三级分散系构成的,即粗分散系、砂浆细分散系、沥青胶浆微分散系。其中,粗分散系由粗集料分散在沥青砂浆介质中构成,砂浆细分散系由细集料分散在沥青浆介质中构成,沥青胶浆微分散系由填料分散在沥青介质中构成。因此,改善沥青混合料路用性能应主要改善沥青胶浆性能。由以上表面理论和胶浆理论分析可知,要改善沥青混合料的路用性能,一方面是改善集料的骨架特性,另一方面是改善沥青胶浆性能。

按照其强度构成原理,沥青混合料可分为两类:嵌挤类和密实类。根据嵌挤结构和密实结构在其中所占比例的不同,沥青混合料可分为三种类型:密实-悬浮型、骨架空隙型和骨架-密实型。密实-悬浮型沥青混合料通常按最佳级配原理进行设计,由连续级配矿料组成,各级矿料从大到小连续存在,各占一定比例;密实-悬浮型沥青混合料受沥青材料的性质和物理状态的影响较大,温度稳定性相对差一些。在骨架-空隙型沥青混合料中,由颗粒粒径相对较粗的集料相互接触形成骨架,但由于颗粒粒径相对较细的集料含量较低,不足以充分填充较粗集料之间的空隙,从而导致骨架-空隙型沥青混合料的空隙率相对较大,其嵌挤型骨架主要由较粗集料相互嵌挤、彼此相连而成;骨架-空隙型沥青混合料的强度主要由内摩阻力提供,受沥青材料及温度影响较小。骨架-密实型沥青混合料则综合了密实-悬浮型和骨架-空隙型的优点,其强度形成包括黏聚力和内摩阻力两部分,既有一定的骨架作用,又有适当的空隙率,因而其密实度和骨架特性较好。OLSM 的承载能力显著提高,蠕变变形明显减小,无侧限抗压强度提高 1 ~ 2 倍,同时具有较好的应力消散作用。OLSM 具有以下特点。

1)较大的内摩阻力和嵌挤力

OLSM 由大粒径粗集料通过充分的石-石接触形成良好的骨架嵌挤结构,要求粗集料颗粒的棱角性好、接近立方体、强度高,从而 OLSM 具有较大的内摩擦力和嵌挤力。与普通沥青混合料相比,由于 OLSM 粗集料颗粒的棱角性好,其大粒径粗集料颗粒之间的内摩阻力大,OLSM 的摩擦角更大一些,从而具有较大的嵌挤力,能够承受较大的剪切力。

2)良好的骨架稳定性

OLSM 的承载力主要取决于其是否具有良好的骨架结构。在 OLSM 混合料中,具有棱角的粗集料相互接触形成骨架结构,内摩阻力是其强度的主要组成部分。在外力作用下,荷载主要沿粗集料固体颗粒传递,良好的粗集料骨架结构提供了充分的支撑作用,因而 OLSM 的承载能力比普通沥青混合料高。与同等厚度的普通沥青混合料相比,OLSM 粒径大、粗集料颗粒数量少,粗集料之间可能产生滑动的薄弱接触面相对减少,并且粗集料颗粒比细集料颗粒的强度高。此外,一方面,粗集料之间的薄弱接触面数量减少,另一方面,由粗集料颗粒形成的骨架结构承载力高,因此 OLSM 的承载能力明显高于普通沥青混合料。

3)强度衰减慢

骨架-空隙结构的 OLSM 强度主要来源于粗集料之间的内摩阻力,由于粗集料粒径大、具有棱角性,因而 OLSM 内摩阻力大,且受温度影响小。与普通沥青混合料相比,OLSM 沥青用量少,而沥青及胶浆主要提供黏聚力,因而 OLSM 强度构成中黏聚力所占比重较小,在时间和环境因素作用下衰减较慢。所以,在外界环境因素相同的条件下,OLSM 比普通沥青混合料的强度衰减更慢一些,因而 OLSM 路面的使用寿命更长一些。

6.2.2　大粒径沥青碎石混合料材料组成及配合比设计

1)大粒径沥青碎石混合料原材料及技术要求

大粒径沥青碎石混合料制备材料及技术要求见表 6.2-1 ~ 表 6.2-3。

道路石油沥青技术要求 表 6.2-1

指标	单位	技术要求
针入度(25℃,100g,5s)	0.1mm	80 ~ 100
延度(5cm/min,10℃)	cm	≥30
延度(5cm/min,15℃)	cm	≥100
软化点($T_{R\&B}$)	℃	≥44
闪点(COC)	℃	≥245
溶解度(C_2HCl_3)	—	≥99.5
TFOT(163℃,5h)质量损失	%	±0.8

集料技术要求 表 6.2-2

指标单位		单位	技术要求
粗集料	压碎值	%	≤28
	洛杉矶磨耗损失	%	≤30
	表观相对密度	—	≥2.50
	吸水率	%	≤3.0
	针片状含量(混合料)	%	≤18
	<0.075mm 含量(水洗法)	%	≤1
	软石含量	%	≤5
细集料	表观相对密度	—	≥2.50
	砂当量	%	≥60
	<0.075mm 含量(水洗法)	%	≤3
	亚甲蓝值	g/kg	≤25

矿粉技术要求 表 6.2-3

指标单位		试验结果	技术要求
表观密度		t/m³	≥2.50
含水率		%	≤1.0
粒度范围	<0.6mm	%	100
	<0.3mm	%	—
	<0.15mm	%	90 ~ 100
外观		—	无团粒结块
亲水系数		—	<1
塑性指数		%	<4

2)级配设计

在热拌沥青混合料设计中,许多道路工作者必须凭经验和一定数量的试验来确保混合料具有足够的空隙,这些空隙包括空隙率(VA)、矿料间隙率(VMA)、沥青饱和度(VEA)和粗集料间隙率(VCA)等,这些设计指标和方法对于 OLSM 级配组成设计并不完全适用,也没有足够的规则和规律可循。一般来讲,OLSM 主要用于旧路改造解决车辙、反射裂缝及内部排水问题,因此,OLSM 集料必须形成稳定的空间骨架嵌挤结构。与普通的沥青混合料相比,OLSM 配合比设计主要考虑粗细集料的合理比例、粗集料中各档集料所占的比例、沥青种类及矿粉用量等问题。

美国 NCHRP Report 386 设计方法中采用的大粒径沥青混合料设计步骤如下:①原材料选择,选择代表性料源及沥青等级,确定是否对沥青进行改性;②测定粗集料、细集料的级配组成、毛体积密度、密度及吸水率;③根据最大粒径集料尺寸和设计空隙率要求,计算有效沥青含量;④确定最大粒径的集料配合比,选定粉胶比,采用体积填充的方法,通过线性规划程序求解混合料的级配组成,按照体积法计算各档集料的配合比,合成级配的粉胶比应在选定范围之内。按照该方法设计的大粒径沥青混合料无固定级配,其级配组成与原材料性能相关,原材料不同,最终的级配组成也不相同。

"贝雷法"沥青混合料级配设计法是由美国伊利诺伊州交通局的 Rebert D. Bailey 发明的确定沥青混合料级配的方法。经过 Heritage Research Group 近十几年的内部使用和普渡大学进一步研究、实践和验证,认为该方法设计的沥青混合料具有良好的骨架结构,同时可以达到密实的效果。"贝雷法"根据平面圆数学模型,将粗集料、细集料分开设计。人们经过统一考虑认为,采用最大公称粒径尺寸乘以 0.22 倍作为第一级填充的细集料的平均直径。设计过程如下:①以最大公称粒径尺寸的 0.22 倍作为粗、细集料的分界点,进行粗、细集料的划分;②以粗、细集料的松散密度和捣实密度为依据,确定混合料的体积特征;③考虑集料离析和压实问题,采用 CA 比指标,进一步对粗集料的组成比例进行约束;④对细集料组成进行设计,确定其中较粗、较细部分的组成比例;⑤综合考虑集料的相关因素,通过计算机设计程序进行适当的调整,计算确定各种原材料用量并绘制级配曲线。

大粒径沥青碎石的级配设计,应使粗集料形成石-石接触的骨架结构,并由一定细集料填充在骨架结构之中,其空隙率通常为 13% ~18%,因此具有良好的排水效果。由于这种骨架结构的孔隙率较大,因此摩阻力成了材料强度的关键因素。要提高其摩阻力,不仅要求原材料有较好的颗粒形状,而且要使粗集料形成稳定的嵌挤结构。粗集料的总量及各级粒径集料的比例对于大粒径沥青碎石的骨架作用非常重要。美国与中国(山东省公路科学研究所)大粒径沥青混合料推荐的级配范围对比见表 6.2-4。

国内外大粒径沥青混合料推荐的级配范围　　　　表 6.2-4

筛孔(mm)		53	37.5	31.5	26.5	19	13.2	90.5	40.75	2.36	1.18	0.6	0.3	0.15	0.075
美国	OLSM-25	100	100	—	70~98	50~85	28~62	15~50	10~20	3~20	2~15	1~10	0~7	0~6	0~4
	OLSM-40	100	45~75	—	30~60	20~50	15~40	10~35	5~25	6~18	2~15	1~10	0~7	0~6	0~4
中国	OLSM-25	100	100	70~98	50~85	32~62	20~45	6~29	6~18	3~15	2~10	1~7	1~6	1~4	1~4
	OLSM-30	100	100	90~100	70~95	40~76	28~58	19~39	6~29	6~18	3~15	2~10	1~7	1~6	1~4

在沥青混合料配合比设计方面,通过对苏联 k 法和美国 n 法的长期研究,同济大学林绣贤教授提出了我国沥青混合料配合比设计的 I 法。I 法的设计原理如下:

$$P_X = P_0 I_X \qquad (6.2\text{-}1)$$

式中:P_X——集料中不同粒径 d 集料对应的通过率(%);

　　P_0——集料中最大公称粒径 D 集料对应的通过率(%);

　　X——集料粒径级数;

　　I——集料筛分试验中通过率递减系数。

付其林以国内外 OLSM 参考级配为基础,采用不同的 I 值分别设计粗、细集料,设计变 I 法,并将变 I 法设计的 OLSM-25 级配与美国印第安纳州 25 级配、东南大学 25 级配相比较,如图 6.2-1 所示。验证了应用变 I 法设计 OLSM 集料级配的可行性。

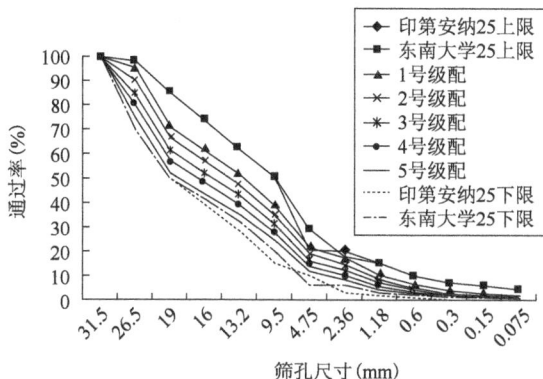

图 6.2-1　OLSM-25 级配曲线比较

3)最佳沥青用量

大粒径沥青碎石的粗集料较多,一旦沥青用量不足,必然会导致沥青混合料的松散剥落;而沥青用量过多则会产生析漏现象。对于排水性大空隙沥青混合料最佳沥青用量的确定,欧洲认为不能采用马歇尔试验、劈裂试验及车辙试验。美国对 OLSM 进行配合比设计时,采用经验公式估算沥青用量及析漏试验确定其最佳沥青用量。与普通沥青混合料配合比设计相比,马歇尔试验方法不适用于排水性大空隙沥青混合料配合比设计,仅可作为参考试验使用。纵观国内外对排水性大空隙沥青混合料最佳沥青用量确定的方法,主要都是经验方法。OLSM由于集料粒径大和粗集料多的特点,其最佳沥青用量的确定不能直接采用标准马歇尔试验方法。借鉴国内外经验,首先根据经验公式估算集料表面积,按照沥青膜最小厚度要求初估OLSM-25的沥青用量;其次通过析漏与飞散试验确定 OLSM-25 的初步沥青用量范围;最后采用大型马歇尔试验验证。

(1)沥青膜厚度。

沥青膜厚度指矿料单位比表面积的有效沥青用量。大粒径沥青混合料集料的比表面积小,为保证足够的黏结程度,一般取沥青膜厚度为 10 ~ 14um。沥青混合料有效膜厚度计算公式如下:

$$DA = 10 \times P_{be}/\gamma_b \times SA \qquad (6.2\text{-}2)$$

式中:DA——沥青膜有效厚度(μm);

　　P_{be}——有效沥青含量(%);

　　γ_b——沥青的相对密度;

　　SA——集料总比表面积(m²/kg),计算表见表 6.2-5。

集料比表面计算表   表 6.2-5

筛孔尺寸(mm)	>4.75	4.75	2.36	1.18	0.6	0.3	0.15	0.075
表面积系数 FA(m²/kg)	0.0041	0.0041	0.0082	0.0164	0.0287	0.0614	0.1229	0.3277
通过百分率 P(%)	100	17.74	12.13	7.06	7.05	5.26	4.08	2.90
集料比表面积(m²/kg)	0.410	0.073	0.099	0.116	0.202	0.323	0.501	0.950

根据设计的矿料级配,计算得出集料的总比表面积:

$$SA = \sum (P \times FA) = 2.674 \tag{6.2-3}$$

$$P_{ba} = \frac{r_{se} - r_{sb}}{r_{se} \times r_{sb}} \times r_b \times 100 \tag{6.2-4}$$

$$P_{be} = P_b - \frac{P_{ba}}{100} \times P_s \tag{6.2-5}$$

$$DA = \frac{P_{be}}{\rho_b \times P_s \times SA} \times 1000 \tag{6.2-6}$$

式中:P_{ba}——沥青混合料中被矿料吸的沥青质量矿料总质量的百分(%);

$\quad P_{be}$——混合料中有效含量(%);

$\quad P_b$——各种矿料占沥青混合料总质量的百分率之和(%);

$\quad \rho$——25℃时沥青的密度;

$\quad SA$——集料的比表面积(m²/kg);

$\quad DA$——沥青膜有效厚度(μm)。

(2)谢伦堡析漏试验。

谢伦堡析漏与飞散试验是确定 OLSM 最佳沥青用量的两项必不可少的试验。通过析漏试验可以确定保证沥青不产生流淌的最大沥青用量;通过飞散试验可以确定保证 OLSM 不发生严重飞散的最小沥青用量。我国现行《公路沥青路面施工技术规范》中规定,OLSM 析漏损失 <0.3%,肯特堡飞散损失 <20%。

沥青混合料中多余的自由沥青在高温条件下会析出。谢伦堡析漏试验用于检定沥青混合料中多余的游离沥青的量,并根据析漏损失值来确定最佳沥青用量的上限。试验过程如下。

①将沥青混合料拌和机预热至超过拌和温度 10℃左右备用。将每个试件预热的粗细集料及矿粉置于拌和机中,纤维稳定剂应在加入粗细集料和矿粉后加入,并适当干拌分散,用小铲适当混合后加入需要质量的已加热至拌和温度的沥青,开动拌和机搅拌 3min,然后暂停拌和,并使沥青混合料保持在要求的拌和温度范围内。标准的总拌和时间为 3~3.5min,每次拌和一个试件。

②洗净烧杯,干燥,称取烧杯质量 m_0,将拌和好的 1kg 混合料倒入 800mL 烧杯中,称烧杯及混合料的质量 m_1。在烧杯上加玻璃盖板,放入 170℃烘箱中(如改性沥青 SMA 时,宜为 185℃),持续 60min。取出烧杯,不加任何冲击或振动,将混合料向下扣到在玻璃板上,称取烧杯以及黏附在烧杯上的沥青结合料、细集料、马蹄脂等的总质量 m_2,准确至 0.1g。

按下式计算沥青析漏损失:

$$\Delta m = \frac{m_2 - m_0}{m_1 - m_0} \times 100 \tag{6.2-7}$$

式中:m_0——烧杯质量(g);

$\quad m_1$——烧杯及试验用沥青混合料总质量(g);

m_2——烧杯以及黏附在烧杯上的沥青结合料、细集料、马蹄脂等总质量(g);

Δm——沥青析漏损失(%)。

(3)肯塔堡飞散试验。

肯塔堡飞散试验用于评价沥青混合料在交通荷载条件下,沥青路面表面集料脱落散失的程度。由于沥青用量不足时,集料之间无法形成足够的黏结力,致使集料脱落散失。将成型的大马歇尔试件放入洛杉矶磨耗试验机中,不加钢球,盖紧盖子,以 30 ~ 33r/min 的速度,旋转300r,自由撞击后测定试件飞散损失的质量百分率。通常用此试验来确定沥青混合料的最小沥青用量。魏刚强通过试验分别确定了的三种不同沥青最佳沥青用量,结果见表6.2-6。

最佳沥青用量汇总表 表6.2-6

胶结材料	橡胶沥青	SBS 改性沥青	AH-70 号普通沥青
最佳青用量(%)	3.7	3.1	3.1

6.2.3 大粒径沥青碎石混合料细观结构与抗裂分析

沥青混合料是由沥青和粗细集料等粒状单元共同组成的多相复合材料,其工程性质相当复杂。在荷载作用下,组成沥青混合料的各颗粒体材料呈现出相对离散的运动状态。现有的沥青路面结构设计理论均将路面结构当作均匀连续、各向同性的弹性体进行计算分析,这与沥青混合料自身属于颗粒体非连续微细观结构的实际情况不相符,离散元方法则为此类问题提供了解决思路与途径。采用离散单元法颗粒流程序,从微细观角度入手,对 OLSM 细观力学特性进行系统研究,建立路面结构宏观性能与 OLSM 细观参数之间的关系,从微细观角度阐释 OLSM 大空隙结构的抗裂机理。

在对 OLSM 缓解层沥青路面结构进行有限元分析之前,需做以下几点假定:路面结构为均匀连续的弹性体系;路面结构层间接触条件为完全连续;路面结构底部 X 方向、Y 方向位移均为 0,基础侧面水平位移为0;在进行应力分析时,不考虑路面结构重力场;基层中部存在宽度1cm 的原始裂缝缺陷,在裂缝处不能传递竖向荷载;按照平面应变情况进行路面结构应力分析。

OLSM-25 缓解层沥青路面二维离散元模型采用五层结构,自上而下依次为 4cm AC-13 上面层(空隙率3%)、5cm AC-20 中面层(空隙率6%)、9cm OLSM-25 下面层(裂缝缓解层,空隙率 15%)、18cm 贫混凝土基层、16cm 水泥稳定碎石底基层,其中贫混凝土基层存在1cm 裂缝。设置 OLSM-25 缝缓解层的沥青路面二维计算模型如图 6.2-2 所示。OLSM-25 缓解层沥青路面结构的主要计算参数见表 6.2-7。

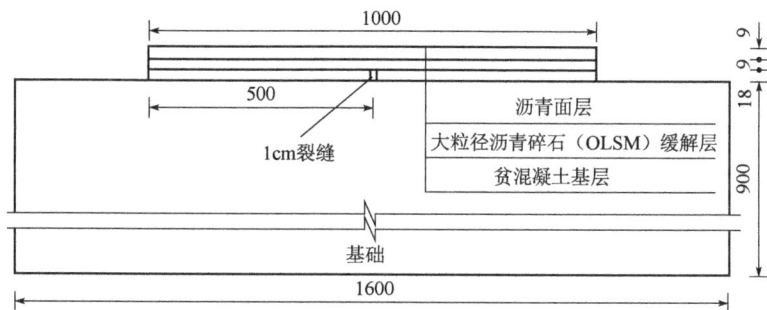

图 6.2-2

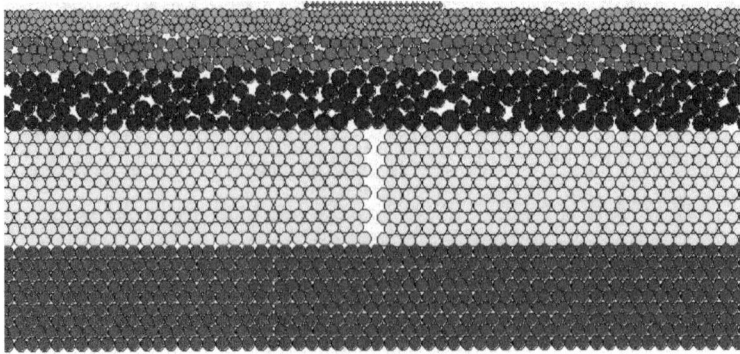

图 6.2-2　OLSM-25 缓解层沥青路面二维计算模型(尺寸单位:cm)

OLSM 缓解层沥青路面主要参数变化范围　　　　　　　　　　表 6.2-7

参数	轴载	基础模量	贫混凝土基层	
	$P(\text{kN})$	$E_0(\text{MPa})$	模量 $E_1(\text{MPa})$	厚度 $h_1(\text{cm})$
范围	80 ~ 200	25 ~ 800	10000 ~ 30000	16 ~ 28
参数	OLSM-25 裂缝缓解层		沥青面层	
	模量 $E_2(\text{MPa})$	厚度 $h_2(\text{cm})$	模量 $E_3(\text{MPa})$	厚度 $h_3(\text{cm})$
范围	400 ~ 800	80 ~ 14	600 ~ 2200	9 ~ 14

OLSM 缓解层沥青路面结构中基层反射裂缝尖端的 Mises 应力分布如图 6.2-3 所示,由图可知,在裂缝尖端存在应力集中现象。对于带裂缝路面的结构分析,不能只进行传统强度理论的应力分析,而应充分考虑裂缝对整个路面结构的影响,应用疲劳断裂理论进行结构分析,通过计算裂缝尖端的应力强度因子来表征裂缝对路面结构的影响程度。

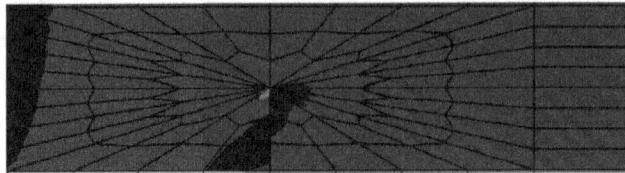

图 6.2-3　基层反射裂缝尖端的 Mises 应力分布

先采用有限元法对偏载作用下 OLSM-25 缓解层沥青路面结构进行疲劳分析,模拟反射裂缝自贫混凝土基层进入 OLSM-25 缓解层和沥青面层的扩展过程,通过有限元计算得到裂缝扩展至不同层位时对应的剪切型应力强度因子 K 值;再将剪切型应力强度因子 K 值与裂缝长度值的拟合多项式代入 Paris 的裂缝扩展公式,通过数值积分法计算得到 OLSM-25 裂缝缓解层沥青路面结构的疲劳寿命 N 值。

对于设置普通 AC-25 裂缝缓解层与 OLSM-25 裂缝缓解层的沥青路面结构,在 BZZ-100 偏载作用下的剪切型应力强度因子 K 值与裂缝扩展累计长度值的拟合曲线如图 6.2-4 所示。

通过数值积分法计算得到 OLSM-25 缓解层沥青路面结构的疲劳寿命。对于设置普通 AC-25 裂缝缓解层与 OLSM-25 裂缝缓解层的沥青路面结构,在荷载作用下的交通荷载循环次数 N 值与裂缝扩展累计长度值的关系曲线如图 6.2-5 所示。

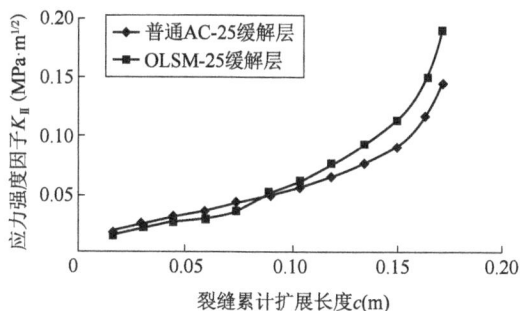

图6.2-4 剪切型应力强度因子K值与裂缝长度c值的关系曲线　图6.2-5 交通荷载作用次数N值与裂缝长度c值的关系曲线

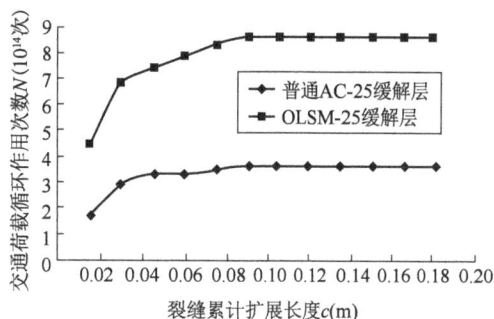

与普通 AC-25 裂缝缓解层相比，采用 OLSM-25 作为裂缝缓解层能够显著提高沥青路面结构的疲劳寿命。这是因为，与普通 AC-25 裂缝缓解层相比，OLSM-25 裂缝缓解层具有大粒径多空隙结构，在荷载作用下基层裂缝自下而上扩展时，OLSM-25 裂缝缓解层的多空隙结构对裂缝扩展起到了阻隔作用，当裂缝扩展至空隙位置时，其扩展路径发生改变，呈"之"字形向上逐步扩展；OLSM-25 裂缝缓解层的空隙率越大，基层裂缝自下而上扩展过程中遭遇空隙阻隔作用的概率越高，基层裂缝自下而上的"之"字形扩展路径越曲折，这样一来，基层裂缝的扩展路径越长，在 BZZ-100 偏载反复作用下，基层裂缝自 OLSM-25 裂缝缓解层底部逐步扩展至沥青面层所需的时间越长，从而延长了沥青路面的使用寿命。

6.2.4 基于 OLSM 裂缝缓解层的沥青路面结构设计

对于设置 OLSM 裂缝缓解层的沥青路面结构组合设计，考虑基层开裂的实际情况，要求基层裂缝从 OLSM 缓解层底部自下而上扩展至路表的疲劳寿命要大于路面设计寿命，即要求 OLSM 缓解层沥青路面的疲劳寿命 N 值大于设计年限内一个行车道的累计当量轴次 N 值。

结合我国现行沥青路面厚度计算方法，提出设置 OLSM 裂缝缓解层的半刚性基层沥青路面结构设计步骤如下：

①根据设计要求，以弯沉或弯拉应力为指标，计算设计年限内一个车道的累计当量轴次 N 值，确定设计交通量与交通等级，拟定沥青面层、半刚性基层及底基层的材料类型，以沥青路面路表的弯沉为设计指标，以沥青面层及半刚性基层的层底拉应力为验算指标，采用层底拉应力指标控制疲劳开裂破坏。

②根据路基土的干湿状态进行路段划分，确定路基土的回弹模量 E_0 值。

③参考项目所在地的路用材料分布及工程经验，初步拟定几种 OLSM 缓解层沥青路面结构方案，根据工程选用的材料进行配合比试验，测定各结构层材料的抗压回弹模量、劈裂强度，确定各结构层材料的设计参数。

④根据弯沉或弯拉应力指标，采用多层弹性层状体系理论设计程序计算或验算路面厚度。

⑤采用有限元方法，考虑基层早期开裂的实际情况，进行交通荷载偏载作用下带裂缝路面结构的疲劳分析，计算基层裂缝从 OLSM 缓解层底部扩展至沥青面层路表时，不同裂缝扩展长度 c 对应的剪切型应力强度因子 K 值，通过数值积分法计算得到 OLSM 层沥青路面的疲劳寿命 N 值。

⑥验算是否满足疲劳寿命 $N > N_e$，若不满足，则应重新选择 OLSM 裂缝缓解层混合料的材料组成，或调整 OLSM 裂缝缓解层厚度，直至满足要求为止。

⑦对于季节性冰冻地区,应验算防冻厚度是否符合要求。

⑧进行技术经济比较,确定 OLSM 缓解层沥青路面的最终结构方案。

设置 OLSM 裂缝缓解层的半刚性基层沥青路面结构设计流程如图 6.2-6 所示。

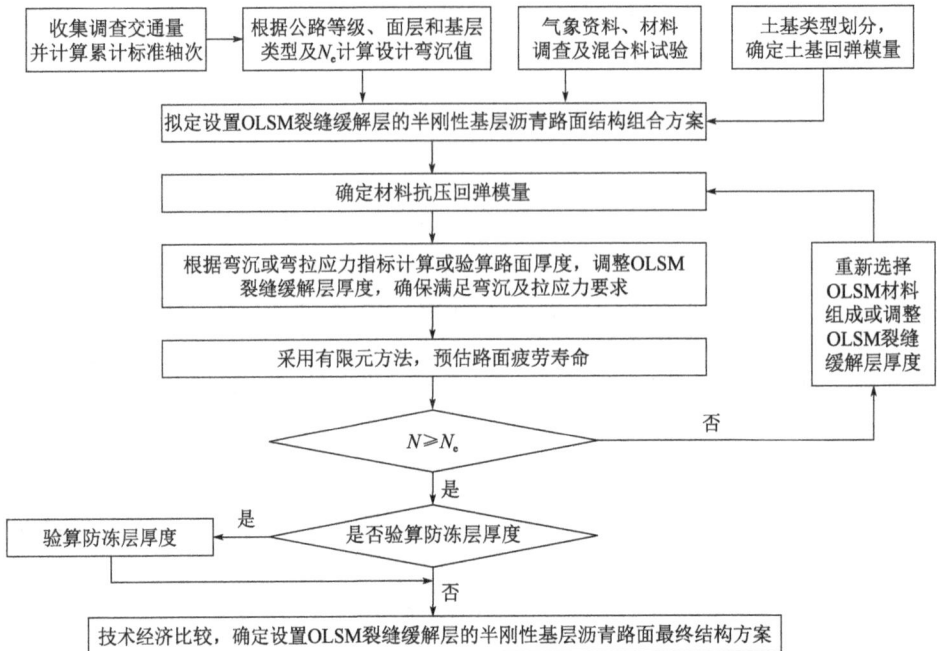

图 6.2-6　设置裂缝缓解层的沥青路面结构设计流程图

6.3　高海拔地区沥青路面层间处治技术

我国的冻土地区具有海拔高、面积大、涵盖范围广等特点,其面积达 215 万 km²,位居世界第三,占全国总面积的 22.3%,且涵盖了高温、中温、低温三种类型冻土。温度低、温差大、路基不稳定、变形大等特殊条件制约着冻土地区道路建设,既有的技术规范与设计方法主要针对一般地区的公路或青藏高原地区的二级及以下的公路,而国内外的科学研究也具有地域性(例如美国的阿拉斯加有多年冻土,但该地区的道路修建技术并不完全适用于我国冻土地区道路的修建)。

我国公路行业在道路结构设计、材料设计方法与评价及材料成型加工工艺技术方面取得一系列成果,推动了行业的技术进步,但是现有成果在高寒高海拔地区的适用性仍需进一步研究。青藏高原地区海拔高、温度变化频繁、冻土融化、生态脆弱等特点,对该地区的道路结构、材料要求、施工工艺等提出了更为苛刻的要求。

沥青路面可主要分为透层、封层和黏层三个功能层,这三层各自受力状态复杂,而各层间的黏结性能和传力机理也十分复杂。目前,我国沥青路面尚未对这三个功能层的力学状态并做专门的力学分析,对层间处治相关技术的研究和应用也缺乏实践经验,而相关理论研究资料更是匮乏,施工中的操作也有诸多不合理之处,如对材料用量、种类及工艺等方面的确定存在不规范性。随着我国经济的高速发展,原有道路及新建公路难以满足逐年增加的交通量和重型车辆通行的需求,沥青路面常常产生层间损坏,引起许多路面早期病害,例如推移、拥包、剥落、分层、透水等,这些病害妨碍了正常交通,影响了路面美观,也容易造成交通事故,同时也带来了维管和养护工作难题。此外,沥青路面使用环境的恶劣也使路面加速损坏,如显著温差变化使路用材料循环冻融,层间材料不断老化,从而极易缩短路面的使用寿命。

6.3.1　透层

关于透层的定义,各国和各研究机构基本上都是一致的,对于其作用的认识也大同小异,主要是增加非沥青材料基层与沥青面层之间的黏结力,将基层表面可能松散的集料结合在一起,以及在基层表面提供一层防水层。

对于透层的研究主要集中在透层材料本身,在基层上采用什么材料作透层油一直是工程界为之困惑的问题,尤其是对于半刚性基层,国外很少有经验可以借鉴。国外的规范中一般明确规定了透层油应用在非稳定类粒料基层上,如:美国沥青协会 MS-22 对透层油的叙述只谈到采用中凝液体沥青和乳化沥青可以渗入未处治基层材料至足够的深度,并没有涉及有关适用于水泥稳定基层的透层油的描述。在不少国家,透层油采用乳化沥青,考虑施工的实际效果,欧美国家和地区规范中对乳化沥青透层施工工艺的规定较为细致,通常根据基层种类的不同,有不同破乳速度、不同沥青含量、不同黏度的乳化沥青可供选择。级配碎石类的柔性基层推荐采用阳离子乳化沥青,水泥、石灰、粉煤灰等具有强碱性材料的半刚性基层推荐采用阴离子或非离子乳化沥青。对于含细料较多、压实后表面密实的基层,如二灰稳定类基层,应采取基层表面重新翻松后洒布乳化沥青翻拌再重新压实的工艺,以保证乳化沥青在基层表面的良好分布。

各国对透层油洒布时间的规定基本上也是一致的。英国规范规定,对于水泥稳定类基层透层油,应在基层碾压成型 1h 后尽快进行。《美国高速公路施工规范及其应用手册》中,关于水泥稳定基层也明确规定,在完成最终碾压之后,应立即用稀释沥青或乳化沥青养护基层。

我国关于透层的专门研究不是很多,有关透层油的规定大多是根据多年实际工程经验并结合国外研究得到的。国内曾经应用和正在应用的透层材料主要有煤焦油、渣油、稀释沥青、乳化沥青、改性乳化沥青等,其中,由于煤焦油中含有蔡、蒽、酚苯等多种有害成分,对环境有严重的污染,对人体也会造成很大危害,所以被禁用,稀释沥青和乳化沥青是当前国内使用最广泛的透层材料。

众所周知,目前来看无论阳离子乳化沥青还是阴离子乳化沥青,其渗透性都有待提升,无法满足渗透一定深度的技术要求,半刚性基层的透层油问题在我国成了长期克服不了的老大难问题。对于目前大量的半刚性基层材料来说,正确的途径是从透层沥青材料的选择上入手,进一步研发新的高渗透力透层材料。

近年来,在中美洲国家和泰国等东南亚国家,其公路部门研发了一种能在含细料较多、压实后表面密实的基层上不通过翻拌直接渗透的乳化沥青,用来替代稀释沥青。这种乳化沥青在厂商的推动下应用研究进展顺利。目前,国内也有几家公司在做此项工作,并已取得了初步成果,如河南高远公司、广东茂名地区一沥青厂。其做法是将沥青中掺入一定比例的渗透型溶剂,再按一定的油水比对加渗透剂的沥青进行乳化。

1)透层评价指标的分析比较

目前,针对透层性能的评价指标主要有渗透性指标(渗透深度)、抗推移指标、抗剪强度指标以及抗拉拔强度指标。有研究显示,并没有某种沥青材料能很好地透入基层,即使在基层刚成型好后就洒布沥青,基层表面也无法观察到渗透深度,满足不了规范要求的渗透深度要求。而抗推移指标在室内模拟很难,只能在施工现场洒布透层油后进行试验验证。对于抗剪强度与抗拔强度指标,层间剪切需要克服界面摩阻力和材料黏结力两项,而层间拉拔主要克服材料黏结力,此时的界面摩阻力作用就显得相当小。研究显示,不论层间使用何种沥青材料,在一定温度下,其层间抗拔强度值总是小于相应的层间抗剪强度值。以此分析,透层的评价指标的侧重点不应该在透层沥青的渗透深度上,正确的研究方向应该是层间黏结强度(抗剪强度)及其影响因素。

2)透层材料特性

对于不同结构层之间的处理,也需要材料具有不同的特性。由于透层油的渗透深度比较深,会对路面基层与面层之间的连接造成影响,因此本项目中,施工人员结合自身的施工经验,将渗透深度控制在了 6~12mm。早期施工中的透层油是由沥青中加入了煤油而形成的,但是由于煤油的挥发性比较弱,即便是将其放在空气中进行了微弱的挥发反应,其黏度也依旧满足不了路面黏结的需求,这在很大程度上对路面各结构层之间的黏结性造成了影响。本项目中所使用的透层油为改性乳化沥青,提高了透层油之间的黏性。但是在此过程中需要注意,在进行沥青的乳化时,不但要在时间上满足破乳的要求,还要控制好破乳的速度。如破乳速度过快,则会对透层油的渗透情况造成影响,导致渗透不充分,进而对结构层之间的连接强度造成影响。

3)透层施工及控制

透层施工前,首先要做好施工准备工作,具体步骤是:将需要喷洒透层沥青的基层表面层清扫干净。如果清扫后仍有较多灰尘时,需要用水冲洗,但喷洒前必须保证基层表面干燥。在喷洒前,应检查洒油车油泵、洒油管道和保温系统运转是否正常,进行试喷以确定洒油车洒油量的准确性。根据喷洒量、喷洒宽度设定喷洒指标,调试喷油嘴高度、喷油斜度。

施工准备工作完成以后,应该遵守如下的喷洒工艺与质量要求:黏层沥青的洒布一定要采用专用沥青洒布车,注意保持洒布速度稳定。喷洒的黏层油必须呈均匀雾状,在路面均匀分布成一薄层,保证喷洒均匀。如遇到喷洒不足的地方要人工加以补洒,喷洒过量处应予刮除重新喷洒。透层油应在当天洒布,待乳化沥青破乳、水分蒸发完成后,马上铺筑沥青层,以确保透层不受到污染,保证层间连续性。

透层施工控制尾随喷洒车,对沥青洒布车的车速、喷洒泵的转速和喷头离地高度进行实时记录,及时发现问题,及时解决,同时取一托盘,测量其质量与尺寸,铺在沥青层表面,待洒布过黏层乳化沥青后再称其重量,根据托盘的面积反算出每平方的洒布量,通过实测结果控制喷洒油量。

4)透层病害

(1)基层过于密实。我国沥青路面半刚性基层表面过于密实,导致透层油不能渗透进基层,反而在其表面聚集,导致层间黏结作用下降。

(2)透层油喷洒不均。透层油喷洒不均主要是由于喷嘴不适用或喷洒角度未调节适当,有时是由于沥青黏度过高导致的。

(3)透层油遭雨水冲刷。施工过程中为赶进度,导致透层油喷洒施工在阴雨天气进行,透层油经过雨水冲刷容易导致基层表面透层油流失。

6.3.2　黏层

国外比较重视沥青路面结构中黏层的研究,关于层间抗剪强度的研究大多是基于黏层的。可以用作黏层油的材料有很多,各种类型的乳化沥青和改性乳化沥青、各种热沥青、稀释沥青,但是各国规范对黏层材料的选择却没有给出明确的指导建议,对于每种黏层油的喷洒量,各国更是众说纷纭、各执其是,不能达成统一的认识,许多操作规程和施工指南也只给出了一个很宽泛的喷洒范围。

美国 AASHTO 及各州的规范规定采用慢裂型乳化沥青作黏层,路易斯安那州《道路和桥梁标准规范》规定,黏层油可以使用改性或非改性的阳离子乳化沥青 CRS-2P、CSS-1,或阴离子乳化沥 SS-1、SS-SL、SS-1P。而在法国,通常采用快裂型乳化沥青,大部分是阳离子乳化沥青,也有阴离子乳化沥青。日本规定一般沥青路面采用 PK-4,对于排水性沥青路面,由于面层混合料空隙率较大,为了增强层与层之间的黏结力,规定采用橡胶改性乳化沥青 PKR-T 作黏层,其技术指标均高于一般的黏层材料要求。

1999 年,国际乳化沥青协会在西班牙、法国、意大利、日本、荷兰、英国、美国等国家开展了全球性质的黏层材料使用大调查,调查内容涉及黏层材料种类、喷洒量、养护时间、试验方法、检测手段和施工等方面,最后由 Rofe 和 Chaignon 形成了书面报告。报告中指出,大多数国家黏层材料采用乳化沥青,但是在美国,除了大面积推广乳化沥青之外,还在某些工程中使用了热沥青。

2004 年,Cross 和 Shrestha 在美国各州进一步开展了的黏层使用调查。调查结果显示,13个州均有使用黏层油的工程习惯,慢型乳化沥青使用最为普遍,接下来是热沥青,只有极个别的州采用了稀释沥青作为黏层油。

与此同时,一些研究者也开展了黏层材料种类对层间强度的影响研究,但是研究结果却不大相同。Mohammad 等通过对四种乳化沥青和两种热沥青抗剪强度的研究发现,55℃时不同种类的黏层材料抗剪强度没有明显差别,25℃时乳化沥青 CRS-2P 具有最高的抗剪强度,是最好的黏层材料。而 West 等通过两种乳化沥青和一种热沥青抗剪强度的研究却认为,热沥青比乳化沥青具有更高的抗剪强度。

1)黏层评价指标的分析比较

黏层是为加强路面沥青层之间黏结强度而洒布的沥青材料薄层。对于长寿命沥青路面的黏层材料及施工技术,目前主要还是参考《公路沥青路面施工技术规范》(JTG F40—2004)中黏层部分的相关规定。在高速公路沥青路面层间科学、合理地喷洒黏层油,可以提高高速公路路面使用寿命,提高沥青路面层间黏结性能。抗剪强度是考察沥青路面层间路用性能优劣的一项关键指标,因此,重点对黏层的抗剪强度进行评价。

2)黏层材料特性

有研究人员经过大量的研究发现,路面上面层的沥青容易老化,尤其是在夏季,在高温重载的影响下,沥青路面的上、下面层之间的黏结效果欠佳。为了解决这一问题,在沥青中加入适量的改性剂,对提高路面结构层之间的黏结效果是非常有效的。因此从这一点来看,乳化剂能够有效提高黏层的黏度。路面上面层与下面层之间的慢裂促使乳化沥青与下面层进行充分黏结,而快凝则是乳化沥青在破乳后所形成的一种稳定的沥青膜,其促进了上面层沥青与下面层之间的黏结,这样一来,路面工程才能在较短的时间内完成施工。黏层沥青中,水也是比较重要的一部分,它能够湿润、溶解、黏附其他的物质,对沥青材料之间的黏结性进行缓和,水中还含有大量的提高黏结性的矿物质,但是在制备黏层时应使用纯净的、不含其他杂质的水,否则会对黏层的黏结质量造成影响。

3)黏层施工

黏层沥青的喷洒应符合下述要求:黏层沥青应均匀洒布或涂刷,喷洒量控制在 0.3 ~ 0.6L/m。路面有脏物尘土时,应清除干净。当有土块时应用水洗净,待表面干燥后喷洒;当气温低于10℃或路面潮湿时,不得喷洒黏层沥青。黏层沥青洒布后应紧接着铺筑沥青面层,但乳化沥青应待破乳、水分蒸发后方可铺筑。在基层施工完成后,在基层顶面施工透层沥青和稀浆封层。沥青混凝土中、下面层的施工按下列步骤进行:施工放样、准备下承层、拌和、运输、摊铺、碾压、交通管制、验收。

(1)施工放样。

开工前,先在料场抽取砂石材料和沥青样品,并报请驻地办监理工程师审核、中心试验室批复。严格按照科研单位提供的配合比生产上面层沥青混凝土。在监理工程师现场监督下进行沥青混合料的试拌、试铺,以摊铺长度不短于500m的路段作为试验段,进而确定松铺系数和压实遍数、拌和时间、拌和温度、碾压次序等,检验施工方案的合理性,作为下一步的施工依据。根据试验路段的总结,对沥青混凝土下面层进行施工放样。

(2)准备下承层。

本部分下面层为8cm沥青混凝土,中面层为6cm沥青混凝土,表面层为4cmSMA沥青混合料,为确保各面层沥青混凝土工程质量和确保工程按工期完成,应按照技术规范的要求切实做好沥青面层的各项工作。

(3)混合料拌和及运输。

混合料的运输采用载重量50t以上自卸汽车运输。

(4)沥青混凝土路面摊铺。

上、中、下面层采用一台摊铺机半幅整体作业。下面层采用走钢丝线法施工,中面层、表面层采用非接触式平衡梁法施工。开铺前应将摊铺机熨平板加热,加热温度不低于65℃。摊铺机连续、均匀行驶(摊铺速度为 2 ~6m/min),摊铺量与拌和运送量保持一致,摊铺机在摊铺过程中不得随意变换速度,更不能中途停顿。

(5)沥青混凝土路面碾压。

沥青混合料采用一套设备半幅一次碾压成型方法。根据试验段提供的资料、配备压实机具,选择压实组合方式及碾压速度、遍数等。沥青混合料压实分为初压、复压、终压三个阶段,分别采用不同型号的压路机。碾压应慢速、均匀进行。一般符合表6.3-1中的规定。

各种压路机碾压速度(km/h)   表6.3-1

压路机类型	初压		复压		终压	
	适宜	最大	适宜	最大	适宜	最大
钢轮压路机	1.5 ~2	3	1.5 ~2.5	3	2.5 ~3.5	5
轮胎压路机	—	—	3.5 ~4.5	5	4 ~6	8
振动压路机	1.5 ~2(静)	4 ~5(静)	4(振)	5(振)	2 ~3(静)	5(静)

4）黏层病害

（1）喷洒量较少。黏层沥青喷洒量一般是通过控制沥青洒布车行车速度等来进行控制，但由于施工方节约资源，容易出现偷工减料的情况，导致沥青洒布量较少，并且沥青路面黏层用量对层间抗剪效果影响严重，用量较少容易导致层间出现推移，而用量过多则导致层间滑移等病害。

（2）喷洒不均匀。黏层沥青喷洒不均匀会导致部分沥青用量较少，而部分沥青用量过多。出现该问题主要是由于沥青洒布车速度不均匀，将导致整个路面层间无法形成沥青薄膜。

（3）层间杂物污染。若沥青路面层间有杂物，会导致黏层油喷洒不均，引起路面结构局部滑移。为保证沥青层间黏结性，应在喷洒黏层油前对下卧层进行清理。

6.3.3　封层

在我国，根据不同的情况和功能需要，下封层可以做成不同的形式，主要包括沥青砂封层、稀浆封层、碎石封层等。另外，由于应力吸收层的功能需要，其使用的材料还包括土工布、玻璃纤维格栅等强度材料。

1）青砂封层

沥青砂是早期应用的一种下封层施工技术，现在逐渐被其他封层技术所取代。它有以下缺陷：级配不好、空隙率大，不能有效地起到防水的作用，封层中没有集料，结构强度很低，抗变形能力小，在整个路面结构层中易形成一层"夹心饼"，影响路面的整体强度，起不到黏结作用；施工中结构层太薄，摊铺不易均匀。

2）稀封层

我国稀浆封层技术发展较晚，其推广应用也经历了一波三折。20世纪70年代，交通部公路科研所的姜云焕研究员领导的课题小组开展了稀浆封层的研究，缩小了我国和国际技术水平的差距。80年代初，在援建赞比亚的赛曼公路上首次使用了稀浆封层表面处治，这是我国最早应用稀浆封层技术的工程，使用效果良好。后来经过"七五"和"八五"期间的技术推广，相继在辽宁、河北、河南等省试铺了一定数量的稀浆封层并取得了较好的效果，积累了丰富的经验。但是，由于当时机械设备和生产乳化剂技术的限制，以及人们对材料认识的局限性，乳化沥青的生产质量并不高，在随后的推广应用中，出现了许多失败的工程，造成了不好的影响，从而导致稀浆封层技术在我国的推广出现了停滞。一直到90年代中期，随着我国公路主干线的快速发展以及人们对稀浆封层的认识的更新，加上以前累积的多年经验，稀浆封层技术在我国的发展又迎来了一个新的时期。

由于稀浆封层具有优良的防水性能，故常被用作沥青路面的下封层。目前，我国还没有完整的稀浆封层技术规范，交通运输部《公路沥青路面施工技术规范》中也只是对稀浆封层的矿料级配、混合料技术要求和配合比设计作了规定，还没有提到对其作为下封层使用时的技术要求，因此，还需要进一步加强稀浆封层作为层间材料使用时的研究。

3）碎封层

碎石封层根据洒布热沥青或乳化沥青与撒布碎石间隔时间长短，分为非同步碎石封层和同步碎石封层，后者是由前者发展而来的。同步碎石封层技术从20世纪80年代开始在法国被大规模采用，90年代传播到欧洲各国及美国，在俄罗斯、印度、非洲、澳大利亚等数十个国家和地区也得到了推广应用。

目前,同步碎石封层技术在我国辽宁、湖南、河南、广西等地的高速公路及国道省道的下封层中已得到初步应用。但总的来说,这项技术在我国才刚开始应用,许多施工工艺还没有完全掌握,更缺乏施工经验,在施工材料的研究上还处于空白,此外还有许多理论上和应用上的问题没有解决,可以说同步碎石封层的研究在我国还刚刚开始。

4)应力吸收层

半刚性基层沥青路面易产生反射裂缝,可以设置应力吸收层来预防或延缓反射裂缝的产生和发展,通过提高材料的物理力学性能达到对应力抵抗和吸收的效果,同时还能起到防水作用。应力吸收层的设置有多种形式,一种是铺筑强度较高的土工布、玻璃纤维格栅、改性沥青防水毡或土工格栅夹层,通过沥青或改性沥青与上下层黏结,起到增加强度、缓解应力的作用。

封层材料路用性能的评价指标有抗层间推移、抗渗水性、抗剪强度指标。由于上下封层的主要功能都是封水、防水,但是目前的研究表明,无论是上封层还是下封层,其渗水性能都是能完全符合设计要求的,因此,该指标不作室内重点考虑,在施工现场可作为验收指标。同样,抗推移指标在室内也难以实现,但在现场施工中可以观察封层在车轮作用下的推移情况,因此也能作为竣工验收的指标。

封层施工原则:开工前先在料场取细集料样品、乳化剂及沥青样品确定封层的稀浆配合比,上报监理工程师批复。用稀浆混合料摊铺长度不短于300m的试验路段,作为下一步的施工依据。然后按工程师批准的试验路段的同一方法和同一标准进行施工。

乳化沥青稀浆的摊铺应采用CRM500连续摊铺式乳化沥青稀浆封层车摊铺,摊铺乳化沥青混合料前应将基层清扫干净,然后将装好各类材料的封层车开到施工摊铺起点,使车前引导对准走向控制线,车后的摊铺槽与机尾部分保持平行,调整摊铺箱及摊铺厚度。启动发动机,对沥青泵要提前预热,保证油路畅通,使摊铺机各部位进入工作状态,使拌好的稀浆混合料流入摊铺机,当混合料体积达到摊铺箱容积的2/3、在路宽方向布满料后,启动摊铺机,以1.5~3.0km/h的速度匀速前进。稀浆混合料摊铺后,立即使用橡胶耙进行人工找平。对过厚、过薄或不平处,以及漏铺和稀浆不足处立即进行修整。

本章参考文献

[1] 刘大路.高海拔山区半刚性基层抗裂性研究[D].重庆:重庆交通大学,2019.

[2] 杨洁.超早强水泥稳定碎石路用性能研究[D].西安:长安大学,2005.

[3] 路文琴.干旱寒冷地区水泥稳定碎石基层材料性能研究[D].西安:长安大学,2009.

[4] 田倍丝,郭昱辰,冀冠宇,等.复掺早强剂对水泥稳定碎石基层性能的影响[J].新型建筑材料,2023,50(1):59-64,78.

[5] 盛燕萍,贾海川,孙仕伟,等.不同温度下早强低收缩水泥稳定碎石特性的试验研究[J].硅酸盐通报,2019,38(10):3215-3220,3228.

[6] 林敏,韩会勇,董晓坡,等.早强剂对水泥稳定碎石材料干缩特性试验研究[J].硅酸盐通报,2017,36(6):2000-2005,2010.

[7] 魏刚强.橡胶沥青大粒径沥青碎石路用性能研究[D].合肥:合肥工业大学,2016.

[8] 张震.高寒高海拔地区级配碎石路用性能研究[D].西安:长安大学,2017.

［9］李晶.沥青路面层间处治技术及其应用［D］.西安：长安大学,2015.

［10］张治国.沥青路面层间处治技术研究［J］.公路交通科技(应用技术版),2019,15(3)：62-64.

［11］刘潇毅.半刚性基层沥青路面层间处治技术分析［J］.技术与市场,2018,25(8)：90-91.

第7章
高海拔地区沥青路面
结构温度应力分析与结构优化设计

    不同沥青和级配类型的沥青混合料,其低温松弛能力存在显著差异。沥青混合料作为沥青路面结构表面层材料,处于长期低温、急速降温、强辐射的严酷气候环境,松弛能力差的混合料会导致沥青路面结构的温度应力在短时间内得不到释放,进而产生过大的温度应力,导致路面产生裂缝。为了准确地模拟计算沥青路面结构在高寒地区产生的温度应力,将沥青面层材料的松弛特性引入路面结构力学行为计算中,借助有限元软件中的 Prony 级数模型来实现,研究极端周期性和大幅降温温度场下沥青路面的温度应力。沥青路面结构温度应力研究以温度场分析为基础,应力的存在使得裂缝扩展成为可能,整个过程分析的准确性不仅与建立的有限元模型有关,还与材料参数的取值密切相关。

    本章在确定材料热物性参数和物理力学参数基础上,结合高海拔地区沥青路面气候分析、冻断试验温度应力试验结果,建立沥青路面结构温度应力与室内试验的关系,为高海拔地区沥青路面材料与结构设计提供参考。

7.1 计算参数与模型的确定

7.1.1 热物性参数

沥青路面结构温度场分析主要的热物性参数包括导热系数和比热容。

1)导热系数测试及分析

导热系数指在稳定传热条件下,1m 厚的材料两侧表面的温差为 1K,在 1h 内,通过 $1m^2$ 传递的热量,单位为 W/(m·K),1W/(m·K) = 3600J/(m·h·℃)。导热系数测试采用日本京都电子工业株式会社生产的导热系数测定仪,其原理是基于非稳态导热中的瞬态热线法。对三种沥青(SK90、SBS 和 SRA)、三种级配的沥青混合料分别进行导热系数测试,测试温度分别为 -20℃、-10℃、0℃、10、20℃、30℃、40℃(温度过低时采用这种方法会造成试验结果的离散性大),每种混合料制作三个平行试件,试件尺寸是由 300mm×300mm×50mm 车辙板切割出的 150mm×50mm×50mm 棱柱体,如图 7.1-1 所示。不同的测试温度在环境箱中调节。需要指出的是,测试面有必要用砂纸进行光滑处理,尽量保持表面的均匀性和整体性,使得测出的导热系数是混合料本身,而不是单纯粗集料颗粒。不同温度下的导热系数测试结果见表 7.1-1。

图 7.1-1 导热系数试件

导热系数测试结果　　　　表 7.1-1

温度(℃)	SK90			SBS			SRA		
	SMA-13	AC-13	AC-16	SMA-13	AC-13	AC-16	SMA-13	AC-13	AC-16
-20	1.28	1.07	1.16	1.26	1.06	1.14	1.21	1.01	1.12
-10	1.39	1.18	1.27	1.37	1.17	1.25	1.31	1.15	1.22
0	1.52	1.39	1.5	1.49	1.35	1.47	1.45	1.31	1.46
10	1.61	1.50	1.56	1.56	1.47	1.53	1.53	1.44	1.51
20	1.79	1.66	1.78	1.76	1.62	1.75	1.72	1.59	1.71
30	1.86	1.77	1.86	1.87	1.71	1.82	1.80	1.65	1.77
40	1.97	1.89	1.96	1.93	1.83	1.91	1.90	1.76	1.88

由以上结果看出,基质沥青混合料 SMA-13、AC-13、AC-16 在不同试验温度下测得的导热系数范围分别为 1.28 ~ 1.97W/(m·K)、1.07 ~ 1.89W/(m·K)、1.16 ~ 1.96W/(m·K);SBS 沥青混合料 SMA-13、AC-13、AC-16 在不同试验温度下测得的导热系数范围分别为 1.26 ~ 1.93W/(m·K)、1.06 ~ 1.83W/(m·K)、1.14 ~ 1.91W/(m·K);SRA 沥青混合料 SMA-13、AC-13、AC-16 在不同试验温度下测得的导热系数范围分别为 1.21 ~ 1.90W/(m·K)、1.01 ~ 1.76W/(m·K)、1.12 ~ 1.88W/(m·K)。进一步地将同种沥青不同级配在不同温度下的导热系数绘制成图 7.1-2。

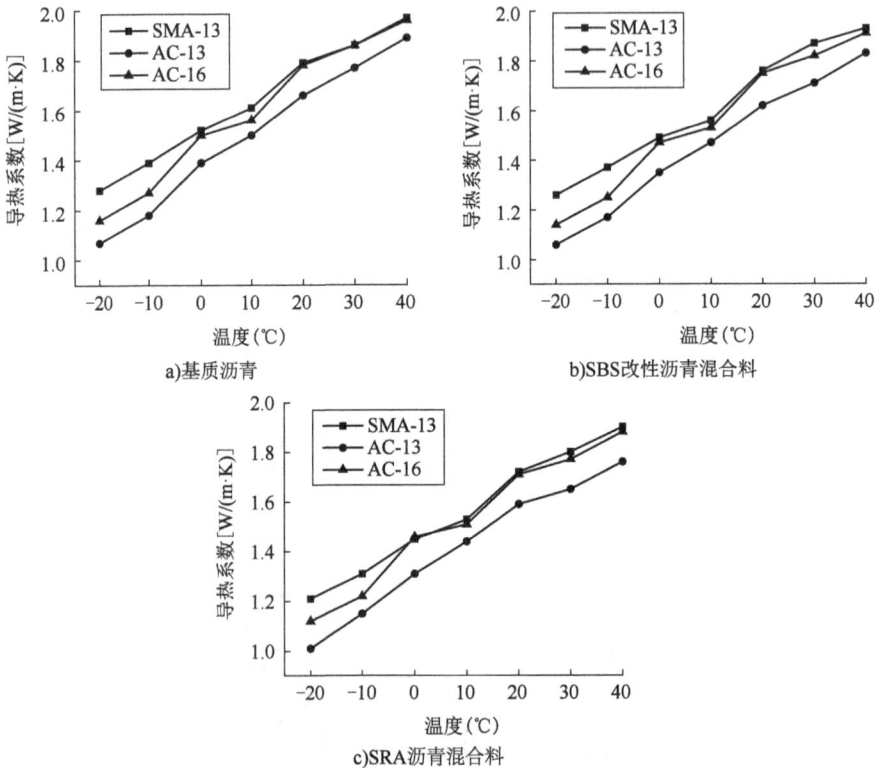

a)基质沥青

b)SBS改性沥青混合料

c)SRA沥青混合料

图 7.1-2 三种沥青混合料的导热系数

由图 7.1-2 可见,随着沥青与级配的改变,沥青混合料的导热系数也发生变化,在不同试验温度下测得的 SMA-13 导热系数略大于 AC-16,差值在 -0.01 ~ 0.12W/(m·K),而 SMA-13 与 AC-13 相差较大,差值在 0.08 ~ 0.21W/(m·K)。主要原因是:沥青混合料是由粗细不同的集料、沥青和空气组成的,三者的导热系数差异较大,常温常压下空气的导热系数为 0.024 W/(m·K)左右,远小于沥青混合料的导热系数,且气体和固体的导热机理不同,气体在接触面上会产生较大的接触热阻,当沥青混合料的空隙中充入空气后,沥青混合料的导热系数会降低。因此,沥青混合料的导热系数会随着空隙率增大而减小,所选的三种级配均属于密实结构,空隙率波动不大;导致以上结果的另外一方面原因是,集料粒径会对导热系数产生一定影响,SMA-13 的级配粗料多,AC-16 也较 AC-13 的集料尺寸大,物质结合得越紧密,其中的固体分子的振动传播越容易,导热系数越大,且沥青的导热系数远小于集料的导热系数,整体 SMA-13 中粗料的所占比例最大,虽然 AC-16 含有一部分粒径为 16mm 的集料,但是含量仅占 5% ,9.5mm 以上的占了 37% ,而 SMA-13 的粒径 9.5mm 的集料以上的占了70%以上。总体来讲,SMA-13的粗集料含量更多,其导热系数最大,粗集料含量对导热系数的影响显著。

不同沥青对沥青混合料导热系数的影响相对较小。改性沥青混合料的导热系数小于SK90混合料的导热系数,排序分别为基质沥青混合料 > SBS混合料 > SRA混合料,主要是因为改性沥青中加入了橡胶改性剂,尤其是SRA中增加了橡胶粉和抗老化剂,这些外加剂的导热系数小于SK90基质沥青的导热系数。因此,改性沥青混合料的导热系数小于SK90混合料的导热系数。

导热系数是材料的一种固有属性,不仅与本身材料组成和结构有关,还与外界环境紧密相关,九种沥青混合料的导热系数均随着试验温度的升高而增加。主要原因在于非金属固体材料的导热主要依靠分子、原子及晶格的振动,温度越高,振动越剧烈,导热系数就越高。故试验温度越高,沥青混合料的导热系数也越大,呈线性关系。进一步将温度与导热系数采用线性拟合,可以得到表7.1-2。

导热系数与温度线性回归   表7.1-2

混合料类型		拟合方程	R^2
SK-90	SMA-13	$\lambda = 1.51429 + 0.01171T$	0.99237
	AC-13	$\lambda = 1.3546 + 0.01396T$	0.99178
	AC-16	$\lambda = 1.44643 + 0.01379T$	0.97281
SBS	SMA-13	$\lambda = 1.48857 + 0.01171T$	0.98415
	AC-13	$\lambda = 1.32786 + 0.01307T$	0.99284
	AC-16	$\lambda = 1.41964 + 0.01332T$	0.97527
SRA	SMA-13	$\lambda = 1.44143 + 0.01188T$	0.9905
	AC-13	$\lambda = 1.28964 + 0.01261T$	0.98472
	AC-16	$\lambda = 1.39464 + 0.01296T$	0.97218

2)比热容

比热容指单位质量的某种物质温度升高或降低1℃所吸收或放出的热量,单位为J/(kg·℃)。由于试验条件所限,沥青混合料的比热容是在参考大量文献的基础上选取的。在所研究的温度范围内,同种集料相同空隙率下,级配对沥青混合料的比热容影响不大。另外,基质沥青[比热容为1800 J/(kg·℃)]比SBS改性沥青的比热容大约大200 J/(kg·℃)。因此,暂未考虑不同沥青和不同级配对混合料比热容的影响,不同温度下三种沥青混合料的比热见表7.1-3。

不同温度下的沥青混合料比热[J/(kg·℃)]   表7.1-3

温度(℃)	−20	−10	0	10	20	30	40
SMA-13、AC-13、AC-16	950	970	1020	1090	1111	1113	1118

3)其他参数

在查阅大量文献的基础上,选取了有代表性的其他参数取值。太阳辐射吸收率为0.9,路面发射率为0.81,绝对零度值为−273℃,Stefan-Boltzmann常数为2.041×10^{-4}J/(h·m²·K⁴),基层、底基层和土基的热物性参数见表7.1-4。

路面结构其他材料参数

表 7.1-4

参数	水泥稳定碎石	级配砂砾	土基
导热系数 J/(m·h·℃)	5616	4320	5616
比热容 J/(kg·℃)	911.7	600	1040

7.1.2 气象参数

由第二章青海省气象资料统计发现,青海省玛多县属于极冷区,据考察国道 G214 途经的玛多县花石峡路段,属于常年冻土地区。此处地势平坦、通视性好,常年风速大、太阳辐射强,国家冻土观测站也位于此,本书作者所在课题组也在冻土观测站附近建立了小型气象站,如图 7.1-3 所示。选择具有代表性的极端天气(初冬季节,突然降温容易导致路面产生温缩开裂)的气象数据作为计算路面温度场和温度应力的数据资料。24h 气温变化见表 7.1-5,当天太阳日辐射总量为 $12.16 \times 10^6 \text{J/m}^2$,日照时数为 8.5h,测试地点海拔为 4200m,经度为 98.217°,纬度为 34.917°。

图 7.1-3 小型气象站

24h 气温变化

表 7.1-5

时刻(h)	气温(℃)	时刻(h)	气温(℃)	时刻(h)	气温(℃)	时刻(h)	气温(℃)	时刻(h)	气温(℃)
0	−30.6	5	−16.4	10	−14.9	15	−21.9	20	−27.3
1	−30.4	6	−15.3	11	−18.6	16	−21.9	21	−27.4
2	−27.1	7	−14.4	12	−19.3	17	−22.9	22	−27.3
3	−23.0	8	−13.1	13	−20.6	18	−25.8	23	−28.2
4	−20.3	9	−13.4	14	−22.7	19	−25.0	24	−30.6

表 7.1-5 中的气温日变化规律采用两个正弦函数进行拟合,再通过规划求解组合系数的方式表达,公式如式(7.1-1)所示:

$$T = -21.85 + 8.75 \times \left[-0.78429 \times \sin\left(\frac{\pi}{12} m_t - 14.01785 \right) - 0.28649 \times \sin\left(\frac{\pi}{6} m_t - 14.01785 \right) \right]$$

(7.1-1)

式中:T——拟合得到的大气温度(℃);

m_t——t 时刻的气温(℃)。

7.1.3　有限元模型的建立

沥青路面结构选取高寒地区常用的典型路面结构形式,沥青路面结构三维有限元模型如图 7.1-4 所示。路面结构采用 4 层结构,分为沥青面层、基层、底基层和土基。模型尺寸为:道路纵向长 20m、宽度 8m、深度为 5m。X 为行车方向,Y 为道路横断面方向,Z 为道路深度方向。考虑到计算时间和精度,荷载作用区域和路面结构上层网格进行加密,整个结构被划分为 197600 个单元。边界约束为:路面结构底部采用固定约束,四周采用相应的横向位移约束。

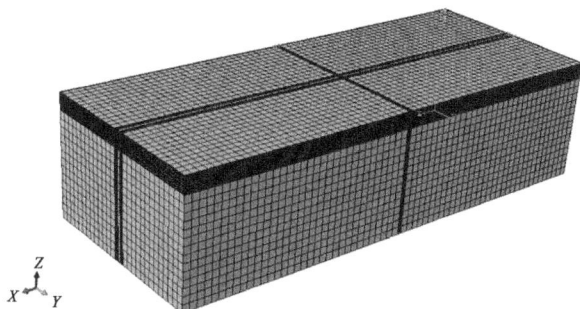

图 7.1-4　路面结构有限元模型

另外,实际路面层与层之间的接触不可能是完全接触的,也不会是完全光滑的。建立路面结构模型采用的是面与面之间采用摩擦系数表征接触状态的接触模型,摩擦系数为 1 时表示层间竖向位移连续,为 0 时表示层间完全光滑,但是在实际条件下集料与颗粒间的摩擦作用而不会出现完全光滑。为了保证接触面处的竖向位移和应力连续传递,模型中假定两个接触面不会分离,一直处于黏结状态。基层与垫层,垫层与土基设为完全连续接触。

沥青混合料面层作为黏弹性材料,黏弹性材料的基本力学参数为松弛模量,由复数模量采用黏弹性理论进行换算得到松弛模量,这一具体过程见 5.3 节,在有限元模里采用瞬时弹性模量和 Prony 级数的形式进行黏弹性参数输入,基层、底基层和土基材料考虑为线弹性材料,具体路面结构材料参数见表 7.1-6。

路面结构材料参数　　　　　　　　　　　　　　　　表 7.1-6

结构	材料	模量(MPa)	厚度(cm)	密度(kg·m³)	泊松比
面层	AC-13/SMA-13(SK90/SBS/SRA)	黏弹性	9	2400	0.25
基层	水泥稳定碎石	3000	36	2200	0.25
	级配砂砾	500	25	2100	0.35
土基	土基	50	—	1800	0.4

7.2　周期性温度下沥青路面温度场与温度应力

7.2.1　温度场沿道路深度方向热传导规律

由于路面结构层与层之间的热传递相对于气温变化具有滞后性,且道路深度不同会导致滞后性存在差异。因此,将周期性温度作用于路面结构 20 个周期,研究不同周期下路面不同结构层稳定的时间,以稳定时的温度状态分析路面结构的热传导规律,以消除初始温度对路面结构的影响。热传递分析步时间设为 480h,即 20d,每一个周期为 24h(1d),0h 相当于 0 时刻,以 SK90 沥青作为面层结合料,计算路面结构温度场,不同时刻路面结构内不同深度处的温度场变化规律如图 7.2-1 所示。

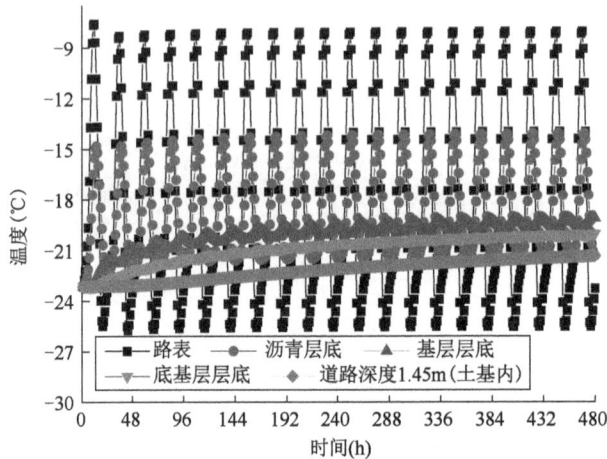

图 7.2-1　周期性气温作用下路面结构内部温度随时间变化规律

(1)由图 7.2-1 可以发现,先以第一个周期为例,分析路面结构内瞬态温度场随外界气温变化规律。0h 时刻气温为 -30.6℃,此时由于太阳辐射、风速、空气对流等因素影响传递至路表的稳态温度为 -23.1℃,随着不同时刻外界气温周期性变化,路面结构内部温度也呈现周期性变化,路表温度随外界气温变化最敏感、波动最大,温度在 -7.6 ~ -25.5℃ 之间变化;沥青混凝土结构层底温度较路表变化幅度稍小,温度变化范围为 -14.8 ~ -23.1℃;半刚性基层结构层底的温度范围为 -23.1 ~ -21.6℃,由于路表升温传递作用,半刚性基层以稳态温度 -23.1℃ 为起点而处于升温状态,至路表随外界环境开始降温时,半刚性基层热传导的滞后性而继续升温,即第一个周期半刚性基层实质一直在缓慢升温。当第二个周期进行时,半刚性基层由于第一个周期降温的作用而小幅降温,随着面层的周期性温度变化,基层底也呈现小幅的周期性变化,直至形成稳定的温度场;在路面结构 70cm 处(级配砂砾层底)的温度变化范围为 -23.1 ~ -22.8℃,在一个周期作用下升高了 0.3℃,基本每个周期均是在基层温度的传递下底基层呈现小幅增温状态;道路深度 1.45m(土基内部)处的温度没有变化,仍是 23.1℃,随着多周期外界气温作用,加上土基以上结构层对土基的热传导作用,土基温度逐渐上升,向路面结构内的温度方向靠近。计算结果表明,当建立的路面结构模型沿深度方向取 3m 时,路面结构的温度场已经可以保证计算精度。

(2)不同道路深度处的温度随着周期性气温作用增加时,由于热量在路面内部的累积,其各结构层形成稳定度温度场的时刻不同,级配碎石层初始温度较低,随着气温周期性变化而吸热温度升高,最终温度趋向于稳定的平均值。由图 7.2-1 可知,周期性温度反复作用 3d 时,路表面内部温度场基本稳定;计算 4d 时,沥青混凝土结构层和 AC-16 层温度场基本稳定;计算 10d 周期,级配砂砾结构层的温度场基本稳定。由于主要关注的是沥青面层的温缩开裂,取第

3个周期的温度场基本可以消除初始温度场的影响,因此,后续研究都基于第3个周期进行分析。

热传递分析步长取72h,各结构层的温度场结果如图7.2-2所示。由图7.2-2可知,路基路面结构深度越深,其温度场的周期性越不明显,到了土基深度15cm以下变为线性变化,在外界环境和路面结构层的影响下持续小幅升温。而面层温度由于直接接受太阳辐射、大气温度和风速等因素影响,各深度处的温度随时间呈现较为复杂的变化。在1~9h外界气温处于升温阶段,在9~24h处于降温阶段,在这种外部气候环境的影响下,在1~5h和16~24h,面层上部的温度低于下部,主要原因是:整个路面结构以同一稳态温度−23.1℃作为初始温度,且材料的传热存在滞后性,若想理解1~5h的路面结构热传导,需要追溯1h之前的气温变化。在9~24h气温处于降温阶段,路面结构是在降温下达到的稳态温度,且路表受外界环境影响最敏感,因此面层上部温度会稍微低于下部。随着1~9h气温升高,路表急速升温,面层下部缓慢升温,因而5~16h面层上部温度高于下部。从9h起气温降低,12h时面层开始降温,路表急剧降温、路面下层缓慢降温,因此在16~24h,面层上部温度低于下部。无论何时,基层、底基层和土基的温度都是在小幅范围内波动,且在稳态温度的基础上一直升温,深度越深温度波动越小、升温越慢。周期性温度对路面结构的影响深度大约为1.5m。

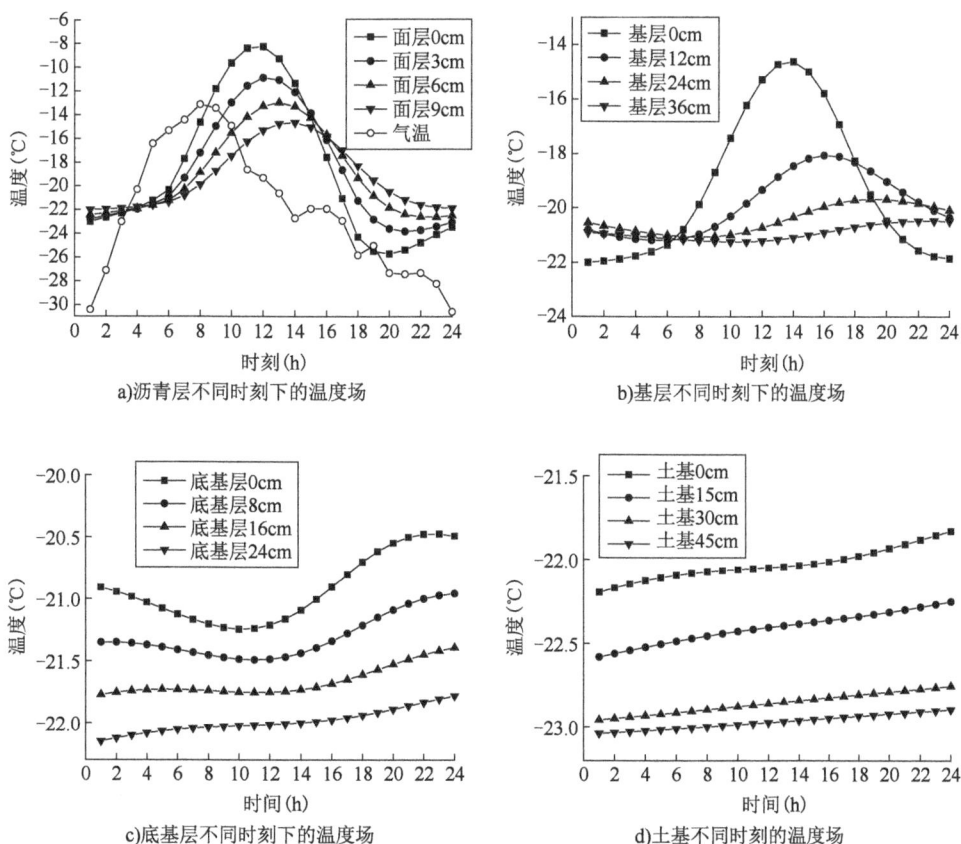

a)沥青层不同时刻下的温度场

b)基层不同时刻下的温度场

c)底基层不同时刻下的温度场

d)土基不同时刻的温度场

图7.2-2　路基路面结构温度场

路面结构内部进行热传导的主要原因是温度梯度存在,热传导的过程伴随着材料的热胀冷缩,不同的路面结构深度处温度梯度存在差异。不同时刻路面结构内部沿道路深度方向的温度和温度梯度如图 7.2-3 所示。

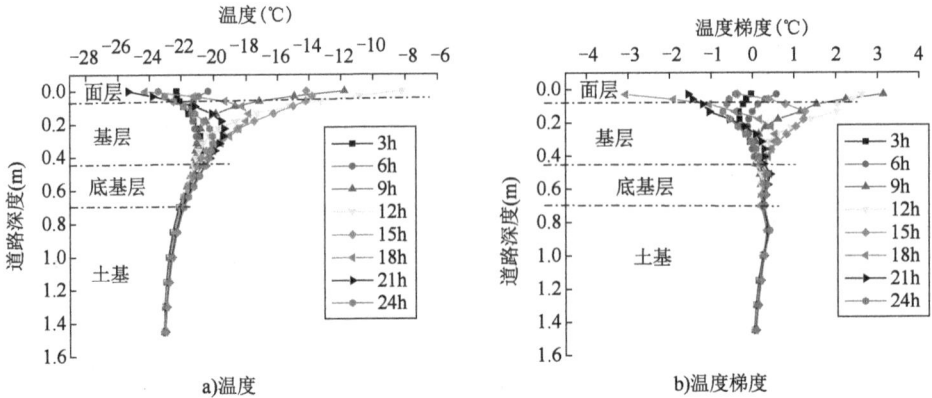

图 7.2-3　温度和温度梯度沿道路深度的变化规律

由图 7.2-3 可知,路面结构的温度随时间的变化主要体现在面层和基层,而底基层和土基的温度随时间变化幅度很小。温度梯度与温度的变化规律相似,面层与基层的温度梯度相对其他结构层变化较大。由图 7.2-3 可知,由于外界气温有升有降,所以沥青面层温度梯度有正温度梯度和负温度梯度两种。温度梯度大于 0 时,表示随道路深度增加,温度降低,路表温度高于面层底部温度;反之,温度升高,路表温度低于面层底部温度。在 1~11h,整个沥青面层都处于升温阶段,在 12~24h 处于降温阶段,但是在 1~5h 和 16~24h 路表温度低于面层底部,因此在图 7.2-3a)中,在 3h、18h、21h 和 24h 沥青面层内随深度增加温度升高,而此时刻的温度梯度为负值;在 5~16h,路表温度高于面层底部,在 6h、9h、12h 和 15h 沥青面层内随深度增加温度降低,温度梯度为正值。对沥青面层结构危害最大的是负温温度梯度。不同天气状况最大温度梯度出现的时刻有差异,在所选气温条件下,最大正温温度梯度 3.1℃ 出现在 9h 左右,最大负温温度梯度为 −3.1℃,出现在 18h 左右。基层、底基层和土基的温度梯度很小,且深度越深温度梯度越小。

由此可见,温度梯度与温度场沿道路深度和随时间的分布规律共同验证了模型的正确性。温度梯度的存在,路面结构才会生产温度应力,进而诱导裂缝发生并扩展。因此可以看出,在周期性气温作用下,由于面层较大的负温温度梯度而更易产生温缩裂缝,主要研究沥青面层和基层温度应力响应规律。

7.2.2　不同面层材料对路面结构温度应力的影响

温度应力的产生是由于路面结构随外界温度变化会发生热胀冷缩,但因边界条件的约束,无法自由伸缩而在路面结构内部产生应力。温度应力的模型是在温度场模型的基础上,通过删除材料的热物性参数,添加材料的物理力学参数(黏弹性力学参数和温缩系数),改变分析步,添加初始温度场和约束条件等得到的,黏弹性力学参数见表 5.1-3。

为了研究温度场对温度应力的影响,以 SRA 沥青作为面层结合料,在图 7.2-2 温度场作用下,计算了 3 个循环温度场下路面结构内部温度应力,以 0h 路基路面结构温度应力作为分析的初始状态,计算的温度应力结果如图 7.2-4 所示。

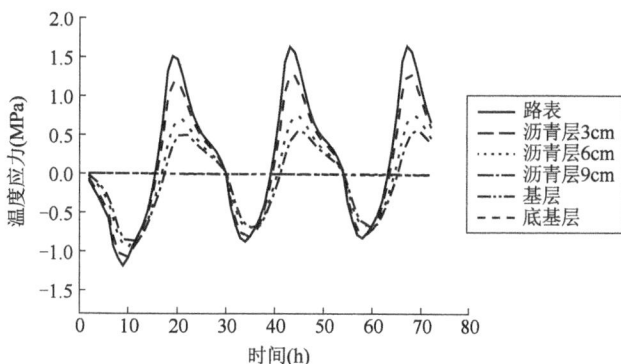

图 7.2-4　周期性温度场作用下温度应力随时间变化规律

由图 7.2-4 可知,在极端低温不利状态下,主要影响区域为沥青面层,对路表影响最剧烈,最大幅值为 1.64MPa 左右,基层温度应力波动很小,最大幅值在 0.01MPa 左右,底基层基本不受影响。初始时刻面层的温度应力为 −0.1MPa 左右,循环作用 24h 时温度应力未恢复到初始时刻的应力值,但 48h 和 72h 时末的温度应力与 24h 时的温度应力相比相差很小,即周期性温度场作用于路面结构 2d 和 3d 温度应力都恢复到了初始状态。24h 恢复到初始应力可能有 3个原因:一是膨胀,设置膨胀系数时参考温度不同;二是初始温度场的影响,不同路面结构深度达到稳定温度场需时间有差异;三是沥青混合料的黏弹性性质决定,应力场周期性与温度场周期性存在的相位差。基层温度应力相对于面层小 5 倍以上时,温度场对其影响较小,对底基层和土基几乎没有影响。基于以上原因,将选用第三个周期的温度场和以第二个周期末的路基路面温度应力场作为初始应力场以消除模型误差,重点分析面层和基层的温度应力。

1)沥青结合料类型对温度应力的影响

采用 SK90、SBS 和 SRA 沥青作为面层结构的结合料,对比分析在不利气候条件下沥青结合料类型对温度应力的影响,外界气温的变化主要影响沥青上、中面层,路表温度力学响应随时间变化规律如图 7.2-5 所示。

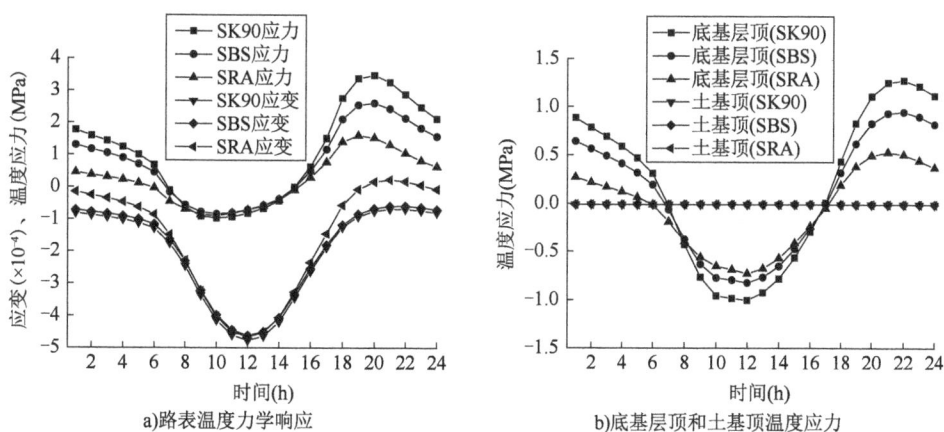

a)路表温度力学响应　　　　　　　　　　b)底基层顶和土基顶温度应力

图 7.2-5　随时间变化的温度应力

由图 7.2-5 可以看出,在已知周期性温度场作用下,SK90 基质沥青、SBS 改性沥青、SRA 复合改性沥青路面结构路表最大温度应力分别为 3.3MPa、2.6MPa、1.6MPa,最大值均出现在 19~20h 左右,随着结构层深度的增加,最大值发生滞后,而且温度应力明显减小,变化幅度也越来越小,说明在相同的外界环境下,SRA 沥青面层产生的温度应力最小,最大应变值相对于应力发生滞后,应力滞后于应变的幅值用相位角表达,反映材料的黏弹性性质,三种沥青面层应变差距较小,SRA 沥青路表的应变最大,说明在低温环境下,SRA 具有最好的低温抗裂性。

由于所选气温属于极端低温情况,观察温度应力曲线发现,1~6h 内,温度应力为正值且随时间增加而减小,所以沥青面层将收缩产生拉应力,且减小的速率越来越大,主要原因是路表处于升温阶段且温度梯度为负,随着路表温度持续增加,温度应力容易松弛;6~11h 内,路表温度高于面层底部,路表在正温度梯度作用下发生微小膨胀,对路面无不良影响;11~16h 内,随着路表大幅降温,温度梯度逐渐由正向负过渡,沥青混合料的应力松弛性能逐渐下降,温度应力逐渐增加;16~19h 内,降温速率和温度梯度增加,即温度应力随时间的曲线斜率变大直至呈直线状态,温度应力累积达到最大值。由第四章中沥青混合料冻断试验可知,基质沥青面层的路面结构很可能发生开裂。

温度应力不仅与降温速率有关,也与道路深度有关,图 7.2-5 展示了不同时刻下温度应力沿道路深度方向变化规律。以 SRA 沥青路面结构为例,可以发现,面层的温度应力明显大于基层、底基层,尤其底基层范围内温度应力在不同时刻几乎为 0,这与温度场随道路深度方向衰减规律一致。同时,室内试验也表明,沥青混合料的收缩系数和低温模量明显大于半刚性基层,面层几乎接近弹性体。因此,在一般情况下,半刚性基层不会比沥青面层先产生温缩裂缝。总之,面层的应力场比基层应力场复杂得多,主要原因可以归结为两方面:一方面是面层温度场变化复杂;另一方面是沥青面层黏弹性特性,劲度模量和温度收缩系数均是温度的函数。

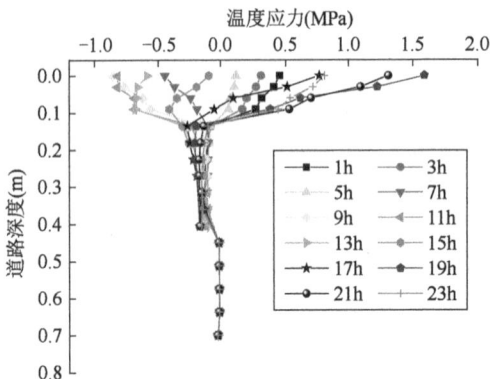

图 7.2-6 不同时刻、温度应力沿道路深度方向变化

2)温度应力沿道路深度方向变化

温度应力的产生主要源于温度梯度,面层的温度梯度经历了由正变负再变正的过程,即:路表温度先低于路表,因外界气温升高而路表温度高于路表以下,随着外界气温降低路表温度又低于路表以下,然后在外界气温下路表由降温而收缩,路表到面层底部的温度应力先减小再增加再减小。从图 7.2-6 可以看出,1~5h 路表至面层底部为减小,7~11h 增加,13~23h 减小。以具有代表性的时刻进行分析,由图 7.2-6可知,9h 时温度梯度为正值,由路表到面层底部温度应力是逐渐增加的。因此,对于连续降温下的负温温度梯度,路表温度应力的积累最快,温度收缩裂缝也是从路表开始向下扩展的。

7.3 大幅降温下沥青路面结构温度应力

1)SRA 沥青结合料面层路表温度应力

高寒地区低温期长、降温速率快是典型的气候特征,是对沥青路面使用性能影响较大的两个方面。因此,研究大幅降温下 SK90 沥青、SBS 改性沥青和 SRA 复合改性沥青的适应性,并与冻断试验结果作对比,判断沥青混凝土在大幅降温下的适应性。

计算温度应力时参考温度是一个重要的参数,它是指在没有定义初始温度的时候,分析步的第一个增量步给模型施加的一个均匀温度场的温度,用于热应力分析的参考基准,通过求路面各层温度与参考温度的差值来计算温度应力,程序中默认的是 0℃。道路约束温度见表 7.3-1,计算结果如图 7.3-1 所示。

道路结构约束温度 表 7.3-1

路表温度(℃)	5	5	-10	-10	-20	-20
路基底部温度(℃)	-5	-5	-5	-23	-23	-5
参考温度(℃)	0	0	0	0	0	0
路表降温速率(℃/h)	10	20	10	20	5	10

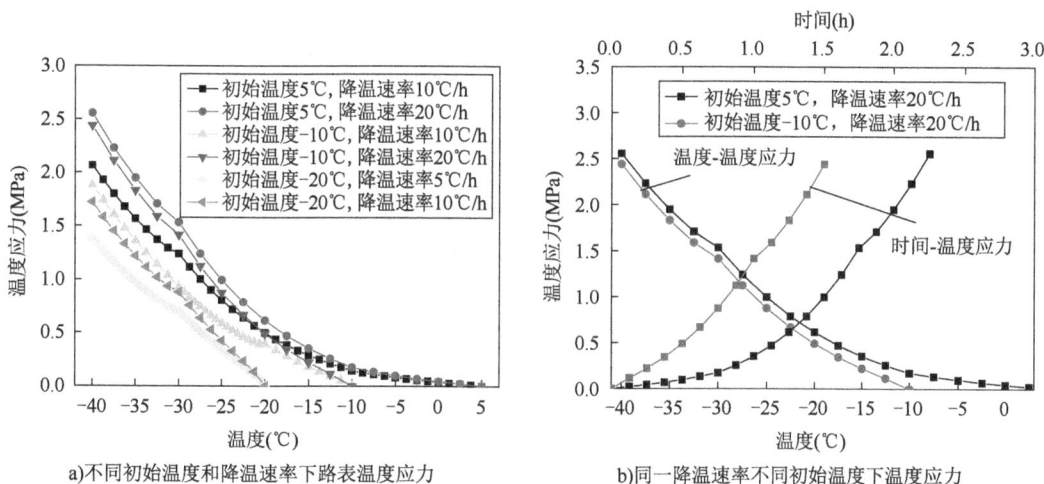

a)不同初始温度和降温速率下路表温度应力　　　　b)同一降温速率不同初始温度下温度应力

图 7.3-1　极端气温影响下 SRA 路面路表温度应力

由图 7.3-1 可以看出,初始温度相同,降温速率越大,路表温度应力越大;在初始温度不同、降温速率相同的情况下,初始温度越低,温度应力变化率越大。以初始温度分别为 5℃、-10℃,降温速率为 20℃/h 为例[图 7.3-1b)],当温度均降低到 -40℃时,分别用时 2.25h 和 1.5h,温度应力分别为 2.55MPa 和 2.44MPa,此时初始温度为 5℃的温度应力大于初始温度为 -10℃的温度应力。主要原因是:由于施加初始温度时刻是温度应力为 0 的时刻,初始温度为 5℃的曲线达到 -10℃时,伴随着一部分应力松弛的同时也累积了一定的温度应力,而初始温度为 -10℃的曲线应力才开始从 0 随着温度持续降低而累积,只是时间-温度应力曲线斜率较初始温度为 5℃的大,温度应力增长快,随着降温时间的延长,初始温度为 5℃的温度应力一定会小于初始温度为 -10℃的温度应力。

初始温度为 5℃,降温速率为 10℃/h 和 20℃/h 的情况属于大幅降温的不利气候环境,初始温度为 -10℃ 和 -20℃,降温速率为 10℃/h 的情况属于长期低温加大幅降温的情况(图 7.3-2),这两种极端气候,对路面非常不利,主要体现在:初始温度为 -20℃时,随着温度继续降低,路表的温度应力不存在松弛能力,温度应力处于一直累积的过程,当降温速率为 10℃/h 时,累积 2h 的温度应力为 1.72MPa,实际情况下,初始温度为 -20℃时已经有一定的温度应力,很可能导致路表产生开裂;初始温度为 5℃时,路表几乎不存在温度应力,由于较高温度下沥青面层的松弛能力强,降温产生的温度应力可以很快就松弛为 0。

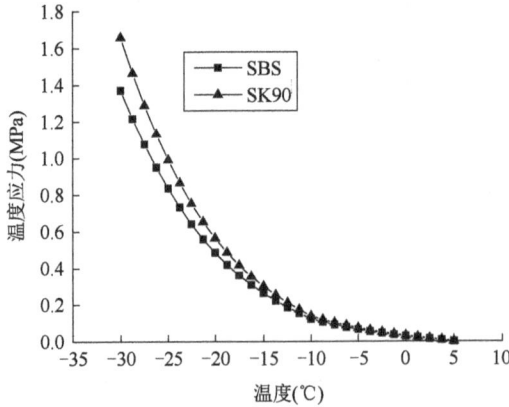

图7.3-2 极端天气下 SBS 改性沥青和 SK90 沥青路面路表温度应力

由此可见,温度应力随温度梯度变化,当骤然降温或温度梯度大时,路表可能一次产生过大的拉应力导致路表开裂。以 SRA 沥青结合料为例,由冻断试验发现,在大幅降温(初始温度为 5℃、降温速率为 10℃/h)情况下,沥青混合料产生裂缝时的温度应力为 1.29MPa,而同样的温度条件下道路结构模拟 –38.85℃下路表的温度应力为 1.98MP,较 TSRST 结果大 0.69MPa,是冻断试验结果的 1.53 倍左右。

2)SBS 改性沥青与 SK90 沥青面层路表温度应力

在初始温度为 5℃、降温速率为 10℃/h 的工况下,SBS 改性沥青路面和 SK90 沥青路面与同等试样条件下的冻断试验相比,SBS 改性沥青路面在冻断温度为 –30.96℃时的温度应力为 1.37MPa,室内冻断试验为 0.96MPa;SK90 沥青路面在冻断温度为 –29.6℃时的温度应力为 1.65MPa,室内冻断试验为 0.66MPa。

如果室内冻断试验试验和道路实际约束条件完全一致,说明将三种沥青中的任何一种作为面层结合料的道路结构一定会开裂,但是室内试验与道路实际的边界约束差异甚大,目前对室内试验结果与道路模拟结果一般采用点对点的比较,建立线与线的比较较为复杂,需要进一步研究。沥青路面结构有五个面都存在约束,只有路表面不受约束,而冻断试验只有两端固定,上下左右四个表面由于缺乏约束,所以在初始温度较低阶段很容易释放应力,减少温度累积,导致温度应力偏小,道路结构模拟与室内试验建立曲线关系比较困难。

7.4 多周期循环作用下沥青路面结构温度应力

以 SRA 沥青作为面层结合料,以 6.2.1 节的温度场作为初始温度条件,计算典型路面结构下循环 20d 的温度应力和蠕变应变,如图 7.4-1 所示。

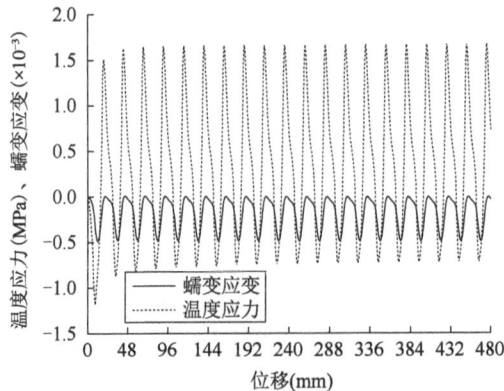

图7.4-1 多周期循环作用下路表温度应力和蠕变应变曲线

由图 7.4-1 发现,在长期低温周期气候作用下,路表的温度应力与应变存在一定的滞后效应,但是之后的量较小。随着多周期加载,滞后的量不变,也就是说在低温下,沥青混合料的松弛效应已经十分微弱,每次加载完成后都能恢复上一次加载的状态。单周期加载时路表可能不会一次断裂,但在长期日低温循环下的损坏与疲劳效应密切相关。在 20 次日循环温度场下,应力应变回路如图 7.4-2 所示。应力应变曲线所围成的面积代表着消耗的能量,而黏弹性材料的破坏是一个能量耗散的过程,所消耗的

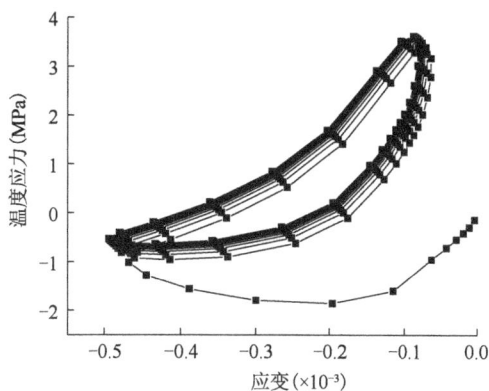

图 7.4-2　应力应变回路

能量很可能成为裂纹产生、发展产生新表面时所需的表面能。

7.5　高海拔地区沥青路面结构优化设计

我国现行的沥青路面设计规范,对不同地区气候差异考虑了温度调整系数和基准温度,与之前的规范相比有巨大改进。但是青海省地域辽阔,各个地区气候差异甚大,仅几个站点的调整系数和基准温度还不能全面反映整个青海省情况。为了方便青海省沥青路面材料和结构设计,本书在沥青路面气候分区和室内试验、温度应力计算的基础上,提出了一些建议,主要体现在沥青材料的选择和结构设计对气候条件的考虑,沥青结合料选择具有针对性,因为路面结构设计时需要考虑温度应力。

1)沥青的选择

沥青结合料的选择可依据第三章 PG 分级得出的青海省不同区域的常用分级,交通量大的适当提高高温分级,也可直接采用推荐分级,没有站点的区域可根据由 ArcGIS 得出的青海省沥青路面区划图示判断所属区域,结合相似气候环境下沥青选择标准进行选择,并对短期老化和长期老化后的指标一同进行测试。选择的沥青是否满足要求,依据现行规范进行沥青弯曲梁流变试验测试劲度模量 S_t 和蠕变曲线斜率 m 值进行判断,比较是否满足要求;如不满足规范要求,采用弯曲梁流变试验和直接拉伸试验确定沥青临界开裂温度,临界温度不宜高于路面设计温度,否则应进一步研发适合的沥青。

2)沥青路面结构验算指标的考虑

沥青路面结构设计时,在现有规范五大验算指标的基础上,青海地区可考虑温度应力验算,包括路表温度应力和沥青层底温度应力。

沥青层底温度应力的计算主要是以极端天气下的气象参数,太阳辐射,24h 每时刻气温,以及风速、日照时数等计算温度场;在此基础上添加材料的物理力学参数(模量、收缩系数),计算得到沥青路面的温度应力,提取沥青层底温度应力。路表温度应力是以大幅降温工况进行沥青路面温度应力计算,并提取路表温度应力,计算结果由冻断试验(初始温度为 5℃、降温速率为 10℃/h)得到的最大温度应力结果进行验算。因为冻断试验得到的不同沥青不同级配类型的温度应力是一个范围,级配变化时冻断温度应力变化不大。推荐参考范围见表 7.5-1,当高等级公路有试验条件时可根据试验值具体确定,SMA-13 级配类可选上限,AC-13 可选择

下限。模拟结果与试验结果存在一定的差距,采用 SRA 复合改性沥青、SBS 改性沥青和 SK90 沥青计算的路表温度应力分别是室内冻断试验的 1.53 倍、1.43 倍、2.5 倍。

沥青路面路表温度应力验算标准推荐值   表 7.5-1

级配类型	推荐路表温度应力(MPa)					
	SK90		SBS		SRA	
	试验值	计算值	试验值	计算值	试验值	计算值
SMA-13	0.60 ~ 0.66	1.50 ~ 1.65	0.8 ~ 1.0	1.14 ~ 1.43	1.15 ~ 1.30	1.76 ~ 1.99
AC-16						
AC-13						

沥青层底温度应力应用时,与交通荷载引起的轮载作用中心下方沥青层层底最大弯拉应力叠加在一起,进行五大验算指标时代入沥青层底弯拉应力,高寒地区沥青路面验算流程如图 7.5-1 所示。

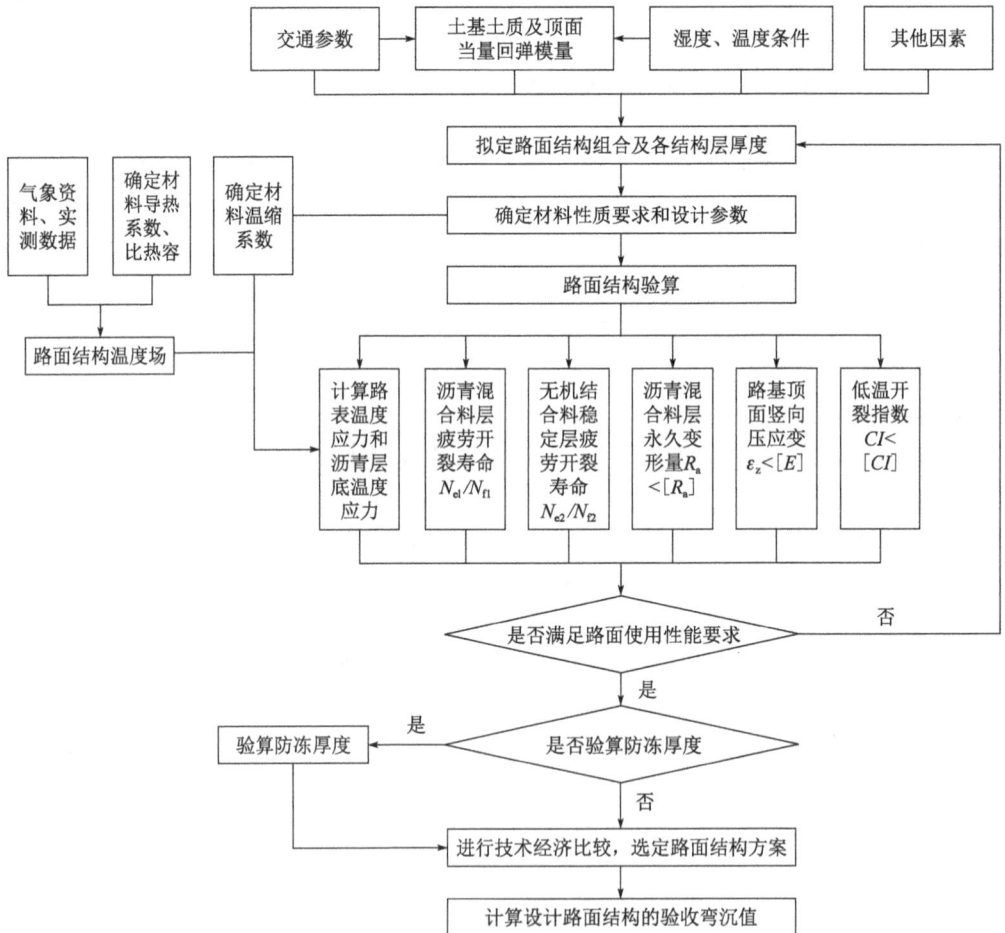

图 7.5-1   沥青路面验算流程图

3)青海省沥青路面结构温度调整系数和基准等效温度

依据《公路沥青路面设计规范》(JTG D50—2017)的沥青路面设计方法,进行沥青路面结构厚度设计验算时需要收集工程所在地气温资料,以确定各设计指标对应的温度调整系数和等效温度,但是公路设计相关部门气象资料并不全面,规范中仅给出了青海省四个地区的取值,分别为西宁、海北、格尔木、玉树和果洛,对于地域辽阔、气候差异大的青海省,路面结构的气温调整系数应更具有针对性。因此,结合本章对青海省气候要素的统计,计算出各气象站点的沥青路面结构设计温度调整系数和基准等效温度,方便当地沥青路面结构设计。计算的原则是以各地区近20年累年最冷月气温平均值、年最热月气温平均值和年平均气温为指标,按照规范中的公式计算得到温度调整系数和基准等效温度,结果见表7.5-2。

路面结构设计温度调整系数和基准等效温度　　　　表7.5-2

序号	站点	温度调整系数		基准等效温度(℃)
		面层底部拉应变和半刚性基层底部拉应力	土基顶面竖向压应变	
1	茫崖	0.866624	0.795546	10.112
2	冷湖	0.847221	0.786102	9.868
3	托勒	0.689044	0.730172	3.916
4	野牛沟	0.676933	0.728902	3.192
5	祁连	0.785311	0.755656	7.226
6	小灶火	0.884579	0.806347	10.786
7	大柴旦	0.817328	0.770712	8.778
8	德令哈	0.886784	0.807236	10.736
9	刚察	0.744545	0.741134	5.478
10	门源	0.78065	0.753458	6.88
11	格尔木	0.930349	0.834081	11.89
12	诺木洪	0.916783	0.825445	11.54
13	都兰	0.855556	0.78799	9.31
14	茶卡	0.815603	0.768541	8.2
15	共和	0.889164	0.807074	10.372
16	西宁	0.941043	0.839786	11.866
17	贵德	0.991813	0.875382	13.256
18	民和	1.021226	0.898936	14.314
19	五道梁	0.610049	0.734781	-0.436
20	兴海	0.796553	0.759251	7.174
21	同德	0.776614	0.751705	6.622
22	同仁	0.934791	0.834551	11.432
23	沱沱河	0.641949	0.729089	1.312
24	杂多	0.765372	0.747218	5.958
25	曲麻莱	0.694016	0.730379	3.408
26	玉树	0.852605	0.78029	8.2
27	玛多	0.65387	0.728388	1.81
28	清水河	0.630323	0.730037	1.486
29	果洛	0.734646	0.738214	4.7

续上表

序号	站点	温度调整系数		基准等效温度（℃）
		面层底部拉应变和半刚性基层底部拉应力	土基顶面竖向压应变	
30	达日	0.732404	0.737731	4.93
31	河南	0.737459	0.738946	5.05
32	久治	0.76743	0.747738	5.93
33	囊谦	0.878332	0.799339	9.636
34	班玛	0.827123	0.771848	7.79

本章参考文献

[1] 李兴海.沥青混合料的热物理特性研究[J].哈尔滨：哈尔滨工业大学,2007.

第8章
高海拔地区
耐久性沥青路面工程应用

本章主要介绍高海拔地区耐久性沥青路面主要研究成果在青海省共和至玉树(结古)公路的工程应用情况。该项目建设的难点和特点显著,主要体现在:

①技术含量及要求高。项目所处地区地理和水文地质条件复杂,路线全线穿越冻土区,其中穿越多年冻土路段长达227km,占总里程的36%;桥梁和隧道长56km,占总里程的9%,其中包括两座我国首次设计建设的多年冻土区公路隧道(鄂拉山隧道和姜路岭隧道),没有成功的经验可借鉴,技术含量及要求高,给工程质量控制、安全管理带来较大的挑战。

②项目建设难度大。项目沿线平均海拔在4100m以上,高寒缺氧、气候寒冷,年施工期仅有4~5个月,昼夜温差大,施工控制要求高,施工人员环境适应性较敏感,机械效率低,综合导致施工难度较大。

③生态环境保护要求高。路线全线穿越冻土区,部分路线穿越三江源自然保护区的试验区,生态环境保护的要求极高,项目区气候恶劣复杂,生态脆弱,环境保护、恢复难度大,保护性投入高。

因此,考虑到上述施工的特点和难点,为了充分发挥国道干线路网的主骨架功能,提高青海公路网整体水平,主要从高海拔地区高性能改性沥青混合料、矿物纤维混合料、早强低收缩

187

半刚性基层和层间处治在本工程中的应用四个方面进行介绍。不同技术类型的试验路里程见表 8.0-1。

技术类型		铺筑所在地	桩号	长度(km)
早强基层		G214 国道 D4 合同段	K610 + 000 ~ K620 + 000	5
层间处治	普通乳化沥青层间处治	G214 国道 D4 合同段	K620 + 000 ~ K621 + 000	1
	普通乳化沥青层间处治	G214 国道 D4 合同段	K376 + 000 ~ K380 + 000	4
	改性乳化沥青层间处治	G214 国道 D4 合同段	K621 + 000 ~ K622 + 700	1
	改性乳化沥青层间处治	G214 国道 D4 合同段	K380 + 000 ~ K383 + 000	3
	橡胶沥青应力吸收层	G214 国道 D4 合同段	K622 + 000 ~ K623 + 000	1
改性沥青混合料	SBS 改性沥青上面层	G214 国道 C5 合同段	K360 + 000 ~ K370 + 000	10
	SBR 改性沥青上面层	G214 国道 C6 合同段	K376 + 000 ~ K386 + 000	10
	SBS/SBR 复合改性沥青上面层	G214 国道 D1 合同段	K490 + 000 ~ K500 + 000	10
	矿物纤维改性沥青混合料	G214 国道 D4 合同段	K615 + 000 ~ K620 + 000 K640 + 000 ~ K650 + 000	15

8.1　高海拔地区高性能改性沥青混合料应用

8.1.1　应用工程概况

高寒高海拔地区 SBS/SBR 复合改性沥青示范工程分为 SBS 改性沥青上面层、SBR 改性沥青上面层和 SBS/SBR 复合改性沥青上面层,分别在 C5、C6、D1 标段铺筑 10km、10km、10km,详见表 8.1-1。

施工合同段	材料类型	起始桩号	长度(km)
C5	SBS 改性沥青上面层	K360 + 000 ~ K370 + 000	10
C6	SBR 改性沥青上面层	K376 + 000 ~ K386 + 000	10
D1	SBS/SBR 复合改性沥青上面层	K490 + 000 ~ K500 + 000	10

工程所在地年平均气温低,昼夜温差大,太阳辐射强度大,光照时间长,辐射量大,年绝对值超过 418.68kJ。沥青在光照作用下极易产生老化、性能衰减,导致沥青路面过早产生各种病害。此外,沥青在温度、光照和荷载耦合作用下极易产生裂缝,严重影响高寒地区沥青路面的耐久性。

鉴于此,本书开展了高寒地区高性能改性沥青混合料试验路施工工艺研究,对沥青、集料、添加剂等原材料的技术指标和材料组成设计提出相应的施工要求,并根据青海当地气候特点优化施工工艺,制定施工质量控制体系,完成高寒地区高性能改性沥青混合料试验路的铺筑。

8.1.2 材料组成

1)原材料

依据有关技术规范和指导书,结合青海当地交通、气候条件,提出沥青、集料以及沥青混合料的技术指标要求,见表 8.1-2 ~ 表 8.1-8。

SBS 改性沥青技术要求　　　　表 8.1-2

试验项目	单位	技术要求	试验方法
针入度(25℃,100g,5s)	0.1mm	60 ~ 80	T0604—2000
软化点 $T_{R\&B}$	℃	≥65	T0606—2000
运动黏度(135℃)	Pa·s	≤3	T0625—2000
延度(5℃,5cm/min)	cm	≥45	T0605—1993
弹性恢复(25℃)	%	≥80	T0622—2000

SBR 改性沥青技术要求　　　　表 8.1-3

试验项目	单位	技术要求	试验方法
针入度(25℃,100g,5s)	0.1mm	60 ~ 80	T0604—2000
软化点 $T_{R\&B}$	℃	≥65	T0606—2000
延度(5℃,5cm/min)	cm	≥50	T0605—1993

粗集料技术要求　　　　表 8.1-4

压碎值(%)	洛杉矶磨耗(%)	视密度(t/m³)	吸水率(%)	针片状含量(%)	小于0.075颗粒(%)	磨光值
≤20	≤24	≥2.7	≤2	≤12	≤1	≥42

石屑(0 ~ 2.36mm)规格要求　　　　表 8.1-5

公称最大粒径(mm)	通过各筛孔的质量百分率(%)						
	4.75	2.36	1.18	0.6	0.3	0.15	0.075
0 ~ 3	100	80 ~ 100	50 ~ 80	25 ~ 50	8 ~ 30	0 ~ 15	0 ~ 10

石屑(0 ~ 2.36mm)主要技术指标　　　　表 8.1-6

视密度(t/m³)	坚固性(%)	砂当量(%)
≥2.5	≤12	≥60

矿粉主要技术指标　　　　表 8.1-7

视密度(t/m³)	含水率(%)	亲水系数	粒度范围(%)		
			<0.6mm	<0.15mm	<0.075mm
≥2.5	≤1	<1	100	90 ~ 100	75 ~ 100

热拌沥青混合料马歇尔试验技术标准　　　　表 8.1-8

试验项目	技术要求
击实次数(次)	普通马氏双面75
稳定度(kN)	≥8
流值(mm)	2.0 ~ 4.0

续上表

试验项目	技术要求
沥青饱和度(%)	65~75
残留稳定度(%)	≥80
动稳定度(次/mm)	≥4000
低温弯拉破坏应变(με)	≥3000

接下来,以 D1 标段 SBS/SBR 复合改性沥青为例进行试验路铺筑工艺研究。

2)材料组成设计

(1)原材料组成。

上面层采用 SBS 改性沥青,具体的检测指标见表 8.1-9。

SBS 改性沥青技术指标　　　　表 8.1-9

试验项目	单位	技术要求	试验结果	试验依据
针入度(25℃,100g,5s)	0.1mm	60~80	75	T0604
延度(5℃,5cm/min)	cm	≥50	55	T0605
软化点($T_{R\&B}$)	℃	≥60	78	T0606
运动黏度(135℃)	Pa·s	≤3	1.9	T0625
闪点	℃	≥230	303	T0611
溶解度	%	≥99	99.5	T0607

本试验所用集料分为 4 档,分别是:1 号(10~15mm)料、2 号(5~10mm)料、3 号(3~5mm)料、4 号(0~3mm)石屑。粗、细集料和矿粉的性质试验结果见表 8.1-10~表 8.1-15。各挡集料及填料的筛分试验结果见表 8.1-10。

1 号粗集料的试验指标与技术要求　　　　表 8.1-10

试验项目	单位	技术要求	试验结果	试验依据
表观相对密度	—	≥2.5	2.698	T0304
吸水率	%	≤3.0	0.76	
压碎值	%	≤28	19.8	T0316
磨耗率	%	≤30	22.8	T0317
坚固性	%	≤12	0.6	T0314
针片状含量	%	≤15	5.4	T0312
与沥青黏附性	级	≥4	5	T0616

2 号粗集料的试验指标与技术要求　　　　表 8.1-11

试验项目	单位	技术要求	试验结果	试验依据
表观相对密度	—	≥2.5	2.717	T0304
吸水率	%	≤3.0	1.53	
坚固性	%	≤12	1.0	T0314
针片状含量	%	≤15	6.9	T0312
与沥青黏附性	级	≥4	5	T0616

细集料的试验指标与技术要求　　　　表 8.1-12

试验项目	单位	技术要求	试验结果	试验依据
表观相对密度	—	≥2.5	2.716	T0304
吸水率	%	≤3.0	1.18	
针片状含量	%	≤15	8.1	T0312

石屑的试验指标与技术要求　　　　表 8.1-13

试验项目	单位	技术要求	试验结果	试验依据
表观相对密度	—	≥2.5	2.678	T0328
砂当量	%	≥60	68.0	T0334

矿粉主要技术指标　　　　表 8.1-14

试验项目	单位	技术要求	试验结果	试验依据
表观相对密度	—	≥2.5	2.700	T0352
亲水系数	—	≤1	0.65	T0353

原材料筛分试验结果　　　　表 8.1-15

筛孔尺寸(mm)	9.5~16	4.75~9.5	2.36~4.75	0~3	矿粉
16	100	100	100	100	100
13.2	73.6	100.0	100.0	100.0	100.0
9.5	18.9	99.0	100.0	100.0	100.0
4.75	0.3	19.8	72.4	99.8	100.0
2.36	0.0	6.2	22.6	84.9	100.0
1.18	0.0	4.6	17.0	69.1	100.0
0.6	0.0	3.6	12.7	52.5	98.9
0.3	0.0	2.7	7.9	30.7	95.1
0.15	0.0	2.1	5.3	20.8	89.7
0.075	0.0	0.9	2.3	10.1	75.6

(2)矿料级配组成设计。

在选定组成沥青混合料的原材料后,沥青混合料的技术性质在很大程度上取决于集料间的级配组成。根据 AC-13 级配范围(表8.1-16),选择如图 8.1-1 所示的合成级配曲线进行马歇尔击实试验。

沥青混合料矿料级配设计计算表　　　　表 8.1-16

筛孔尺寸(mm)	9.5~16	4.75~9.5	2.36~4.75	0~3	矿粉	目标级配
16	100	100	100	100	100	100.0
13.2	73.6	100.0	100.0	100.0	100.0	91.6
9.5	18.9	99.0	100.0	100.0	100.0	78.4

续上表

筛孔尺寸(mm)	9.5~16	4.75~9.5	2.36~4.75	0~3	矿粉	目标级配
4.75	0.3	19.8	72.4	99.8	100.0	43.9
2.36	0.0	6.2	22.6	84.9	100.0	29.0
1.18	0.0	4.6	17.0	69.1	100.0	23.7
0.6	0.0	3.6	12.7	52.5	98.9	18.4
0.3	0.0	2.7	7.9	30.7	95.1	11.7
0.15	0.0	2.1	5.3	20.8	89.7	8.5
0.075	0.0	0.9	2.3	10.1	75.6	4.7
配比	32	25	15	26	2	—

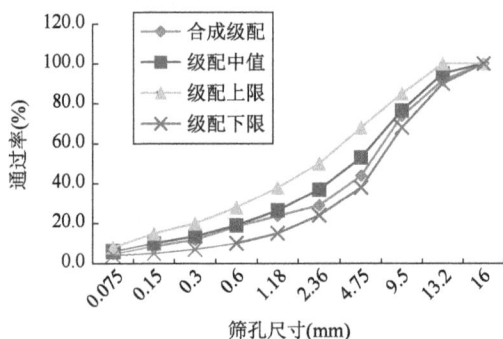

图 8.1-1　矿料合成级配曲线图

（3）最佳油石比的确定。

按照上述设计的配比,选择 4.1%、4.6%、5.1%、5.6%、6.1% 五种油石比进行马歇尔击实试验,试验结果见表 8.1-17 及图 8.1-2。混合料的拌和温度为 175~180℃,马歇尔击实试验温度为 165~170℃,双面击实 75 次。试件的毛体积密度测定采用表干法,混合料理论密度的测定采用真空实测法。

不同油石比马氏击实试验结果汇总表　　　　　表 8.1-17

油石比	毛体积相对密度	最大理论相对密度	空隙率（VV）（%）	矿料间隙率（VMA）（%）	饱和度（VFA）（%）	稳定度（kN）	流值（0.1mm）
4.1	2.348	2.528	7.13	15.01	52.5	12.65	22.8
4.6	2.371	2.497	5.05	14.61	65.48	13.83	27.77
5.1	2.367	2.485	4.74	14.49	68.83	12.33	29.27
5.6	2.410	2.483	2.93	14.11	79.26	11.51	32.63
6.1	2.403	2.436	1.34	14.81	90.98	11.44	37.01
技术要求（推荐值）	—	—	3~5	≥14	65~75	≥8.0	20~40

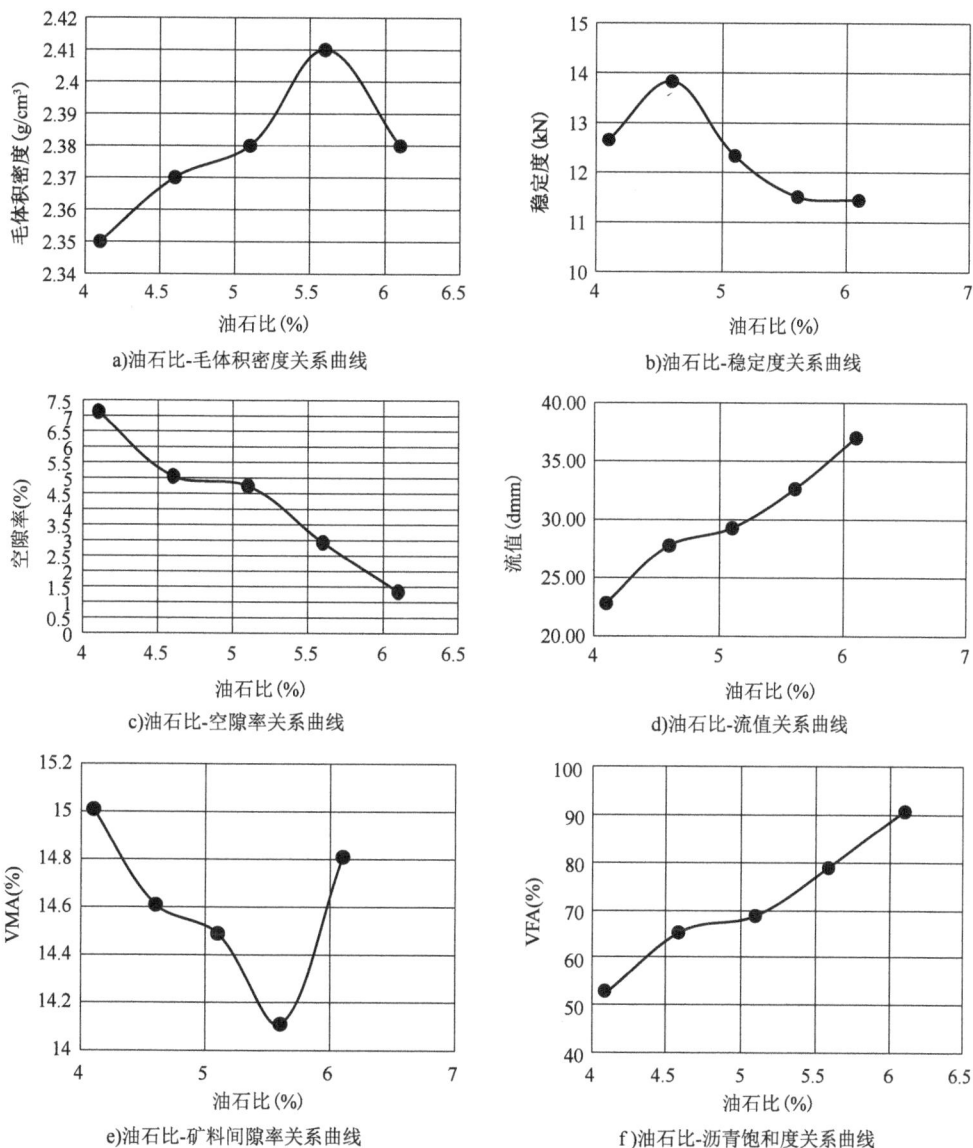

a)油石比-毛体积密度关系曲线

b)油石比-稳定度关系曲线

c)油石比-空隙率关系曲线

d)油石比-流值关系曲线

e)油石比-矿料间隙率关系曲线

f)油石比-沥青饱和度关系曲线

图8.1-2 AC-13改性沥青混合料油石比确定

根据图8.1-2可知,试件毛体积相对密度峰值对应的油石比为5.6%,稳定度峰值对应油石比为4.6%,空隙率中值4.2%所对应的油石比为5.25%,沥青饱和度中值对应油石比为5.25%,所以OAC_1(最佳沥青含量)为5.18%。

根据规范技术指标要求,找出满足各项技术指标的共同沥青用量范围的平均值,作为OAC_2;由各项指标与油石比的关系图可得符合各指标要求的油石比范围为4.6% ~ 5.4%,所以OAC_2为5.0%。OAC_1与OAC_2的平均值为5.09%。根据试验结果,结合当地施工经验等综合分析,选择最佳油石比$OAC = 5.1\%$,各项技术指标均符合马歇尔试验技术标准的要求。

按上述确定的级配及最佳油石比制作试件,进行混合料路用性能检验,性能试验结果良好。

(4)生产配合比优化。

根据本项目矿料的级配及对拌和楼的应用经验,拌和楼筛网尺寸分别设置为 20mm、15mm、11mm、6mm。在生产配合比设计过程中,为保证二次筛分试样的代表性和真实性,拌和楼上料速度与正常生产时上料速度相一致。各个热料仓单独放料,各热料仓前面料放掉,待稳定后从热料仓放料取样,并对所取样品采用四分法进行了热料仓料筛分和密度试验,结果见表 8.1-18 和表 8.1-19。

拌和楼各热料仓料筛分结果　　　　　　　　　　　　表 8.1-18

材料	下列筛孔的通过率(%)(方孔筛)									
	16.0	13.2	9.5	4.75	2.36	1.18	0.6	0.3	0.15	0.075
4 号仓	100	82	6.3	0.2	0.2	0.2	0.2	0.2	0.2	0.2
3 号仓	100	100	86	8	0.8	0.8	0.8	0.8	0.8	0.8
2 号仓	100	100	98.2	60	0.4	0.4	0.4	0.4	0.4	0.4
1 号仓	100	100	100	99.1	92.8	68.5	51.1	30.2	22	12.5
矿粉	100	100	100	100	100	100	100	100	91	70

拌和楼各料仓集料密度试验结果　　　　　　　　　　表 8.1-19

集料	表观相对密度	毛体积相对密度
4 号仓(11~15mm)	2.676	2.638
3 号仓(6~11mm)	2.707	2.652
2 号仓(3~6mm)	2.728	2.646
1 号仓(0~3mm)	2.689	2.593
矿粉	2.705	—

生产配合比为:4 号仓:3 号仓:2 号仓:1 号仓:矿粉 = 29.0%:18.0%:16.0%:34.0%:3.0%。矿料合成级配计算结果见表 8.1-20。生产、目标配合比级配对照如图 8.1-3 所示。

生产配合比矿料级配组成设计　　　　　　　　　　　表 8.1-20

材料及用量(%)	下列筛孔的通过率(%)(方孔筛)									
	16.0	13.2	9.5	4.75	2.36	1.18	0.6	0.3	0.15	0.075
4 号仓(29.0)	100.0	82.0	6.3	0.2	0.2	0.2	0.2	0.2	0.2	0.2
3 号仓(18.0)	100.0	100.0	86.0	8.0	0.8	0.8	0.8	0.8	0.8	0.8
2 号仓(16.0)	100.0	100.0	98.2	60.0	0.4	0.4	0.4	0.4	0.4	0.4
1 号仓(34.0)	100.0	100.0	100.0	99.1	92.8	68.5	51.1	30.2	22.0	12.5
矿粉(3.0)	100.0	100.0	100.0	100.0	100.0	100.0	100.0	100.0	91.0	70
生产级配	100.0	94.8	70.0	47.8	34.8	26.6	20.6	13.5	10.5	6.6
目标级配	100.0	91.6	78.4	43.9	29.0	23.7	18.4	11.7	8.5	4.7
级配上限	100.0	100.0	85.0	68.0	50.0	38.0	28.0	20.0	15.0	8.0
级配下限	100.0	90.0	68.0	38.0	24.0	15.0	10.0	7.0	5.0	4.0

采用 4.8%、5.1%、5.4% 三种油石比试验,试验结果见表 8.1-21。

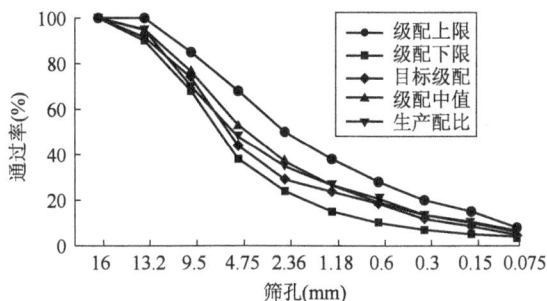

图 8.1-3　生产配合比级配曲线

沥青含量与混合料体积指标测定值汇总 表 8.1-21

油石比 （%）	试件毛体积 相对密度	理论最大 相对密度	空隙率 （VV）（%）	矿料间隙率 （VMA）（%）	饱和度 （VFA）（%）	稳定度 （kN）	流值 （0.1mm）
4.8	2.358	2.494	5.01	14.58	65.02	13.19	26.82
5.1	2.367	2.485	4.74	14.49	68.83	12.33	29.27
5.4	2.405	2.481	2.94	14.12	79.15	11.65	31.52
技术要求	—		3~5	≥14	65~75	≥8.0	20~40

根据密度、空隙率、稳定度、流值、矿料间隙率、饱和度与油石比的关系可知，试件毛体积相对密度没有出现峰值，空隙率中值4.2%所对应的油石比为5.2%，沥青饱和度中值对应油石比为5.15%，即 OAC_1 为5.18%。

根据规范技术指标要求，找出满足各项技术指标的共同沥青用量范围的平均值，作为 OAC_2；由各项指标与油石比的关系可得符合各指标要求的油石比范围4.8%~5.3%，其中值为5.05%，即为 OAC_2。OAC_1 与 OAC_2 的平均值为5.12%。以试验结果为基础，结合前期施工经验，经综合分析后选择最佳油石比 $OAC=5.3\%$，各项技术指标均符合马歇尔试验技术标准的要求。

8.1.3　应用工程施工工艺

1）性沥青存放与拌和

（1）SBS 改性沥青存放。

SBS/SBR 改性沥青混合料应采用普通间歇式拌和楼进行拌和，当大规模施工时，需要有专用且带加热功能的沥青储存罐。高原地区即使在夏季昼夜温差平均也在20℃以上，对于改性沥青，沥青加热温度非常关键，为确保施工正常进行和降低能耗，在晚上降温区段适当增加锅炉燃油，避免沥青降温太多，持续保温时间不宜太长，以免沥青离析，最好是晚上升温，白天使用，节省能耗，也保证质量。

（2）拌和工艺参数。

根据 SBS/SBR 改性沥青的基本技术性能和黏温特性，结合青藏高原地区的气候特点，湿拌时间适当延长，提出其拌和工艺参数见表 8.1-22。

拌和工艺参数 表 8.1-22

工艺参数	沥青加热温度（℃）	集料加热温度（℃）	干拌时间（s）	湿拌时间（s）	混合料出料温度（℃）
数值	170~175	190~200	5	50~55	170~175

2）混合料运输与覆盖

（1）运料前准备。

对运输车辆进行彻底清洗、检修与维护，避免出现机械故障。因高原地区昼夜温差大，待装料车辆车厢温度低，改性沥青混合料易黏附在车厢内表面，因此，需要在清扫干净的车厢侧板和底部涂刷一层隔离剂或防黏剂，但不得有余液积聚在车厢底部，一般让车厢稍微顶起即可。

（2）混合料装卸、运输与覆盖。

混合料拌好后，装卸过程中易发生混合料离析，其中，贮料仓的卸料速度和高度会影响沥青混合料的离析程度。这两者之间是相互关联的，高度越大则卸料速度越快，混合料流入运料货车车厢时其滚动作用就越大，离析程度就越严重。因此，卸料口到车厢侧板最高点距离不宜超过0.5m，且越低越好；并且运料车应在不同位置受料，如一次装完，易使较大的碎石滚到车厢的前部、后部和两侧，其结果是货车卸料时开始卸下的料与最后卸下的料都是粗集料，然后两侧的粗集料被卸入摊铺机受料斗的两块侧板上，这种加料结果使每车料铺的面积中都有一片粗料。正确的装料方法应是分三次装料，先装车厢前部，车厢后部次之，最后装车厢中间。为防止沥青混合料温度的降低，货车在运输途中，要使用双层保温布覆盖，如图8.1-4所示。不得超载运输，运输过程中避免急停急开、急弯掉头对下承表层造成损伤，中速平稳行驶，运料车辆的车速、倒车、掉头应严格管理与引导。

当运料车进入摊铺现场时，轮胎上不得沾有泥土等可能污染路面的污染物，否则宜在水池洗净轮胎后进入工程现场。沥青混合料在摊铺地点凭运料单接收，若混合料不符合施工温度要求，或已经结成团块、已遭雨淋，不得铺筑。

摊铺过程中运料车应在摊铺机前10~30cm处停住，空挡等候，由摊铺机推动前进，避免撞击摊铺机以影响其工作参数，如图8.1-5所示。在有条件时，运料车可将混合料卸入转运车经二次拌和后向摊铺机连续均匀供料。当卡车将料卸入摊铺机受料斗时，要尽量使混合料整体卸料，而不是逐渐将混合料卸入摊铺机受料斗中。为了进一步保证混合料整体卸料，车厢应升高到一个大而安全的角度。快速卸料可预防粗集料集中在摊铺机受料斗两侧的外边部。在摊铺机前等候卸料的运输车辆以2~3辆为宜，视上、下午天气情况适当增减。

图8.1-4 混合料运输与覆盖

图8.1-5 卸料

3）混合料摊铺与碾压

（1）摊铺前准备。

摊铺机必须带有具有振动夯实功能的熨平板，用熨平板对混合料进行初步夯实，避免后续压实产生过深的轮辙,影响路面平整度和表面功能;同时可防止压路机喷水渗入表层,避免表层热量散失太快,尤其是青藏高原地区风大,表层热量损失将影响压实效果,上面层 AC-13 厚度为4cm,散热更快。对于熨平板,最重要的工艺参数是振幅和振动频率,根据设备特点和实际摊铺效果,振幅过大影响摊铺平整度,振动频率过低起不到压实效果,因此,熨平板的振幅宜为 3 ~ 5mm,振动频率宜为 8 ~ 10Hz。

开始摊铺前必须预热熨平板,受料斗、平板送料器和螺旋送料器必须涂防黏剂。考虑到高原气候环境,开始摊铺前气温一般比较低,熨平板预热至120℃左右,略高于规范要求。

(2)摊铺工艺参数。

参照规范要求,取松铺系数为1.2,开始试铺,根据后期检测的压实厚度调整熨平装置离地的高度即可,结果表明,松铺系数取 1.15 ~ 1.2 较为合适。摊铺速度为 3 ~ 4m/min,根据混合料生产情况和摊铺现场料车存余量稍作调整。混合料的摊铺温度取决于料到达摊铺现场的实际温度,其温度越高,摊铺温度越高,使得沥青易析漏,混合料离析的倾向增加,对于 SBS/SBR 改性沥青混合料,摊铺温度在 160 ~ 165℃。摊铺现场如图 8.1-6 所示,工艺参数见表 8.1-23。另外,考虑到高原地区风大,摊铺混合料气温宜在 15℃以上。雨后 24h 内严禁摊铺沥青混合料。

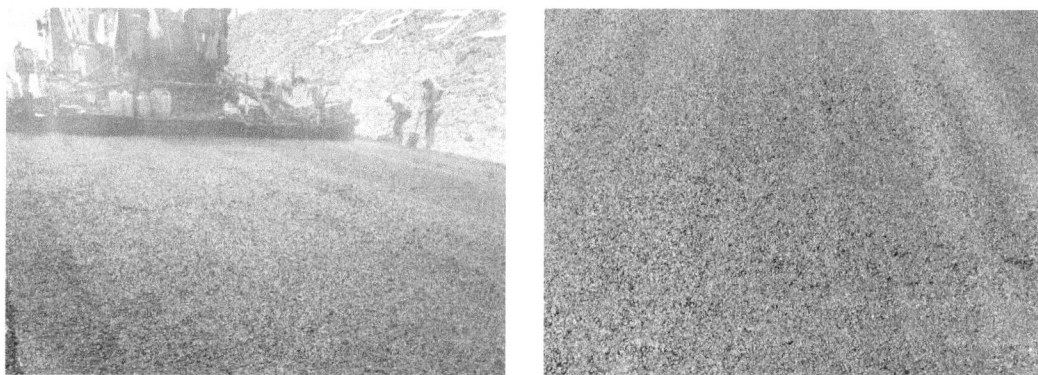

图 8.1-6　摊铺现场

摊铺工艺参数　　　　　　　　　　　　　　　　　　　　表 8.1-23

工艺参数	松铺系数	摊铺速度(m/min)	摊铺温度(℃)
数值	1.15 ~ 1.2	3 ~ 4	160 ~ 165

(3)碾压。

对于高原地区沥青混合料的铺筑,碾压是影响路面压实质量的关键环节,气温、太阳辐射量及风速三者将通过影响摊铺混合料的温度而影响压实效果,气温影响最显著。可根据一天中不同时间段,适当调整碾压速度与设备。

8.1.4　应用工程施工质量控制

高寒高海拔地区热量散失迅速,因此在生产、摊铺、碾压沥青混合料的过程中应时刻注意温度的变化,尽量缩短施工作业持续时间,严格遵守沥青路面施工规范的作业时间要求,禁止夜间或温度过低时作业。

(1)拌和过程:沥青混合料拌和时集料、沥青的加热温度应取沥青黏温曲线上限值。

（2）运输过程：运输车辆必须装备保温设施，统筹安排，尽量缩短运输距离，减少热量在运输途中散失。

（3）碾压过程：提高压路机作业频率，缩短作业距离，其中初压尤其重要，压路机作业区应紧贴在摊铺机后。

8.2 高海拔地区矿物纤维混合料应用

8.2.1 应用工程概况

高寒高海拔地区矿物纤维沥青混合料示范工程位于西宁—丽江（G0613）高速公路共和至玉树 D4 标段（K615 + 000 ~ K650 + 000）。该项目经过三江源自然保护区、平均海拔4300m 以上、全线穿越冻土区，为在青藏高原多年冻土区建设的首条高海拔、高寒、高速"三高"公路，高速公路沿线大量分布全球独特的极不稳定高温多年冻土，工程地质和水文地质条件较为复杂。

共玉线 D4 标段矿物纤维沥青混合料路面试验段按照路面结构的不同，分为三个部分，见表 8.2-1。

高寒高海拔地区纤维沥青混合料试验路段　　　　　表 8.2-1

结构类型	起始桩号	长度（km）
纤维改性沥青路面 + 早强抗裂半刚性基层	K615 + 000 ~ K620 + 000	5
纤维改性沥青 + 层间黏结处治层	K640 + 000 ~ K645 + 000	5
纤维改性沥青 + 大粒径沥青碎石缓裂层	K645 + 000 ~ K650 + 000	5

8.2.2 材料组成

1）原材料

本试验段采用马歇尔试验法进行纤维沥青混合料的配合比设计，具体的试验过程和试验数据如下。

（1）沥青。

青海省地处高寒地区，昼夜温差大、紫外线辐射强度大，沥青路面长期经受低温、大温差以及高原强紫外线等恶劣条件影响，因此对沥青具有更高的技术要求。本试验路采用的是克拉玛依 A-110 号沥青，其技术标准及检测结果见表 8.2-2。

A-110 号沥青技术要求及检测结果　　　　　表 8.2-2

试验项目	单位	技术要求	试验结果
针入度（25℃，100g，5s）	0.1mm	100 ~ 120	102
延度（5cm/min，10℃）	cm	≥40	48
延度（5cm/min，15℃）	cm	≥100	128
软化点（$T_{R\&B}$）	℃	≥43	47
闪点	℃	≥230	≥230

续上表

试验项目	单位	技术要求	试验结果
溶解度	%	≥99.5	99.7
密度(15℃)	g/cm³	实测记录	0.972
RTFOT(163℃,75min)			
质量损失	%	≤±0.8	0.05
针入度比(25℃)	%	≥55	69.5
延度10℃	cm	≥10	22

（2）矿料。

试验路采用的粗细集料为石灰岩,其规格分为 0~3mm,3~5mm、5~10mm、10~15mm。

通过分析,沥青及矿料的各项指标均满足《公路沥青路面施工技术规范》(JTG F40—2004)的技术要求。

（3）矿物纤维。

试验路采用环保型矿物复合纤维——Miber Ⅰ型矿物复合纤维,如图 8.2-1 所示。Miber Ⅰ型纤维以环保型矿物纤维为主料,以高分子芳烃油为辅料,经化学松解、离子极化、复合造粒而成。该纤维粒具有优良的物理力学性能,性价比优势显著,矿物纤维的各项性能均满足路用纤维要求。

2)材料组成设计

（1）目标配合比设计。

①矿料级配设计。

根据沥青路面结构层各层的功能、各种级配

图8.2-1　Miber Ⅰ型矿物复合纤维宏观形貌

的不同特点和密级配沥青混合料的设计原则,在试验路的上面层选用 AC-13,有利于表面的平整、行车的舒适性及防水。根据筛分结果进行沥青混合料组成设计。通过试验调整,最后确定 AC-13 纤维沥青混合料的矿料合成级配组成比例,结果见表 8.2-3。

AC-13 型矿物复合纤维改性沥青混合料矿料配比组成　　　　表 8.2-3

材料规格	10~15mm	5~10mm	3~5mm	0~3mm	矿粉
配合比(%)	20	39	5	32	4

②纤维沥青混合料最佳油石比确定。

最佳沥青用量采用马歇尔试验法确定,按照规范要求,成型马歇尔试件。采用表干法测定试件的毛体积相对密度,试件的最大理论密度采用真空试件法测定,Miber Ⅰ型矿物复合纤维掺量为沥青混合料质量的0.6%,通过马歇尔试验,结合纤维沥青混合料各项物理-力学指标,综合确定初始最佳油石比为5.0%。在该油石比下,对纤维沥青混合料进行各项路用性能检验,结果见表8.2-4和表8.2-5。

AC-13 型纤维改性型沥青混合料马歇尔试验结果　　　　表 8.2-4

指标	最佳油石比(%)	毛体积相对密度	空隙率(%)	马歇尔稳定度(kN)	流值(0.1mm)
试验结果	5.0	2.384	3.62	12.15	28.1
规范要求(推荐值)	—	—	3 ~ 5	≥8	20 ~ 40

AC-13 型纤维改性型沥青混合料路用性能检验结果　　　　表 8.2-5

指标	最佳油石比(%)	动稳定度(次/mm)	冻融劈裂强度比(%)	残留稳定度(%)	最大弯拉应变(με)
试验结果	5.0	1884	82.1	83.9	2719
规范要求(推荐值)	—	≥800	≥75	≥80	≥2300

上述试验结果表明,本试验段 AC-13 纤维沥青混合料的高温稳定性、低温抗裂性以及抗水损害性能均达到《公路沥青路面施工技术规范》(JTG F40—2004)的要求。

(2)生产配合比设计。

沥青混合料采用间歇式拌和楼拌和,对二次筛分后进入热料仓的矿料进行取样并筛分,根据筛分结果计算矿料通过百分率,调试级配使得符合目标配合比设计要求以及规范中规定的级配范围。通过沥青混合料配合比设计确定各料仓矿料的比例。本工程采用 3000 型间隙式沥青拌和机,根据目标配合比进行工地验证试验,根据目标矿料的级配及对该拌和楼的应用经验,AC-13 纤维沥青混合料采用的振动筛为 3mm、5mm、11mm、15mm 四级。按目标配合比设计的冷料比例上料,集料进入拌和楼的烘干筒后,热料经过二次筛分重新分成四个不同粒级的矿料,它们分别是 0 ~ 3mm(1 号仓)、3 ~ 5mm(2 号仓)、5 ~ 11mm(3 号仓)、11 ~ 15mm(4 号仓)。根据热料仓矿料筛分、密度结果,进行 AC-13 型矿物复合纤维改性混合料生产配合比级配调试,通过计算确定热料仓生产合成级配,生产配合比为:4 号仓:3 号仓:2 号仓:1 号仓:矿粉 = 20%:39%:5%:32%:4%。按《公路沥青路面施工技术规范》(JTG F40—2004)的有关规定进行沥青混合料马歇尔试验,并综合分析最终确定出的最佳油石比为 5.2%,控制 Miber Ⅰ 型矿物复合纤维掺量为沥青混合料质量的 0.6%,与最佳沥青含量对应的马歇尔试验结果见表 8.2-6。

AC-13 型矿物复合改性沥青混合料残留稳定度试验结果　　　　表 8.2-6

指标	油石比(%)	马歇尔稳定度(kN)	浸水马歇尔稳定度(kN)	浸水残留稳定度(%)	规范要求(%)
试验结果	5.2	11.5	9.66	84	≥75

以上沥青混合料路用性能试验结果,表明该沥青混合料的各项性能均满足规范相关要求,因此,确定的矿料配比为:4 号仓:3 号仓:2 号仓:1 号仓:矿粉 = 20%:39%:5%:32%:4%。Miber Ⅰ 型纤维的掺量为 0.6%,最佳油石比 5.2% 是恰当的。

8.2.3　应用工程施工工艺

1)工艺流程

Miber Ⅰ 型矿物复合纤维沥青混合料路面施工简单,不需要增加专用设备,现有的国产和进口沥青混合料拌和设备均可生产,分为进场材料检验、拌和设备的选型、拌和、运输、摊铺和碾压等工序,与普通沥青混合料路面基本相同,推广前景良好。但青藏高原高海拔地区气候环境复杂,低温、多雨,且雨、雪、冰雹时常交错出现,天气变化无规律,本试验段位于共和至玉树段 K615 +000 ~ K650 +000,气温较低,日温差较大。因此,开展矿物复合纤维沥青路面施工须注意施工的各个环节,确保施工顺利进行和施工质量,Miber I 型纤维沥青混合料路面试验段施工工艺流程如图 8.2-2 所示。

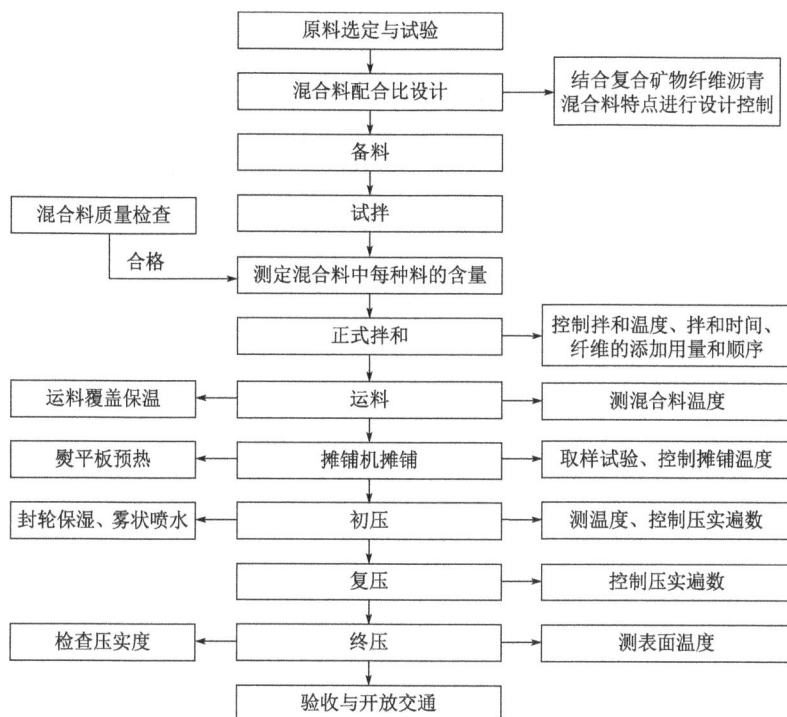

```
                    ┌──────────────────┐
                    │   原料选定与试验    │
                    └─────────┬────────┘
                    ┌─────────┴────────┐      ┌──────────────────┐
                    │   混合料配合比设计   │─────→│ 结合复合矿物纤维沥青  │
                    └─────────┬────────┘      │ 混合料特点进行设计控制 │
                    ┌─────────┴────────┐      └──────────────────┘
                    │        备料        │
                    └─────────┬────────┘
  ┌──────────────┐  ┌─────────┴────────┐
  │  混合料质量检查  │  │        试拌        │
  └───────┬──────┘  └─────────┬────────┘
       合格│         ┌─────────┴────────┐
          └────────→│ 测定混合料中每种料的含量 │
                    └─────────┬────────┘
                    ┌─────────┴────────┐      ┌──────────────────┐
                    │       正式拌和      │─────→│ 控制拌和温度、拌和时间、│
                    └─────────┬────────┘      │ 纤维的添加用量和顺序   │
  ┌──────────────┐  ┌─────────┴────────┐      └──────────────────┘
  │   运料覆盖保温   │←─│        运料        │─────→│    测混合料温度    │
  └──────────────┘  └─────────┬────────┘
  ┌──────────────┐  ┌─────────┴────────┐      ┌──────────────────┐
  │    熨平板预热    │←─│     摊铺机摊铺     │─────→│  取样试验、控制摊铺温度 │
  └──────────────┘  └─────────┬────────┘      └──────────────────┘
  ┌──────────────┐  ┌─────────┴────────┐      ┌──────────────────┐
  │ 封轮保湿、雾状喷水 │←─│        初压        │─────→│  测温度、控制压实遍数  │
  └──────────────┘  └─────────┬────────┘      └──────────────────┘
                    ┌─────────┴────────┐      ┌──────────────────┐
                    │        复压        │─────→│    控制压实遍数     │
                    └─────────┬────────┘      └──────────────────┘
  ┌──────────────┐  ┌─────────┴────────┐      ┌──────────────────┐
  │    检查压实度    │←─│        终压        │─────→│    测表面温度     │
  └──────────────┘  └─────────┬────────┘      └──────────────────┘
                    ┌─────────┴────────┐
                    │    验收与开放交通    │
                    └──────────────────┘
```

图 8.2-2 Miber I 型纤维沥青混合料路面施工工艺流程图

2)拌和及运输

(1)拌和前准备。

生产前确定拌和机配备有矿物复合纤维投料装置或投料口,并对拌和楼进行彻底检修,如检查点火装置、沥青泵送管道、计量器、压力仪表等,确保生产过程中拌和楼正常运转。拌和生产前须把矿物复合纤维搬送至投料口附近防潮存放,存放量不少于预计生产混合料所需纤维投放量的 1.5 倍。

(2)纤维在拌和中的掺入。

在拌和生产中根据拌和料生产能力采用铁桶定量盛装,确定热料进拌锅时,立即在投料口处人工投入 Miber I 型纤维,如图 8.2-3 所示。纤维沥青混合料的拌和方式,除需要控制纤维先与矿料混合均匀外,拌和方式与普通沥青混合料的生产方式相同。

(3)拌和时间与温度控制。

在拌和中,纤维先与热集料一起干拌 12 ~ 15s,以保证纤维分散均匀。之后喷入沥青、投放矿粉后湿拌 40 ~ 45s,整体控制时间为 55 ~ 60s。需要特别注意的是,在高海拔低温气候条件下进行沥青路面施工,混合料温度的下降将是影响沥青路面施工质量的重要因素。对于大多数基质沥青,随着温度下降,黏度增大,混合料失去施工和易性,无法充分碾压,施工质量难以保证。尤其是在有风及空旷的工地,温度较低时,混合料降温很快,施工温度应适当提高。另外,由于加入的冷矿粉及纤维数量较大,温度不够高,不易充分分散拌匀,拌和好的混合料储存时间不得超过 24h。

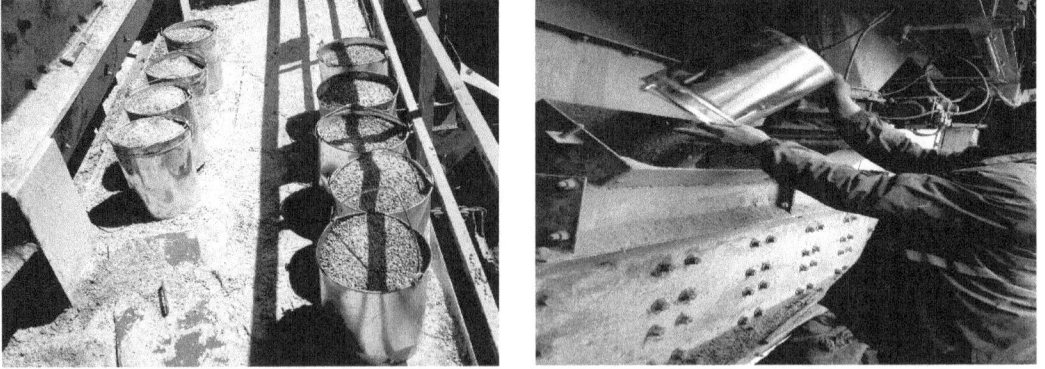

图 8.2-3　人工投放纤维

（4）装料及运输。

①间隙式拌和机宜备有保温性能好的成品储料仓,储存过程中混合料温降不得大于10℃且不能有沥青滴漏,纤维混合料只限当天使用。

②为防止或减少装料时可能造成的混合料离析,装料时应按照前、后、中的顺序进行装料,并保持运输车轴线与拌和楼卸料斗轴线一致,以防混合料堆积造成大颗粒滚动而导致混合料离析不均匀。

③为防止混合料黏附在车厢,应保证车厢内光滑、干净,装料前涂刷隔离剂。卸料后将车厢清扫干净,不留下杂质。运输车辆上加盖加厚篷布以减少沥青混合料在运输过程中的温度损失。

3）摊铺及压实

（1）摊铺。

连续稳定的摊铺是提高路面平整度的最主要措施,摊铺机的摊铺速度应根据拌和机的产量、施工机械配套情况及摊铺厚度、摊铺宽度,按 2～6m/min 予以调整选择,沥青混合料的松铺系数应根据混合料类型由试铺试压确定,本次试验段松铺系数取1.15,摊铺过程中应随时检查摊铺层厚度及路拱、横坡,由使用混合料总量与面积校验平均厚度。摊铺中与普通混合料一样,主要注意摊铺机与运料车的衔接,避免出现断料情况,保证摊铺机均匀作业。施工现场的摊铺情况如图8.2-4所示。

图 8.2-4　Miber Ⅰ型纤维沥青混合料摊铺

（2）碾压。

纤维沥青混合料摊铺平整后,应立即按照沥青混合料压实原则"紧跟、慢压、高频、低幅"进行碾压。由于加入纤维后,混合料的密度下降,空隙率增大,因此施工中一定要注意保证足够的压实度,这可以通过增加碾压遍数或提高压实功来实现。压实程序分为初压、复压和终压三道工序。纤维沥青混合料的碾压遍数同普通沥青混合料相比,除了在复压中多碾压两遍外,其他与普通 AC-13 沥青混合料相同,碾压要求见表8.2-7。

施工压实设备组合及碾压方案　　　　　　　　　　　　表8.2-7

碾压阶段	压路机类型	方案(碾压遍数)	碾压速度
初压	双钢轮压路机(2台)	各前静后振1遍、各前后振压2遍	1.5~2.0km/h
复压	轮胎压路机(2台)	各碾压3遍,共6遍	3.0~4.0km/h
终压	双钢轮压路机(1台)	静压2遍	2.5~3.5km/h

为了在要求温度下碾压,压路机在完成一遍碾压后应紧靠摊铺机,这样可以减少压路机由于换向而产生的压痕。在碾压过程中,必须保证压路机滚轮保持湿润,以免滚轮黏附沥青混合料,工程实践中采用间歇式洒水,但同时应防止因洒水过多造成沥青混合料表面温度变低,因此要求控制洒水量。压路机不允许在新铺沥青道路上做出转向、突然制动等操作,在碾压后、冷却前,沥青混合料路面不得停靠一切机械,还要注意防止各种杂质落在新铺沥青路面上。施工现场的摊铺情况如图8.2-5 所示。

图8.2-5 纤维沥青混合料碾压成型

（3）开放交通及其他。

①纤维沥青混合料路面施工完成后,自然冷却,开放交通时的温度应该控制在50℃以下。

②当摊铺过程中遇到下雨等天气原因以及下层潮湿时,禁止进行摊铺工作,对于已经摊铺过但未曾压实的沥青混合料,应该全部清理并更换新材料。

8.2.4 应用工程施工质量控制

1）室内试验检测结果

对试验路段纤维沥青混合料进行抽提试验和马歇尔试验,结果见表8.2-8、表8.2-9。

试验路段纤维沥青混合料抽提试验结果　　表 8.2-8

项目	油石比(%)	纤维用量(%)	通过筛孔(方孔筛,mm)百分率(%)									
			16	13.2	9.5	4.75	2.36	1.18	0.6	0.3	0.15	0.075
抽提配合比	5.22	0.62	100	96.5	70.4	42.4	26.7	19.5	13.6	9.9	7.8	5.5
生产配合比	5.20	0.60	100	94.6	73.5	49.4	32.4	23.8	15.6	10.1	8.1	5.7
控制范围	4.80 ~ 5.60	—	100	90.0 ~ 100	68.0 ~ 85.0	38.0 ~ 68.0	24.0 ~ 50.0	15.0 ~ 38.0	10.0 ~ 28.0	7.0 ~ 20.0	5.0 ~ 15.0	4.0 ~ 8.0

试验路段纤维沥青混合料马歇尔试验结果　　表 8.2-9

项目	油石比(%)	毛体积相对密度	空隙率(%)	矿料间隙率(%)	饱和度(%)	稳定度(kN)	流值(0.1mm)
物理力学指标	5.2	2.443	4.8	16.1	75.2	7.7	34.5
技术要求	—	—	3 ~ 6	≥15.0	70 ~ 85	≥5	20 ~ 45

抽提试验结果表明,油石比及矿料级配控制较好,室内马歇尔试验各项指标均满足要求。

2)现场检测试验结果

质量检测内容主要包括路面摊铺层厚度、压实度、渗水系数和构造深度等项目,图 8.2-6 为压实度和厚度的检测现场。

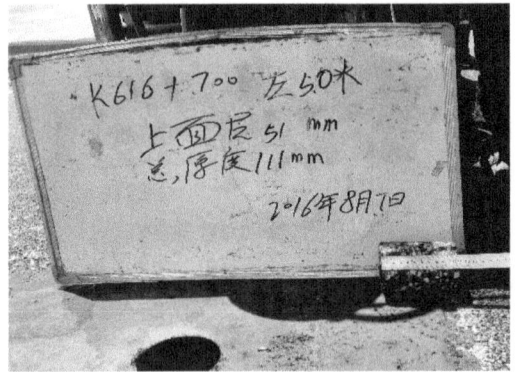

图 8.2-6　现场取芯试验

压实度:以马歇尔密度为标准的压实度为 98.2%(要求不小于 97%),以最大理论密度为标准的压实度为 94.2%(要求不小于 93%)。

Miber Ⅰ 型矿物复合纤维沥青混合料面层平均厚度:40.5mm(要求 36 ~ 44mm)。

渗水系数:65mL/min(要求不大于 300 mL/min)。

构造深度:0.62mm(要求不小于 0.55mm)。

根据 Miber Ⅰ 型矿物复合纤维沥青混合料面层的现场检测结果,各项指标均满足规范和设计要求。

8.3 高海拔地区早强低收缩半刚性基层应用

8.3.1 应用工程概况

早强低收缩半刚性基层主要应用于 D4 标段,为巴颜喀拉山—珍秦段,具体起至桩号为 K610 + 000 ~ K620 + 000,主要建设内容包括全线路基、路面、桥涵、互通式立交、临时工程等施工图纸及招标文件所包含的全部工程建设事项,技术标准为二级(高速化公路半幅),设计行车速度为 80km/h 和 60km/h,路基宽度采用 12.0m 和 10.0m,承建单位是中铁十五局集团第二工程有限公司。

D4 标段早强抗裂半刚性基层科研试验段铺筑桩号为 K615 + 000 ~ K620 + 000。项目地处青藏高原腹地,海拔高约 4300m,气压低、含氧量少(大气含氧量比平原低 40%),年冰冻期为 7 个月,冻土深度达 1.04 ~ 2.77m。项目所处位置为三江源自然生态保护区,野生保护动物种类繁多,自然生态环保要求高。在高寒地区日夜温差较差大、全年低温期长的气候条件下,半刚性基层表现出较为严重的收缩开裂现象,而且高寒地区施工期短、低温条件下半刚性基层强度不易形成。因此,该试验段路面基层材料组成优选为 18cm 早强型水泥稳定碎石。

试验段路面结构层变化及路面工程数量对比见表 8.3-1。

试验段路面对比表 表 8.3-1

结构	生产路段	体积(m³)	试验段	体积(m³)
长度(m)	—	—	5000	—
桩号	—	—	K615 + 000 ~ K620 + 000	—
上面层	4cm AC-13C(A-90 号沥青)	3616	4cm SBS/SBR 改性沥青	3616
下面层	5cm AC-16C(A-90 号沥青)	4563	5cm AC-16C(A-90 号沥青)	4563
下封层	1cm 石油沥青同步碎石	918	1cm 石油沥青同步碎石	918
基层	18cm 水稳碎石	17028	18cm 早强抗裂半刚性基层	17028
底基层	18cm 水泥稳定砂砾	18126	18cm 水泥稳定砂砾	18126
垫层	25cm 级配砂砾	26875	25cm 级配砂砾	26875

8.3.2 材料组成

1)原材料

依据要求对本次试验所用原材料进行了各种指标试验。试验结果见表 8.3-2,集料筛分试验结果见表 8.3-3。

集料试验结果表 表 8.3-2

试验项目	试验数值	指标要求
集料压碎值(%)	18.5	< 30
粒径大于 9.5mm 针片状颗粒含量(%)	8.8	≤20
粒径小于 9.5mm 针片状颗粒含量(%)	9.6	≤20

试验项目		试验数值	指标要求
<0.6mm 颗粒	液限(%)	21.7	<28
	塑性指数	4.7	<9

集料筛分结果　　　　　　　　　　　　　表8.3-3

筛孔矿料	通过下列筛孔(方孔筛,mm)的质量百分率(%)							
	31.5	26.5	19.0	9.5	4.75	2.36	0.6	0.075
1 号料(19~31.5mm)	100	78.3	32.3	0.8	0.3	0.3	0.3	0.3
2 号料(10~19mm)	100	100	95.2	2.5	0.5	0.5	0.5	0.2
3 号料(5~10mm)	100	100	100	82.4	2.3	1.0	0.9	0.2
4 号料(3~5mm)	100	100	100	100	92.0	2.0	1.4	0.6
5 号料(0~3mm)	100	100	100	100	100	77.6	42.5	7.6

2) 材料组成设计

水泥稳定碎石基层目标配合比设计组成见表8.3-4、表8.3-5 和图8.3-1。

矿料配比组成　　　　　　　　　　　　　表8.3-4

混合料类型	下列各种材料所占比例(%)					水泥用量(%)	重型击实法		
	1 号料(19~31.5mm)	2 号料(10~19mm)	3 号料(5~10mm)	4 号料(3~5mm)	5 号料(0~5mm)		最大干密度(g/cm)	最佳含水率(%)	强度代表值(MPa)
水泥稳定碎石	22	24	23	5	26	4.5	2.324	4.8	3.32

矿料的合成级配通过率明细表　　　　　　　　　　表8.3-5

混合料类型	通过下列筛孔(方孔筛,mm)的质量百分率(%)							
	31.5	26.5	19.0	9.5	4.75	2.36	0.6	0.075
水泥稳定碎石	100	95.2	84.0	50.8	31.3	20.7	11.6	2.1

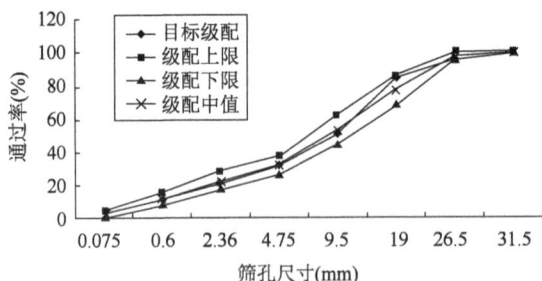

图 8.3-1　目标级配曲线对照图

依据《共和至玉树公路改扩建工程施工标准化管理指南(路面)》及一期设计经验,水泥剂量分别按4.0%、4.5%、5.0%三种比例制备试件,采用重型击实法确定各组水稳试件的最佳含水率和最大干密度。击实试验结果汇总见表8.3-6,不同水泥剂量含水率的干密度见表8.3-7。

水泥稳定碎石混合料击实试验结果汇总表   表 8.3-6

试验项目	水泥剂量（%）		
	4.0	4.5	5.0
重型击实法最佳含水率（%）	4.6	4.8	4.9
重型击实法最大干密度（g/cm³）	2.315	2.324	2.344

重型击实法下不同水泥剂量、含水率的干密度汇总表（g/cm³）   表 8.3-7

水泥剂量（%）	含水率（%）				
	2.5	4.1	5.0	5.5	6.2
4.0	2.26	2.29	2.31	2.28	2.27
4.5	2.27	2.29	2.33	2.30	2.28
5.0	2.26	2.29	2.35	2.32	2.27

根据试验结果确定的最佳含水率和最大干密度,按要求的压实度(98%)采用静压法成型无侧限抗压强度试件。成型混合料试件在 20℃±2℃、相对湿度 >95% 的条件下养护6d,浸水 1d 后取出,进行无侧限抗压强度试验。静压法成型无侧限抗压强度试验结果分别见表 8.3-8。

水泥稳定碎石混合料 7d 静压法无侧限抗压强度试验结果表   表 8.3-8

试验项目	水泥剂量（%）		
	4.0	4.5	5.0
强度平均值（MPa）	3.01	3.56	3.95
强度代表值（MPa）	2.77	3.32	3.66

考虑到水泥稳定碎石的拌和及现场摊铺施工控制存在一定程度的变异性,本次水泥稳定碎石混合料设计水泥剂量取 4.5%。早强低收缩剂根据室内研究采用水泥剂量的 10%,得到其 3d 强度值为 4.8MPa。

8.3.3 应用工程施工工艺

1)施工准备

工艺流程如下:

施工准备→拌料→运输→摊铺→碾压→养护→交通管制。

外加剂添加工艺如下:

该试验路段水泥稳定碎石基层早强低收缩外加剂(ELA)(图 8.3-2)采用外掺法加入,掺入量为水泥剂量的 10%,其他材料组成均与生产路段的水泥稳定碎石生产配合比保持一致。ELA 的加入工艺:采用铲车搬运并采用人工卸料的方式将 ELA 加入至集料仓内,通过调整集料仓门出口大小及皮带转速控制 ELA 加入至级配碎石中的质量(图 8.3-3),再通过传送带送至拌和机中,与水泥、水混合搅拌,出料。采用人工取样的方式对 ELA 的掺量进行监测。该试验路段早强低收缩型水泥稳定碎石基层与生产路段的水泥稳定碎石基层施工及养护工艺保持一致。

图 8.3-2　水泥稳定碎石基层早强低收缩外加剂　　　　　图 8.3-3　集料仓出料

早强基层人员、机械、能源等准备工作与生产路段水泥稳定碎石基层施工一致。

2)拌和与运输

(1)拌和。

①拌和时混合料的水泥用量比试验室配合比提高 0.5%,以保证现场摊铺混合料的水泥含量。由试验人员随时取料检测,水泥用量不得过高,降低水稳干缩开裂的可能性。

②考虑该地区日照时间长、蒸发量很大,且在储存、运输、摊铺、碾压过程中必然会有少量水分损耗,采用含水率比最佳含水率高 0.5% ~ 1.0%,以补偿这些损失。同时含水率不宜过高,防止碾压过程中出现"弹簧"现象。

(2)运输。

混合料运输采用 15 辆 20t 以上载重的自卸车运输(图 8.3-4)。拌和站根据当天计划施工里程及运输车辆情况合理安排,应做到车距均匀、不间断、不挤车,并保证摊铺机前有 2 ~ 3 车待卸。运输车辆在受料过程中应前后移动,避免离析;混合料在运输过程中用彩条布覆盖,以防水分过度蒸发。

3)摊铺与碾压

(1)摊铺(双机联铺)(图 8.3-5)。

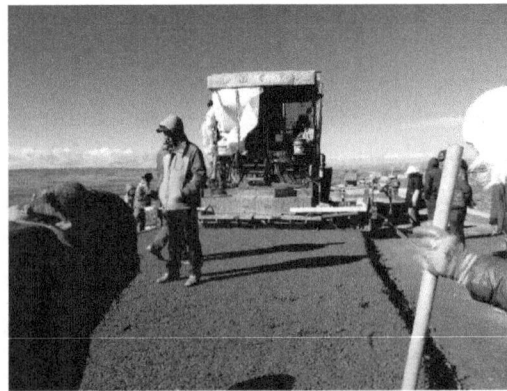

图 8.3-4　早强低收缩水泥稳定碎石运输过程　　　　　图 8.3-5　早强低收缩水泥稳定碎石摊铺过程

①摊铺时为避免纵向接缝和离析,采用双机联铺的作业形式,前、后机保持 5 ~ 8m 的间距,摊铺时摊铺机的行进速度应均匀,速度控制在 1 ~ 3m/min,同时夯锤的振动频率应保持一致。根据

设计,本段基层设计宽度 12.43m,摊铺机拼装宽度为 7.0m 和 6.0m,考虑到纵向接缝与基层错开,前摊铺机行走在路肩侧,选用 7.0m 宽;靠中央分隔带侧摊铺机选用 6.0m 宽,随后行走。

②摊铺时,前后摊铺机宽度中间位置重叠 20～40cm。摊铺时导向线高度高出松铺面 20cm,摊铺机用传感器搭在钢绞线上,电脑自动控制进行摊铺。

③施工时由专人指挥运输车辆停在摊铺机前 10～30cm,挂空挡升起料斗,由摊铺机推动缓缓行进。严禁料车直接撞击摊铺机。施工技术人员随时检查混合料的松铺厚度、高程及横坡,根据测量数据最终确定所有技术性指标。

④试验检测人员随时检查现场混合料的配合比和含水率等指标,并及时与拌和站取得联系,及时调整,保证工程质量。

（2）碾压（图 8.3-6）。

①摊铺机完成摊铺 10m 距离后,由试验人员现场测定含水率,合适时即可准备碾压工序,含水率可略低于最佳含水率 0.5% 以内。摊铺完成 20m 后即开始进行碾压。碾压过程中,应始终保持表面湿润,及时检测含水率,不得出现"弹簧"、松散等现象。

②试验段碾压组合由 3 台徐工 220 压路机

图 8.3-6　早强低收缩水泥稳定碎石碾压

组成。各种机械的碾压方式根据试验段确定结果进行碾压。碾压要求见表 8.3-9。

碾压要求　　　　　　　　　　　　　　　　　表 8.3-9

序号	压路机型号	碾压方式与遍数	碾压速度
1	徐工 220	静压 1 遍	2.0km/h
2	徐工 220	重压 2 遍	1.5～1.7km/h
3	徐工 220	静压 1 遍	2.0～2.5km/h

图 8.3-7　早强低收缩水泥稳定碎石养护

4）养护与交通管制

（1）养护。

碾压完成经检测合格后,立即采用土工布在基层全宽范围内进行覆盖,并进行洒水养护（图 8.3-7）。在 7d 养护期内始终保持基层表面湿润,如不进行连续施工,7d 后基本保证湿润,每天洒水 2～4 次。

（2）交通管制。

养护期内施工段封闭交通,施工中派专人负责各施工地段的交通疏导。

8.3.4　应用工程施工质量控制

通过对水泥混凝土路面施工工艺和病害进行分析,并总结国内外大量的实践经验发现,水泥混凝土路面的实用性能在很大程度上取决于施工质量,施工质量又依赖于科学严密的管理。

随着我国国民经济的快速发展,公路运输总量持续增长。交通流量、交通荷载、轮胎压力不断增加,如何控制好公路水泥混凝土路面的施工质量成为施工的重点,而如何抓住施工质量控制关键点又成了重中之重。

1)原材料质量控制

原材料在水泥混凝土路面质量控制过程中占有比较重要的位置。在前文的分析中,有许多病害都与路面混凝土的强度有着极大关系,而路面混凝土的强度又直接与浇筑路面混凝土的材料相关。因此,要严把材料关,原材料质量控制就成了混凝土路面施工质量控制的关键步骤。

水泥品质是保证混凝土强度的首要因素。水泥各项指标必须符合国家标准。检验项目包括抗压强度、抗折强度、化学成分等。必要时应控制游离氯化钙及碱含量,以防止发生碱集料反应,影响路面的耐久性。

粗集料主要控制其最大粒径、硬度以及含泥量和粒形。粗集料应质地坚硬、耐久、清净。一般选用火成岩和变质岩,不使用沉积岩,可以保证岩石的强度,进而保证混凝土的抗弯拉强度。加工方式宜采用反击式、冲击式或锤式二级破碎设备,颚式破碎很难满足其针片状含量要求;细集料主要控制细度模数及含泥量,集料的含泥量一旦超标,将大大降低路面的抗折强度并增加干缩变形。

外加剂的选用也是水泥混凝土路面材料的关键。合适的外加剂,一是要与水泥相适应,二是要符合设计要求的抗折强度,三是要满足施工方法对拌和物工作性能的要求,四是要满足最小变形和耐久性要求。

此外,对水等材料的选用也要严格控制其质量。水在混凝土原材料中是最容易被忽视的,劣质水会使路面混凝土的表面出现水浪形波纹、水垢斑迹等不好的外观。

2)配合比控制

单位水泥用量要有严格控制。路面混凝土的单位水泥用量应按规范确定,用量过大,会使水泥浆增多,集料之间的嵌锁力减小,使得抗折强度提高并不明显。同时,水泥浆过多会增加干缩变形,影响路面平整度,易产生开裂。集料级配组成要合理。砂率选用经验数据比较成熟,容易选定。

粗集料一般要采用两级配进行掺配,由于粗集料加工现状不理想,确定一个相对合理的掺配比例是很重要的。

在水泥混凝土有特殊要求时,需要掺入外加剂。此时不但要控制好外加剂的质量,同时一定要根据需要确定相应的外加剂种类和用量。比如,要配制出具有高抗弯拉强度、耐久性好的混凝土,就要求混凝土水灰比很小,因此必须采用高效减水剂,才能使路面混凝土在低水比、低水泥用量的情况下达到较高的力学指标和较好的工作性能;掺入引气剂有利于提高混凝土路面的抗冻性(耐久性),降低路面刚度,对变形性能有较大的改善。

3)施工过程控制

施工过程控制尤为重要,它包括拌和质量控制、铺筑质量控制以及后期的拆模和养护等。拌和时各种原材料的偏差都有要求,不能超出规范规定的允许值。混凝土拌和完成后到铺筑完毕的时间应严格控制,时间太久会影响混凝土的和易性并可能发生离析,从而大大降低工程质量。铺筑时应控制好模板质量和模板安装的质量,模板安装偏差一定要限制在规范规定的范围内。铺筑完成后,拆模和养护同样要按照规范执行,否则会对混凝土强度产生不利影响。

施工时要认真细致地做好试验路段的铺筑。铺筑水泥混凝土路面试验路段分为试拌和试铺两阶段,试验段在与施工条件等同的条件下实施。通过在指定工作段试验性地组织施工、检验、总结,得出必需的工作参数和施工经验,用以指导正式生产。

4)其他方面质量控制

除了以上几个方面外,水泥混凝土路面施工还有一些关键点需要狠抓质量控制。混凝土的配筋、接缝传力杆的质量都会影响到水泥混凝土路面的使用性能,其质量问题也不容忽视。与此同时,施工全部完成后的质量检验也必不可少,只有各项指标全部合格,才是高质量的水泥混凝土路面。

按上述施工质量控制方法进行大面积摊铺、碾压、养护等后,对试验路段的压实度、平整度、厚度等进行检测,检测结果均合格。对试验段进行钻芯取样(图8.3-8),强度检测报告见表8.3-10。

图8.3-8 现场钻芯取样与击实试件

芯样强度测试结果 表8.3-10

基层类型	强度(MPa)		
	2d	3d	7d
早强抗裂基层	3.4	3.9	4.6
生产路段基层	3.0	3.4	4.0

8.4 高海拔地区层间处治应用

8.4.1 应用工程概况

高寒高海拔地区层间处治示范工程处于D4标段巴颜喀拉山—珍秦段,主要试验路段包括如下5段,见表8.4-1:

(1)普通乳化沥青层间处治2段(GYⅡ-SGD4标段,起讫桩号为K620+000~K621+000,长度为1km;GYⅡ-SGC6标段,起讫桩号为K376+000~K380+000,长度为4km);

(2)改性乳化沥青层间处治2段(GYⅡ-SGD4标段,起讫桩号为K621+000~K622+700,长度为1km;GYⅡ-SGC6标段,起讫桩号为K380+000~K383+000,长度为3km);

(3)橡胶沥青应力吸收层1段(GYⅡ-SGD4标段,起讫桩号为K622+000~K623+000,长度为1km)。

高寒高海拔地区层间处治路段　　　　表8.4-1

处治类型	铺筑地点	起讫桩号	长度(km)
普通乳化沥青层间处治	GYⅡ-SGD4	K620+000~K621+000	1
普通乳化沥青层间处治	GYⅡ-SGC6	K376+000~K380+000	4
改性乳化沥青层间处治	GYⅡ-SGD4	K621+000~K622+700	1
改性乳化沥青层间处治	GYⅡ-SGC6	K380+000~K383+000	3
橡胶沥青应力吸收层	GYⅡ-SGD4	K622+000~K623+000	1

项目所在地的海拔为4300m,紫外辐射强、蒸发量大、平均气温低、日温差大(青海日平均气温<0℃的日数在海拔2000~4000m的地区为4~6个月,有些地区甚至超过6个月)。在高寒地区日夜温差较差大、全年低温期长的气候条件下,半刚性基层表现出较为严重的收缩开裂行为,基层裂缝在荷载和温度应力耦合作用下极易向上发展形成反射裂缝影响道路使用质量和寿命,因此设置层间应力吸收层对延长道路服役时间具有积极的意义。

而且高寒地区施工期短、低温条件下半刚性基层强度不易形成。该试验段路面基层按材料组成为18cm早强型水泥稳定碎石。

根据相关要求,针对高寒地区的气候、地理、土质、材料、施工水平等,提出了相应的沥青路面结构,见表8.4-2。

示范工程沥青路面结构与路段划分示意　　　　表8.4-2

面层	9cmAC-13纤维沥青混合料
	9cmAC-13SBS改性沥青混合料
功能层设置	普通乳化沥青同步碎石
	改性乳化沥青同步碎石
	橡胶沥青应力吸收层
基层	18cm水稳碎石
底基层	18cm水泥稳定砂砾
垫层	25cm级配砂砾

8.4.2　材料组成

1)原材料

普通乳化沥青常规试验结果见表8.4-3。

普通乳化沥青常规试验结果

表8.4-3

试验项目		要求值	检测值	试验方法
道路标准黏度 $C_{25.3}$		8 ~ 20	9.8	T0621-2011
筛上剩余量(1.18 mm)(%)		≤0.1	0.02	T0652-1993
蒸发残留物含量(%)		≥60	61.1	T0651-1993
储存稳定性(1d)(%)		≤1.0	0.3	T0655-1993
蒸发残留物性质	针入度(25℃)(0.1mm)	≥50	77	T0604-2011
	软化点(℃)	≥46	48.5	T0606-2011
	延度(15℃)(cm)	≥40	41.3	T0605-2011

改性乳化沥青常规试验结果见表8.4-4。

改性乳化沥青常规试验结果

表8.4-4

试验项目		要求值	检测值	试验方法
道路标准黏度 $C_{25.3}$		3 ~ 30	4.7	T0621-2011
筛上剩余量(1.18 mm)(%)		≤0.1	0.03	T0652-1993
蒸发残留物含量(%)		≥60	61	T0651-1993
储存稳定性(1d)(%)		≤1.0	0.9	T0655-1993
蒸发残留物性质	针入度(25℃)(0.1mm)	≥50	66	T0604-2011
	软化点(℃)	≥46	62	T0606-2011
	延度(15℃)(cm)	≥35	42	T0605-2011

本项目的加工设备为北京嘉格伟业筑路科技有限公司与交通运输部公路科学研究院交通公路工程研究中心联合研制的 JGAR20 型橡胶沥青生产设备,橡胶粉采用 2 号专用橡胶粉改性材料,基质沥青采用 SK70 号道路石油沥青。考虑到掺加橡胶粉后基质沥青的温度会有所下降,配料罐基质沥青加热温度设置为200℃,橡胶粉掺加量为15%。橡胶粉改性沥青经剪切后在溶胀罐溶胀,溶胀罐具有强力搅拌装置,溶胀温度为180 ~ 190℃,溶胀时间为45 ~ 60min。橡胶沥青常规试验结果见表8.4-5。

橡胶沥青常规试验结果

表8.4-5

试验项目	检测值
软化点(℃)	69
25℃针入度(0.1mm)	41
弹性恢复(mm)	70

应力吸收层优先选用为永定河当地玄武岩碎石,石料质量指标、级配情况见表8.4-6及表8.4-7。

碎石技术要求

表8.4-6

指标	技术要求	检测值	试验方法
集料压碎	≥26	38	T0316
洛杉矶磨耗损	≥28	39	T0317

续上表

指标	技术要求	检测值	试验方法
对沥青的黏附性	≥5 级	6	T0616
坚固	≤12	8.5	T0314
细长扁平颗粒含量(混合料)	≤12	4.2	T0312
水洗法 <0.075mm 颗粒含软石含量	≤1	0.1	T0310
	≤3	0.6	T0320

碎石级配要求　　　　　　表8.4-7

筛孔或关键性筛孔尺寸(mm)	级配要求	通过率(%)
13.2	100	100
9.5	0~15	15.3
2.36	0~5	3.2
0.075	0~0.5	0

2)施工设备

本试验段主要投入设备有专用机械清扫车,沥青碎石同步封层车及重型胶轮压路机等。主要机械设备和其他配套设备见表8.4-8。

配套封层机械设备表　　　　　　表8.4-8

序号	设备名称	数量
1	沥青碎石同步封层车	3
2	9~16t 轮胎压路机	2
3	沥青运输车	3
4	空压机	2
5	装载机	1
6	小型铣刨机	2

8.4.3　应用工程施工工艺

1)橡胶沥青应力吸收层

(1)透层油洒布。

洒布应力吸收层之前,应在施工前36h 洒布透层油。透层施工前应将基层表面清扫干净。在施工前,应对桥涵两侧和道路两侧人工构造物进行覆盖保护,防止被透层油污染。透层油应采用沥青洒布车进行喷洒,并选择合适的喷嘴、洒布速度和洒布量,保证透层油能够均匀地洒布于基层表面。由于高寒地区温度早晚温度较低,因此施工时必须保证气温不低于10℃,当出现大风或者即将降雨时应立即停止施工。在喷洒透层油后应实施严格的交通管制,严禁车辆、行人和牧区牲畜通行,避免出现在进行下一道工序前路面被污染的情况。

(2)施工准备。

保证透层油有36h 以上的渗透时间,且透层油表面并未受到污染。如果透层表面有灰尘,应用空压机吹干净,并保持干燥。施工前应对路边的结构物进行覆盖保护,以免其被喷洒的沥青污染。保证沥青、碎石和配套机械及人员准备就绪,施工中人员配备见表8.4-9。

同步碎石封层人员配备 表8.4-9

序号	岗位	人数(人)	职责
1	现场负责人员	1	负责全面管理及技术指导
2	技术负责人员	1	负责施工进度、质量、安全
3	机械操作人员	4	负责机械操作
4	清扫人员	5	配合机械工作,负责作业面清扫
5	试验检测人员	2	负责质量检测

(3)应力吸收层的洒布。

采用沥青碎石同步封层车进行沥青和碎石同时洒布(图8.4-1)。由于橡胶沥青黏度大,因此必须保证沥青在洒布前达到规定的温度,一般橡胶沥青应保持在180～190℃,尤其在高寒地区,当室外温度较低时,施工间隙过长容易导致喷油嘴处沥青凝固,使沥青洒布出现问题。

洒布时同步封层车应保持匀速行驶,且保证在此行驶速度下沥青和碎石能达到预期撒布量。在沥青碎石同步封层车洒布的接缝处,容易出现碎石洒布过多或者过少的现象,因此需要人工补洒或者清扫多余碎石。沥青碎石同步封层车施工场景如图8.4-2所示。

图8.4-1　沥青碎石同步封层车装载集料

图8.4-2　沥青碎石同步封层车施工

(4)碾压及养护。

采用9～16t轮胎压路机紧跟碾压3～4遍,压路机不得洒水、随意制动或掉头,碾压速度为2～2.5km/h,碾压必须在10～20min内完成。当封层冷却至常温后,清扫车清扫收集浮石,彻底封闭交通应尽快安排上层沥青混合料的铺筑,间隔时间不宜超过24h,在此期间应临时封闭交通,避免应力吸收层被污染。施工后和碾压养护完成后的橡胶沥青同步碎石如图8.4-3和图8.4-4所示。

2)普通乳化沥青和改性乳化沥青黏层处治

(1)透层油洒布。

应在黏层施工前36h完成透层油的洒布,具体施工方式与8.3节一致。

(2)施工准备。

保证透层油有36h以上的渗透时间,具体施工方式与8.3节一致。

图 8.4-3　施工后的橡胶沥青同步碎石

图 8.4-4　碾压养护完成后的橡胶沥青同步碎石

（3）黏层洒布。

黏层油洒布需要采用专用沥青洒布车。在黏层油正式喷洒之前，必须进行黏层油喷洒试验，确定黏层油用量与喷洒量及行车速度的关系。在施工时，根据拉拔试验和剪切试验确定的最佳用量，合理调整喷洒流量和行车速度，以达到最佳用量。

（4）养护。

当完全破乳后，人工清扫浮石，彻底封闭交通。应尽快安排上层沥青混合料的铺筑，间隔时间不宜超过 24h，在此期间应临时封闭交通，避免黏层的污染，破乳后乳化沥青层间处治完成后的照片如图 8.4-5 所示。

图 8.4-5　破乳后乳化沥青层间处治

8.4.4　应用工程施工质量控制

1）橡胶沥青应力吸收层

（1）原材料质量控制。

橡胶改性沥青应力吸收层材料生产时，橡胶粉应保持质量稳定，每批橡胶粉应具有全套物理、化学指标的检测报告。进场后应按每 200t 一次的频率进行化学指标的抽检，并按每 10t 一次的频率进行物理指标的抽检。橡胶粉的掺量应严格按照设计掺量进行，允许最大正误差为2%，不允许出现负误差。

用于洒布的石料、加工所用的基质沥青，按现行有关沥青路面施工及设计规定的抽检项目和频度进行检查,并应满足有关规定要求。

为确保橡胶改性沥青的质量,应加强生产加工环节的检测控制,对于采用间歇式生产设备生产的改性沥青应每罐检测一次,对于连续式生产设备生产的改性沥青应每隔 1h 从生产线上取样检测一次。检测结果应满足表 8.4-10 的质量要求。

橡胶改性沥青技术要求   表 8.4-10

项目	指标
175℃旋转黏度(Pa·s)	1.0~4.0
25℃针入度(0.1mm)	40~80
软化点(℃)	≥55
弹性恢复(%)	≥65
5℃延度(cm)	≥10

(2)现场施工质量控制。

应力吸收层现场施工时,各施工环节应协调有序。工作面的清理准备、橡胶改性沥青洒布、碎石洒布、碾压及上层沥青混合料铺筑等各施工工序安排应衔接得当,紧凑合理。

应力吸收层施工前应对橡胶改性沥青洒布设备、碎石撒布设备、压路机等进行调试,对机械配套情况、设备性能、计量仪器等进行认真检查、标定,确保施工时质量稳定。

橡胶改性沥青应力吸收层选用 40 目橡胶粉,胶粉掺加量为 20%,橡胶沥青的洒布量控制在 2.6~2.8kg/m² 左右,碎石粒径采用 10~15mm,洒布量为 19kg/m²。

层布法应力吸收层每 1000m² 现场应抽检一次沥青洒布剂量,误差与设计用量不应超过 ±0.15kg/m²。

2)乳化沥青黏层处治

(1)原材料质量控制。

施工前必须提供乳化沥青材料的检测报告,以确保选用的材料满足相关规范标准。另需提供黏层油洒布设备喷洒流量和行车速度标定报告,以确定洒布参数。在以上条件均准备充分后,还需要得到监理确认后方可施工。

为确保乳化沥青的质量,应加强对生产加工环节的检测控制。检测结果应满足表 8.4-11 和表 8.4-12 的质量要求。

普通乳化沥青技术要求   表 8.4-11

试验项目		要求值	试验方法
道路标准黏度 $C_{25.3}$		8~20	T0621—2011
筛上剩余量(1.18 mm)(%)		≤0.1	T0652—1993
蒸发残留物含量(%)		≥60	T0651—1993
储存稳定性(1d)(%)		≤1.0	T0655—1993
蒸发残留物性质	针入度(25℃)(0.1mm)	≥50	T0604—2011
	软化点(℃)	≥46	T0606—2011
	延度(15℃)(cm)	≥40	T0605—2011

改性乳化沥青技术要求   表 8.4-12

试验项目		要求值	试验方法
道路标准黏度 $C_{25.3}$		3 ~ 30	T0621—2011
筛上剩余量(1.18 mm)(%)		≤0.1	T0652—1993
蒸发残留物含量(%)		≥60	T0651—1993
储存稳定性(1d)(%)		≤1.0	T0655—1993
蒸发残留物性质	针入度(25℃)(0.1mm)	≥50	T0604—2011
	软化点(℃)	≥46	T0606—2011
	延度(15℃)(cm)	≥35	T0605—2011

（2）现场施工质量控制。

普通乳化沥青和改性乳化沥青黏层处治施工过程中检测项目与检验方法见表8.4-13。黏层性能检测要求见表8.4-14。

施工过程中检测项目与检验方法   表 8.4-13

检测项目	质量或允许偏差	检测频度	检验方法
洒布量	0.3kg/m²	1 次/每作业段	纸板称量
洒布均匀性	均匀一致	随时	目测
破乳时间	快裂	1 次/d	表

乳化沥青黏层性能检测要求   表 8.4-14

项目	技术要求	检测频度	检验方法
黏结性能试验	≥0.3MPa	试验段施工中检测	拉拔仪
剪切性能试验	≥0.16MPa		JC/T 408—2005
防水性能试验	—		渗水仪

①乳化沥青采用工厂化加工,经现场逐车检验,质量稳定;

②必须保证乳化沥青破乳充分,黏结牢固、不粘轮、不起皮;

③洒布前,必须用塑料薄膜覆盖周围的桥涵护栏、路缘石等人工构造物及树木、花草,同时洒布车喷嘴外侧采用安装厚橡胶板制作的挡板,防止喷洒时污染桥涵护栏、路缘石等人工构造物及树木、花草;

④施工期间必须进行交通管制,避免与其他工序交叉干扰,以杜绝施工和运输污染。